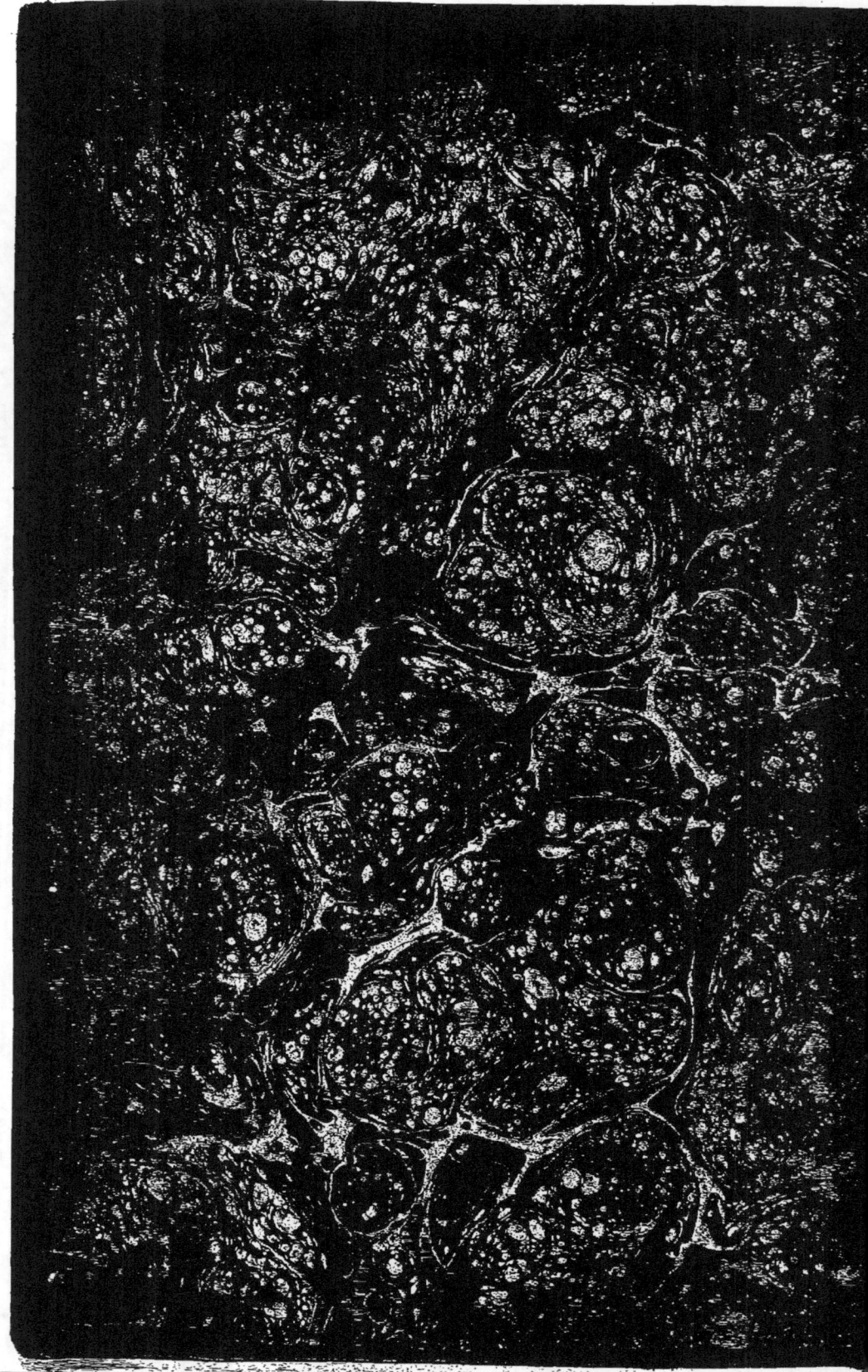

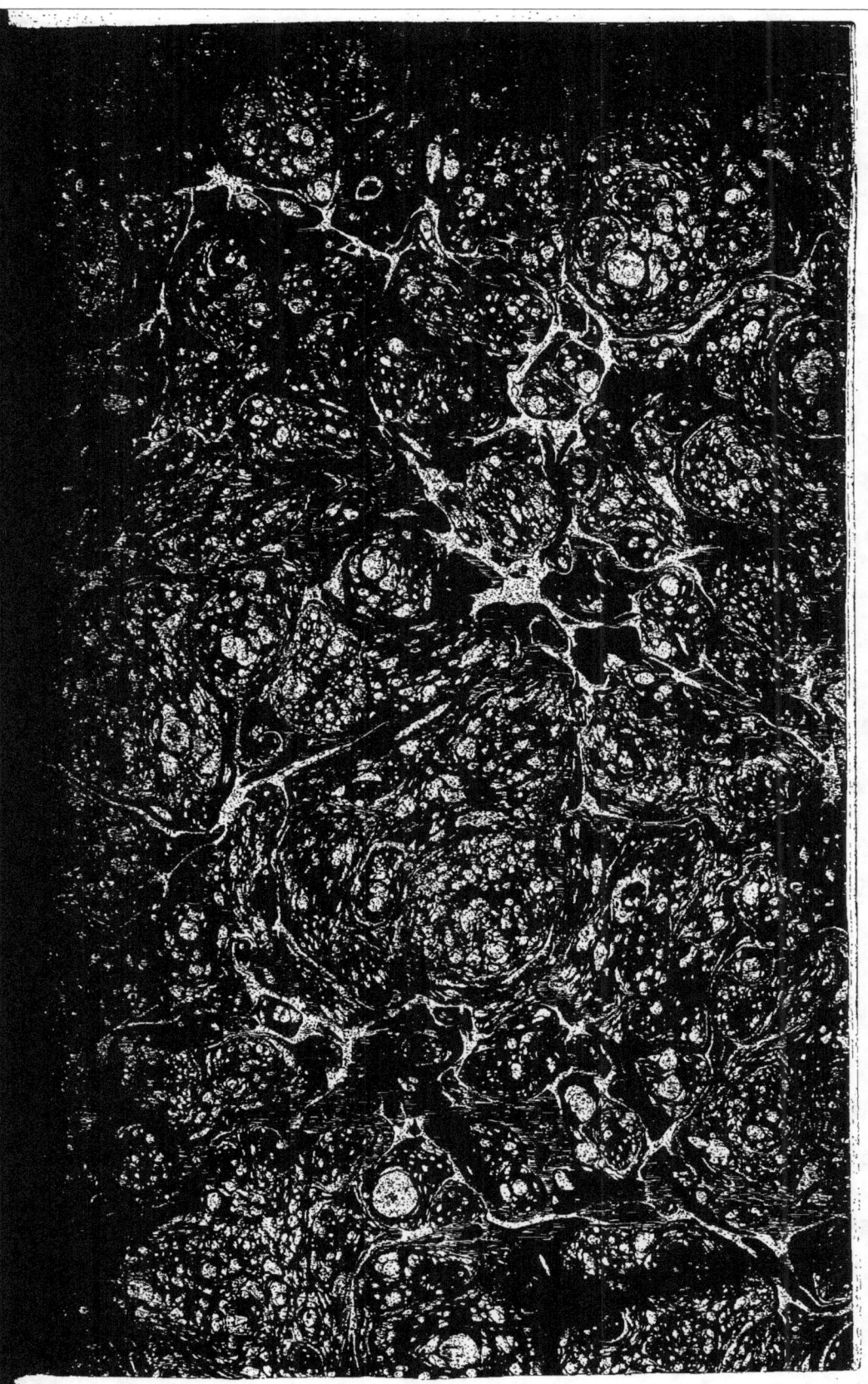

6581. ter
H-

par M.e Suard. la preface
est de Suard

MADAME
DE
MAINTENON,
PEINTE PAR ELLE-MÊME.

DE L'IMPRIMERIE DE CELLOT.

MADAME

DE

MAINTENON,

PEINTE PAR ELLE-MÊME.

La voilà telle qu'elle étoit, et c'est elle-
même qui vient se montrer à vous.

A PARIS,

CHEZ MARADAN, LIBRAIRE,
RUE DES GRANDS-AUGUSTINS, N°. 9.
MDCCCX.

DE MADAME DE MAINTENON,

A M***.

Il est bien difficile, disoit Caton, de rendre compte de sa conduite à des gens d'un autre siècle que celui où l'on a vécu; j'ajouterai qu'il est même très-rare d'être bien jugé par les hommes au milieu desquels on vit : Caton lui-même en est la preuve. Ce grand homme, dit Pline, fut mal compris de son propre siècle (1).

Il est assez naturel de croire que les personnages qui ont joué un assez grand rôle sur la scène du monde, pour mériter que l'histoire transmît à la postérité le souvenir de ce qu'ils ont été; que ces hommes, dont les actions, liées à de grands évènemens, ont eu plus d'éclat et dont la vie, toute publique, ayant eu

---

(1) *Catonem ætas sua parùm intellexit.*

plus de témoins, a dû avoir de meilleurs juges, sont aussi ceux dont il doit être plus aisé de juger la conduite et d'apprécier le caractère. D'un autre côté, on conçoit que des hommes qui sont toujours en spectacle, sont obligés de s'observer davantage; qu'ils ont le plus grand intérêt à contenir leurs passions, à dissimuler leurs vices, à feindre les vertus qu'ils n'ont pas, à régler enfin leurs démarches, leurs discours, leur maintien même, suivant les vues et les intérêts qui les dirigent.

Ainsi tout se compense : dans tous les états de la vie, le véritable caractère des hommes, les motifs réels de leurs actions se dérobent trop souvent aux regards les plus attentifs : on manque de lumières pour bien juger la vie d'un homme privé; de fausses lueurs trompent sur celle de l'homme public. Peu de personnes sont en état de tracer un portrait fidèle de leur ami le plus intime.

Ces réflexions se sont offertes à moi

en lisant l'ouvrage de *Madame de Maintenon, peinte par elle-même*, qu'une circonstance particulière a mis entre mes mains avant qu'il fût livré au public.

J'avois lu à peu près tout ce qui a été écrit sur madame de Maintenon, et j'en avois conservé le souvenir comme d'une femme distinguée parmi les personnes les plus distinguées de son sexe, par la supériorité de son esprit, par la noblesse de son caractère et par la sagesse de sa conduite; mais ces perfections ne me paroissoient pas sans quelques taches : je lui reprochois, comme beaucoup d'autres, d'avoir eu part aux persécutions des protestans, de n'avoir pas défendu avec assez de chaleur la cause de deux amis tels que Fénélon et Racine; d'avoir donné de foibles conseils à Louis XIV dans les dernières années de son règne ; mais après avoir lu l'ouvrage qu'on m'a communiqué, je me suis étonné d'avoir pu conserver une prévention si injuste, si peu fondée, si contraire aux documens authentiques et multipliés que l'histoire nous a transmis sur la vie de cette femme célèbre.

Il ne me convient pas d'exprimer tout ce que je pense de l'ouvrage dont je parle; mais il me sera permis de dire simplement que je n'ai trouvé, sur aucun problême historique, plus de témoignages recueillis avec soin, rapprochés avec impartialité, présentés avec intérêt, et formant un faisceau de lumières qui, à ce qu'il me semble, ne laisse plus d'incertitude sur aucun des points contestés.

Ceux qui aiment sincèrement la vérité, qui l'aiment pour elle-même, qui la recherchent dans les choses même les moins importantes, éprouvent une douce satisfaction à se délivrer d'une erreur; ils croient s'être corrigés d'un défaut; malheureusement cette disposition n'est pas assez commune.

Voici l'idée qui m'est restée de madame de Maintenon, après la lecture que je viens de faire.

Née d'une famille illustre, mais tombée dans l'indigence, elle reçoit le jour dans une prison, d'où elle ne sort, encore enfant, que pour être transportée dans un autre hémisphère. Ramenée en Europe, sans aucuns moyens de fortune, elle trouve un asile chez des parens qui lui font acheter leurs secours par beaucoup d'humiliations et de dégoûts. De telles épreuves abaissent et brisent les âmes communes, mais servent à élever et à fortifier les âmes que la nature a douées d'une énergie particulière. C'est à cette école de l'adversité que se forma cette noble fierté, cette raison forte, cette dignité de maintien, cette inaltérable fermeté de principes qui distinguèrent particulièrement madame de Maintenon ; c'est à cette réunion de circonstances que son caractère dut, sans doute, ce *je ne sais quoi d'achevé*, pour me servir d'une phrase de Bossuet, *que les malheurs ajoutent à la vertu.*

A la beauté, elle joignoit le charme qui ne l'accompagne pas toujours ; et dès ses plus jeunes ans, elle montra un esprit naturel, brillant et fin, remarqué par tous ceux qui étoient à portée d'en juger.

Riche de si beaux dons, mais dénuée de tous les biens de la fortune, elle se voit condamnée à épouser un poète infirme, difforme, d'un esprit original, mais gâté par l'habitude d'une gaîté licencieuse et d'une bouffonnerie de mauvais ton. Les travers de son esprit n'étoient pas plus faits pour satisfaire le goût naturellement délicat et sage de mademoiselle d'Aubigné, que sa difformité n'étoit propre à inspirer à un cœur innocent et pur quelque sentiment qui pût ressembler à l'amour. Mais Scarron avoit montré à cette jeune personne une pitié si généreuse, qu'elle surmonta toutes ses répugnances et se voua à être la triste compagne d'un homme dont elle ne fut jamais la femme. Elle lui donna, sans aucun air d'effort, les soins les plus constans et les plus tendres; elle changea, par sa seule présence, le ton de sa société; sans en bannir la gaîté, elle ne fit que l'épurer et la remplacer par les ressources intarissables de son esprit naturel, varié, aimable et piquant, qui charmoit les hommes et les femmes de l'esprit le plus exercé et du goût le plus délicat, dans un temps où il y avoit tant de goût et d'esprit.

Scarron n'étoit point un homme d'un rang distingué : il possédoit une très-médiocre aisance ; le rôle qu'il avoit pris dans le monde n'étoit pas propre à lui attirer une grande considération. Sa femme, par les agrémens de son esprit et de sa personne, et par la sagesse de sa conduite, parvint à rassembler chez elle tout ce que la cour et la ville avoient de plus distingué. Environnée d'hommes aimables, que frappoient vivement tant de charmes réunis, il lui étoit sans doute difficile de défendre son cœur contre des séductions très-naturelles ; et même avec la conduite la plus irréprochable, il lui étoit plus difficile encore d'échapper aux soupçons de la malignité et aux petites vengeances des prétentions trompées. N'est-ce pas une chose digne de remarque, que, pendant toute la durée de l'union d'une telle femme avec un tel mari, la calomnie, si audacieuse à la fois et si légère dans ses attaques, n'ait pas même tenté de supposer à madame Scarron une foiblesse qu'on eût été plus disposé à lui pardonner qu'à toute autre ?

Madame Scarron, veuve après quelques années de mariage, jeune encore, toujours belle, maîtresse d'elle-même, mais pauvre et sans parens, conserva toute la dignité de son caractère ; sa situation ne fit que donner plus d'activité à l'intérêt de ses amis, et les charmes de son commerce la firent rechercher avec encore plus d'empressement.

Au milieu des piéges que l'intrigue et la corruption sèment toujours sur les pas de la beauté innocente et malheureuse, peut-être avoit-elle encore à se défendre contre les penchans de son propre cœur. Environnée d'exemples contagieux et de séductions de toute espèce, n'ayant à répondre qu'à elle-même de ses sentimens et de sa conduite, l'espoir de se procurer un appui dans son isolement, l'attrait d'un bonheur que l'imagination s'exagère toujours, dont la nature a mis le désir dans tous les cœurs, et que le sien n'avoit pas encore goûté, auroient bien pu la porter à partager la passion d'un homme aimable et digne d'elle, sans lui faire perdre l'estime du monde où elle vivoit.

Qui ne pardonneroit pas à madame Scarron d'avoir aimé une fois dans sa vie, et d'avoir aimé ce marquis de Villarceaux, le seul pour qui on lui ait jamais supposé de l'amour? c'étoit certainement un homme aimable, puisqu'il fut l'amant de Ninon. Mais ceux qui liront sans prévention l'ouvrage qui va paroître, verront clairement qu'il ne fut jamais l'amant de madame Scarron.

Certes, ce n'est pas un phénomène commun, qu'une femme jeune, indépendante, belle, vivant dans un monde peu délicat sur la galanterie, et conservant une réputation à l'abri même du soupçon; ce n'en est pas un moins rare, qu'avec un esprit naturellement gai et des manières aimables et faciles, elle conservât dans son ton et dans son maintien, une dignité et une réserve qui en imposoient à la fatuité la plus présomptueuse, et qui faisoit dire à un homme de la cour : *Je serois plutôt tenté de faire une impertinence à la reine qu'à cette femme-là.*

Les règles d'une morale purement humaine ne paroissent pas suffisantes pour donner à une femme un tel empire sur elle-même et sur les autres ; on voit qu'un sentiment profond de religion dirigea la conduite de madame de Maintenon dès ses plus jeunes ans; mais sa religion n'eut jamais rien d'austère ; ceux qui ont cru voir une prude en elle, ont oublié que, dans sa jeunesse, elle vécut dans une grande intimité avec Ninon, et que, dans sa plus haute faveur, elle conserva quelques relations avec cette femme célèbre, moins extraordinaire encore par sa beauté, son esprit et ses galanteries, que par la considération et l'estime qu'elle sut se concilier, malgré le scandale de ses mœurs, et qu'elle dut à la noblesse de son caractère et à la supériorité de son esprit.

Appelée à l'éducation des enfans de madame de Montespan, c'est dans l'exercice de ces fonctions subalternes qu'elle déploya surtout l'indépendance et la fierté de son caractère, la bonté de son cœur et toutes les ressources de son esprit. Elle ne veut tenir cette place que de Louis XIV, et n'en rendre compte qu'à lui : ce sont les enfans du roi dont elle consent à se charger. Inflexible dans le plan d'éducation qu'elle s'est formé, le ton impérieux de madame de Montespan ne peut lui imposer ; et en même temps, plus mère de ces enfans que leur véritable mère, elle s'en fait adorer, en se faisant toujours obéir.

Louis XIV avoit la foiblesse de craindre les gens d'esprit. La réputation de madame de Maintenon lui avoit donné contr'elle des préjugés très-défavorables, et il reprochoit souvent à madame de Montespan son goût pour une femme qu'il appeloit une précieuse et un bel esprit. Ce fut sans intrigue, sans coquetterie, sans aucun art, que madame de Maintenon parvint à détruire ces préventions. Elles se dissipèrent à la première conversation particulière que le roi eut avec elle. Il ne lui trouva qu'un esprit naturel et une raison aimable, sans aucune recherche, sans aucune affectation. Cette impression se fortifia à une seconde entrevue, et dès-lors il saisit toutes les occasions de la voir en particulier; son goût pour elle commença par l'estime, ce qui n'est pas ordinaire aux passions, et finit par lui rendre la société de cette femme, tellement nécessaire que, malgré tout l'orgueil de son rang et celui de son caractère, il ne voulut plus s'en séparer, et se l'attacha par un lien sacré.

Il y a une chose à laquelle on n'a pas fait, ce me semble, assez d'attention; Louis XIV n'avoit eu jusque-là pour maîtresses que des femmes de la cour, également distinguées par leur naissance et par leur beauté. Presque toutes aspiroient à l'honneur de lui plaire, et celles qui l'avoient obtenu s'en faisoient gloire. *Il ne m'aime pas*, disoit madame de Montespan, *mais il se croit redevable à ses sujets et à sa propre grandeur, d'avoir pour maîtresse la plus belle femme de son royaume*. Cependant ce monarque, plein d'un tel sentiment et gâté par tant de succès, amoureux de la gouvernante de ses enfans, n'osa pas lui proposer d'être sa maîtresse : du moins, on ne trouve dans les contemporains, aucun témoignage, aucun mot, aucun trait qui autorise à croire que Louis XIV ait jamais fait la moindre tentative pour obtenir de madame de Maintenon ce qui n'auroit pu s'accorder avec la sévérité de sa morale.

Ce qui prouve combien étoit pure, dans ses commencemens, l'intimité du roi avec madame de Maintenon, c'est que le premier usage qu'elle fit de sa faveur, fut de l'engager à rendre sa tendresse à la reine; et cette princesse tendre, timide et sage, dut à madame de Maintenon un bonheur qu'elle n'espéroit plus, et dont elle montra jusqu'à ses derniers momens la plus vive reconnoissance.

Lorsqu'elle se vit portée à *cette incompréhensible élévation, dont tous les châteaux en Espagne*, dit-elle, *n'auroient pu lui donner l'idée*, la sagesse de son caractère, la modération de ses vues, sa modestie, son désintéressement, son amour pour le bien public, son active sensibilité pour tous les maux publics et particuliers, offrent un modèle de perfection, dont je ne connois aucun autre exemple.

Placée à côté du trône, loin de se

croire appelée à gouverner le royaume, ou à diriger le monarque, elle paroît craindre même d'être consultée sur les affaires d'état; elle ne présente ses opinions qu'avec une extrême réserve, et elle fait passer, par l'organe d'un personnage respecté, des conseils qu'elle croit salutaires, mais qui n'auroient pas assez de poids dans sa bouche. Elle craint de blesser un monarque jaloux de son autorité; elle craint encore plus d'affliger son cœur. Elle n'a point l'orgueil de se croire reine de France; elle ne veut être que la femme du roi; et, se renfermant dans ce qu'elle regarde comme un devoir sacré, elle ne s'occupe qu'à payer, par un dévoûment sans bornes, la grandeur inespérée dont elle jouit, à tâcher d'amuser *un esprit qui n'est plus amusable,* à remplir, par les goûts de l'esprit et les soins attentifs d'une tendre amitié, le vide que laisse dans le cœur d'un prince tout puissant la satiété de tous les plaisirs.

Tel est le plan de conduite que suivit

invariablement madame de Maintenon, pendant les trente années que dura son union avec Louis XIV.

C'est sur ce période de sa vie que les historiens sont le moins d'accord, même dans les reproches qu'ils font à sa mémoire; mais voulez-vous démêler la vérité à travers les récits et les jugemens les plus divers, ne vous laissez imposer ni par l'autorité de Voltaire, ni par celle des La Beaumelle, des Saint-Simon et des écrivains plus modernes qui n'ont fait que les prendre pour guides. Lisez les lettres de madame de Maintenon elle-même, les *Souvenirs de madame de Caylus*, les témoignages non suspects de madame de Sévigné, de madame de Coulanges, et de quelques autres contemporains dignes de foi.

J'avoue que l'autorité d'aucun écrivain ne peut avoir sur mon esprit autant de poids que le passage suivant d'une lettre de madame de Maintenon à la comtesse de St-Géran. Elle se défend d'avoir eu part à la disgrâce du duc de Lauzun : « On » ne me consulte, dit-elle, qu'après avoir » pris son parti. On veut que j'approuve, » non que je dise mon avis. Mon crédit » n'est que de bienséance et de politique. » On ne se sert de moi que pour mieux » régner ». Et c'est dans le moment où le goût de Louis XIV pour elle paroissoit être le plus vif, qu'elle parloit ainsi.

Je suis fâché de trouver Voltaire injuste à l'égard de madame de Maintenon. Sa haine profonde contre l'intolérance religieuse, sentiment si légitime et dont on ne peut blâmer que l'excès, l'a plus d'une fois entraîné trop loin. Il accuse madame de Maintenon, qui étoit née dans la religion protestante, d'en être devenue la persécutrice. La Beaumelle, protestant lui-même, lui a rendu plus de justice. Pour décider ce point, il suffiroit de rappeler la lettre qu'elle écrivoit à son frère, chargé d'exécuter des ordres rigoureux contre les calvinistes. « Soyez, lui » disoit-elle, favorable aux catholiques,

» et ne soyez pas cruel aux huguenots. Ils
» sont dans l'erreur, mais dans une erreur
» où nous avons été nous-mêmes, où a été
» Henri IV, où sont encore plusieurs
» grands princes. Jésus-Christ a gagné les
» hommes par la douceur, c'est aux prêtres
» à convertir. Dieu n'a point donné aux
» soldats charge d'âmes ». Est-donc là persécuter la religion de ses pères, et Fénélon auroit-il pu exprimer avec une plus touchante simplicité les maximes d'une sage tolérance ?

Mais je ne veux pas pousser plus loin l'apologie de madame de Maintenon, sur les objets où elle me paroît avoir été injustement accusée. Je ne pourrois que répéter ce qui se trouve dans *Madame de Maintenon peinte par elle-même*, avec des développemens et une surabondance de preuves, qui, suivant moi, ne laissent rien à désirer.

Mais il est un point sur lequel l'auteur de cet ouvrage ne s'est pas étendu autant que je l'aurois désiré; je veux dire le mérite particulier de l'esprit et du talent de madame de Maintenon. L'un et l'autre y sont caractérisés en une seule page; mais les traits de l'esquisse ont un degré de justesse et de vérité qui ne me laisse que la tâche de développer ce qui n'est qu'indiqué, en y ajoutant quelques observations que j'appuierai sur des exemples.

Madame de Maintenon, comme madame de Sévigné, n'a laissé d'elle que des lettres; ce rapport a donné lieu plus d'une fois à comparer ensemble les lettres de l'une et de l'autre, et le résultat de la comparaison a toujours été à l'avantage de madame de Sévigné. Cette femme extraordinaire, qui joignoit à une imagination brillante et mobile une extrême sensibilité et un esprit très-cultivé, n'avoit pour but, en écrivant, que d'amuser sa fille, ou quelques amis, en leur parlant de tout ce qui se passoit autour d'elle. Son esprit est un vrai caméléon, qui prend de lui-même les couleurs de tous les objets qui le frappent; la vivacité de son ton, la gaîté de ses récits, l'abandon de ses sentimens, la variété infinie des formes heureuses qu'elle trouve dans la langue, pour peindre ce qu'elle voit, et pour exprimer ce qu'elle a senti, ont un charme auquel on ne peut rien comparer.

Les lettres de madame de Maintenon ont un tout autre caractère, non-seulement parce qu'elles sont le produit d'un autre genre d'esprit, mais aussi parce qu'elles ont été écrites dans d'autres vues et dans des situations très-différentes. Elle ne se propose point d'amuser des amis absens par le récit de ce qui se passe à Versailles; toutes ses correspondances ont un objet sérieux : des affaires d'état, des querelles de religion, des intérêts de famille, des consultations de conscience, des leçons de morale en composent d'ordinaire le fonds. Ce sont rarement de simples épanchemens d'amitié; et c'est la femme de Louis XIV qui écrit; c'est une femme que son caractère naturel porte à la franchise, mais qui, par une suite des évènemens de sa vie, a contracté des habitudes de réserve et de gravité, fortifiées encore par la situation où elle se trouve. Madame de Sévigné, indépendante et libre de toute contrainte, écrit ce qu'elle veut et comme elle veut; madame de Maintenon, soumise à mille considérations de convenance, n'écrit qu'avec précaution sur ce qui l'intéresse le plus.

Si cependant on reconnoît dans ses lettres un esprit naturellement droit et fin, et orné par l'étude; une raison forte sous des formes toujours aimables, et si l'on y trouve à chaque instant des pensées vraies et profondes, exprimées souvent avec un goût exquis, ou avec une élégante simplicité, et toujours avec une pureté de langage très-rare au moment où elle écrivoit, on pourra encore préférer la lecture des lettres de madame de Sévigné, comme étant d'un effet plus piquant, plus varié et plus original; mais il sera permis de douter que l'esprit qui les a dictées soit d'une nature supérieure à celui que laissent apercevoir les lettres de madame de Maintenon.

Ce qui distingue singulièrement madame de Sévigné, c'est une imagination vive et une sensibilité prompte, qui colorent et animent tous les objets.

Madame de Maintenon a une imagination plus sage et une sensibilité moins superficielle, tempérées l'une et l'autre par une raison puissante, mais douce; par une morale pure, mais indulgente; son esprit a de la grâce, avec moins d'écarts que celui de madame de Sévigné; son goût est plus sûr et son style plus continûment pur et correct.

On ne trouvera dans ses lettres, ni ces récits piquans, ni ces tableaux animés, ni ces traits plaisans qui charment dans madame de Sévigné; mais à la place on y trouvera une foule de sentimens nobles et touchans, de maximes de morale applicables à tous les états de la vie, d'observations fines ou profondes sur le monde, la vanité des grandeurs, les sottises et les vices des courtisans; et tout cela presque toujours exprimé avec une précision que l'on trouve rarement unie à une aussi grande élégance.

Voltaire dit que madame de Maintenon, en écrivant ses lettres, *semble avoir prévu qu'elles seroient un jour publiques*, tandis que madame de Sévigné, en écrivant à sa fille, *n'écrivoit que pour sa fille*. Je ne puis pas adopter cette opinion; madame de Sévigné savoit fort bien que ses lettres étoient lues dans les sociétés des personnes à qui elle écrivoit; mais presque toutes celles de madame de Maintenon n'ont pu être écrites que dans l'intime persuasion qu'elles ne seroient lues que de ceux à qui elle les adressoit. Certes, lorsque cette femme, si soumise à Louis XIV, montrant toujours la crainte de l'affliger ou de lui déplaire, écrivoit cette phrase: *Il croit expier ses fautes lorsqu'il est inexorable sur celles des autres*, elle avoit bien la confiance que cet aveu seroit enseveli dans le plus profond secret. Elle avoit sans doute la même confiance lorsqu'elle écrivoit : « Tout ce que j'acquiers » en crédit, je le perds en tranquillité. Le » roi se défie de moi et me craint. Il me » comble de faveurs pour me fermer la » bouche ; il aime la vérité et ne veut » pas l'entendre ».

On sait quelle tendresse elle avoit pour la duchesse de Bourgogne, de qui elle étoit adorée : pourra-t-on croire qu'elle écrivît, pour être lues dans les sociétés, quelques lettres où elle dit de sa princesse chérie : *Elle croît en taille à vue d'œil, et insensiblement en mérite ;* et ailleurs : *Notre princesse se met en quatre pour se divertir ; je ne l'ai jamais vue plus sérieuse.* Je n'ai pas besoin de faire observer la finesse de tournure qui frappe dans ces deux phrases.

Quiconque lira avec quelqu'attention les lettres que madame de Maintenon écrit à l'abbé Gobelin et à l'évêque de Chartres, au cardinal de Noailles et à madame de Glapion, à M. d'Aubigné, son frère, et à sa nièce, madame de Caylus, n'imaginera pas sans doute qu'elle ait pensé, en les écrivant, qu'elles pussent jamais devenir publiques.

Si l'on veut se former une juste idée du talent de madame de Maintenon, il faut se rappeler ce qu'elle dit des gênes, des dégoûts et de l'ennui qu'elle éprouve au sein de sa grandeur nouvelle, du spectacle d'intrigue, de corruption et de bassesse qui l'afflige au milieu de cette cour où elle joue un si grand rôle : c'est sur tous ces objets que son imagination est intarissable et qu'elle est souvent très-éloquente; et ce n'est pas une vaine ostentation de philosophie qui lui fait affecter l'air de dédaigner des grandeurs dont elle recueille tous les avantages. Jamais un sentiment profond et vrai ne s'est exprimé avec plus d'énergie et d'uniformité. Je ne suis embarrassé que du choix des citations. Elle écrit à Ninon : « Je suis étrangère dans ce pays, sans

»aucun appui que des personnes qui ne
»m'aiment pas, sans autres amis que
»des amis intéressés, que le souffle le
»plus léger de la fortune tournera contre
»moi; sans autres parens que des gens
»qui demandent sans cesse et qui ne
»méritent pas toujours....... Croyez-
»moi, les intrigues de la cour sont bien
»moins agréables que le commerce de
»l'esprit ».

Elle écrit à son frère : « Vous avez du
»bien et du repos; tout le reste n'est
»qu'un jouet d'enfant. Après ceux qui
»ont les premières places, je ne con-
»nois rien de plus malheureux que ceux
»qui les envient. Si vous saviez ce que
»c'est »!

Elle écrit à madame de la Maisonfort :
« Que ne puis-je vous donner mon ex-
»périence! que ne puis-je vous faire voir
»l'ennui qui dévore les grands, et la peine
»qu'ils ont à remplir leurs journées! ne
»voyez-vous pas que je meurs de tris-
»tesse dans une fortune qu'on auroit eu

Les mêmes sentimens, répétés en cent endroits, ont un caractère de sincérité auquel on ne peut refuser sa confiance.

Quelle justesse d'observation, quelle pureté de sentiment, et souvent quelle pénétrante éloquence ne trouve-t-on pas dans les réflexions qu'elle fait sur sa situation, sur la vieillesse, sur la solitude!

Voltaire a raison de dire que l'élévation de madame de Maintenon fut une sorte de retraite. Il est impossible de trouver un seul trait de sa vie qui puisse faire soupçonner qu'une fortune si imprévue et si étonnante lui ait donné un instant de vanité : « Je suis si malheureuse,
» écrivoit-elle, je l'ai tant été jusqu'ici,
» peine à imaginer ? J'ai été jeune et jolie,
» j'ai goûté des plaisirs; j'ai été aimée par-
» tout. Dans un âge plus avancé, j'ai passé
» des années dans le commerce de l'esprit;
» je suis venue à la faveur; et je vous
» proteste, ma chère fille, que tous les
» états laissent un vide affreux ».

»qu'il y a apparence que la prospérité ne »me gâtera pas ». Jamais, en effet, on n'en fut moins enivré.

On sait que c'est madame de Maintenon que Boileau a désignée dans ces beaux vers de sa satire sur les femmes :

J'en sais une, chérie et du monde et de Dieu,
Humble dans les grandeurs, sage dans la fortune,
Qui gémit, comme Esther, de sa gloire importune,
Que le vice lui-même est contraint d'estimer.

Hommage d'autant plus honorable et plus pur, qu'il exprime moins encore le sentiment du poète qu'une opinion générale et commune.

Lorsqu'au bout de quelques années, elle parvint à se délivrer des entraves de l'étiquette, de la fatigue et de l'ennui des hommages qu'on lui rendoit, elle se sentit soulagée : « Je suis plus que jamais her- »mite à la cour, dit-elle, et il n'y a »personne sans exception à qui je daigne »parler. Ma vieillesse me console de tout ». Ailleurs, elle fait cette touchante réflexion : « La vieillesse sépare de tout ;

»mais la vieillesse est bonne, à moins
»qu'on ne soit mauvais soi-même ».

Il y a des mots qui, sans paroître appartenir au sentiment habituel qu'on éprouve, le prononcent plus fortement qu'une expression directe. Se promenant un jour avec madame de Caylus dans les jardins de Fontainebleau, elle s'arrêta devant un bassin de marbre où l'on avoit mis des carpes. Madame de Caylus remarqua qu'elles avoient l'air bien languissantes : *Elles sont comme moi, elles regrettent leur bourbe*, répondit madame de Maintenon. Un jour, en parlant d'une chasse au cerf, où elle avoit assisté, elle dit : « La figure des cerfs m'a toujours
»fort touchée en me l'appliquant, et j'en
»ai une tendresse pour eux qui me met
»dans leurs intérêts contre celui des
»chasseurs ».

Une autre fois elle racontoit au maréchal d'Albret, qu'étant à Bordeaux, elle avoit revu avec intérêt le Château-Trompette, où elle avoit été prisonnière dans son enfance. *Je vous assure*, ajouta-t-elle, *que je ne trouve pas mon lit plus doux que mon berceau.* Figure heureuse, dont la hardiesse se dérobe sous un air de simplicité; et c'est le caractère général de son style.

Madame de Maintenon se trouvoit heureuse, lorsqu'avec une pension de 2000 l., elle vivoit au couvent des Hospitalières du faubourg Saint-Marceau. *Je ne concevois pas alors,* disoit-elle, *qu'on pût appeler cette terre une vallée de larmes;* mais elle le conçut bien, lorsque la fortune la plaça à côté du premier trône du monde.

On trouve dans les lettres de madame de Maintenon un grand nombre de réflexions et de maximes, qui figureroient à côté de celles de La Bruyère et de La Rochefoucauld; et ce qui leur donne plus de prix, c'est qu'elles ne sont point le résultat des combinaisons de l'esprit; elles sont presque toujours inspirées par le sentiment du moment, et par la situation dans laquelle son âme se trouve. Elle semble révéler le secret de toute sa conduite, lorsqu'elle écrit à une amie : *Rien n'est plus habile qu'une conduite irréprochable ;* et cette réflexion offre une grande leçon à tous les hommes.

C'est en réfléchissant sur elle-même qu'elle dit : *Il faut plus de courage pour soutenir la tristesse que pour aller au combat : au combat on est tué, ici l'on meurt.* Il y a dans cette distinction un bel usage de la langue, dont tout homme de goût sera frappé ; il est indifférent que les autres la remarquent.

C'est encore de sa situation qu'elle a tiré les pensées suivantes : « La philo-»sophie nous met au-dessus des gran-»deurs, rien ne nous met au-dessus de »l'ennui. — Peu de bonheur attire beau-»coup d'ennemis et d'envieux. — La ma-»gnificence est la passion des dupes. — »L'air de la cour ternit la plus pure »vertu ». Ses lettres sont pleines de traits semblables.

Elle dit quelque part : « C'est la mau-
»dite opinion qu'il faut faire comme les
»autres, qui a tout perdu ». Cette observation est d'une vérité fort étendue, quoique, d'un autre côté, l'ambition de faire autrement que les autres ait produit de grands maux. Presque toutes les maximes générales ont une double face, et peuvent donner lieu à deux propositions contraires. Ainsi l'on peut appliquer avec une égale justesse à deux états de choses différens, les maximes, que *le mieux est l'ennemi du bien*, et que *le bien est l'ennemi du mieux*. La première est une maxime populaire, qui convient à la pratique habituelle de la vie ; l'autre est une idée plus réfléchie, dont un esprit supérieur peut faire des applications utiles.

C'est dans *Madame de Maintenon peinte par elle-même*, qu'on a, je crois, observé pour la première fois que madame de Maintenon avoit l'esprit naturellement porté à la gaîté, et qu'elle montre souvent cette disposition en parlant des choses les plus graves, même en exprimant des sentimens religieux. Cette gaîté, il est vrai, n'a rien d'éclatant; elle ne se manifeste guère que par des tournures fines et inattendues, qui n'excitent que le sourire. En parlant, avec ses amies de Saint-Cyr, de sa grandeur inespérée, elle ajoutoit : « Au milieu de cette incompréhensible » élévation, Dieu a trouvé le moyen de » me laisser une sensibilité qui me fait » entrer dans toutes les peines des autres, » comme si c'étoit mes peines, qui me fait » une affliction de toutes les afflictions » générales et particulières ; sensibilité, » dit-elle en souriant, qu'il me laisse comme » par malice »......

« Tout le monde se convertit, dit-elle » quelque part; il sera bientôt ridicule » d'être huguenot ».

On connoît son zèle pour convertir toutes les personnes de sa famille. Elle avoit adopté la religion catholique de bonne foi, et elle s'en étoit si bien trouvée, qu'elle croyoit travailler au bonheur de ses parens en leur inspirant les mêmes sentimens. « J'espère, écrit-elle à son » frère, que je n'en manquerai aucun.... » J'aime Minette, si vous pouvez me l'en- » voyer, je la convertirai aussi ».

Elle catéchisoit aussi un jeune Charles, fils naturel de son frère; mais il étoit peu docile à ses leçons : *Charlot,* disoit-elle, *est un original qui ne sait pas croire du tout.*

Il faut convenir qu'on ne reconnoît pas là le ton d'une dévotion bien grave. Je pourrois accumuler beaucoup d'autres traits; mais je me contenterai de citer encore celui-ci : « Voyant que je bâille, » écrit-elle, et que je fais bâiller les autres, » je suis quelquefois prête à renoncer à » la dévotion ». Il faut mettre le ton à cette phrase pour ne pas s'y méprendre; car on pourroit croire qu'une dévotion ébranlée par un motif si humain, n'est pas bien profondément enracinée dans le cœur, si la conduite de madame de Maintenon, dans tout le cours de sa vie, permettoit d'avoir le moindre doute sur la sincérité de ses sentimens.

Elle avoit au plus haut degré ce sentiment d'honneur qui paroissoit être plus particulièrement l'apanage de la classe à laquelle elle appartenoit, et qui perce à chaque instant dans les conseils qu'elle donne à son frère. Elle lui écrit : « Soyez » le mieux monté et le plus mal couché » des capitaines de votre régiment...... » Quand on n'est pas assez dévot pour » se faire capucin, il n'y a rien de si beau » que de se faire tuer ».

Ce sentiment se montre d'une manière plus intéressante encore, toutes les fois qu'elle parle des désastres de cette dernière guerre, où Louis XIV développa une âme si élevée, au milieu des revers qui sembloient concourir avec le poids des années, pour abaisser sa puissance et son courage. Elle disoit avec une sorte d'orgueil, que le roi ne consentiroit jamais à rien qui pût blesser sa gloire ou l'intérêt de son peuple. Elle soupiroit après la paix ; mais *la guerre*, disoit-elle, *vaut mieux que la honte.* Dans aucune circonstance, elle n'a laissé échapper un mot de découragement ni un conseil de foiblesse.

Une tendre et active compassion pour les misères humaines est le sentiment dominant de madame de Maintenon, celui qui revient à chaque instant dans ses lettres, et qui paroît faire l'occupation continuelle de sa vie. « Que deviennent mes » pauvres ? dit-elle ; mes amis m'intéres- » sent, mais mes pauvres me touchent ». C'est quelquefois dans l'expression de ces mouvemens d'humanité et de bienfaisance, que se mêlent quelques teintes de cette gaîté douce qui tenoit à une disposition naturelle de son esprit. « Je ne crois » pas, dit-elle, qu'il faille laisser mourir » de faim le vice, mais il me paroît juste » de ne le nourrir qu'après avoir engraissé » la vertu ». Elle écrit ailleurs : « Voilà » donc mademoiselle de Mailly à l'au-

»mône; j'en bénis Dieu de bon cœur
»comme les dévots, mais non avec la
»même indifférence. Si je paroissois, on
»espéreroit plus de grands secours, et il
»me passeroit souvent dans l'esprit que
»j'ôterois le pain aux pauvres pour don-
»ner des confitures à mademoiselle de
»Mailly ».

Ces oppositions d'idées, ces rappro-
chemens inattendus qui donnent de la
grâce ou du piquant au style, se ren-
contrent souvent dans ce qu'écrit madame
de Maintenon; mais ce n'est point en
elle le fruit de l'art et de l'étude, c'est par
une espèce d'instinct qu'elle les trouve.

La gaîté d'esprit qu'a si bien obser-
vée l'apologiste de madame de Maintenon, étoit en elle une disposition toute
naturelle; car elle se manifesta dans sa
plus grande jeunesse, se soutint dans
toutes les révolutions de sa vie, et se
montra jusque dans les jours de son extrême vieillesse. Le chevalier de Méré,
qui l'avoit connue dans son enfance, et

qui n'en parle qu'avec enthousiasme, écrit qu'elle n'employoit son esprit qu'à amuser les autres. Elle avoit pour amie une madame d'Heudicourt, dont il est souvent parlé dans ses mémoires comme d'une femme légère, qui avoit plus d'imagination que de bon sens, et qui amusoit la cour pas ses saillies. Madame de Maintenon disoit qu'elle ne pouvoit pas s'empêcher de rire dès que madame d'Heudicourt ouvroit la bouche ; *cependant*, ajoute-t-elle, *je ne lui ai jamais entendu dire une chose que je me souciasse d'avoir dite.*

Elle avoit eu l'idée de faire faire des contes à l'usage des élèves de Saint-Cyr. Elle s'adressa au duc de Noailles, pour lui faire connoître un homme d'esprit en état de remplir ses vues. Voici sa lettre, qui me paroît mériter d'être répétée ici :

« N'auriez-vous pas sous votre pro-
» tection un bel esprit qui eût un appé-
» tit égal à son mérite, et qui n'eût pas
» un revenu égal à son appétit ? de mon

»temps cela se trouvoit. Eh bien! je
»voudrois qu'il me fît, pour mes enfans,
»de petites histoires qui ne leur laissas-
»sent dans l'esprit que des choses vraies.
»Je ne voudrois pas qu'il y eût de mer-
»veilleux, car je connois le danger qu'il
»y a à ne pas accoutumer l'esprit à des
»mets simples. Vous traiterez tout cela
»comme n'ayant pas à payer un travail
»mercenaire, et vous envelopperez de
»toutes vos politesses les vues grossières
»que je vous propose ».

Madame de Maintenon n'avoit pas adopté, sans doute, la doctrine épicurienne du médecin Bernier, qui écrivoit à Ninon : *Ne croyez-vous pas comme moi que l'abstinence des plaisirs est un grand péché?* mais son indulgente dévotion, loin de proscrire l'amusement et la gaîté dans la discipline de Saint-Cyr, y appeloit elle-même tous les plaisirs innocens, nécessaires pour délasser l'esprit des occupations sérieuses, et pour l'y ramener avec plus de force et de courage.

Ce fut dans une des dernières années, de sa vie, que Pierre Ier demanda de ses nouvelles, et témoigna le désir de lui faire une visite. Lorsque madame de Caylus vint lui faire part de cette intention du czar, elle répondit en souriant : *Ce prince me paroît un grand homme depuis qu'il a demandé de mes nouvelles.* Ce mot est un peu différent de celui de madame de Sévigné, lorsqu'après avoir dansé avec Louis XIV, dans un bal paré, elle dit au comte de Bussy : *Il faut avouer, mon cousin, que nous avons un grand roi.* — *Oui, sans doute, ma cousine,* répondit Bussy; *ce qu'il vient de faire est vraiment héroïque.* Madame de Sévigné se laissa aller en ce moment à un mouvement de vanité que sembloit excuser l'enthousiasme universel pour Louis XIV. Je ne prétends point ici faire un reproche bien grave à madame de Sévigné; mais je crois qu'il faut tenir compte à madame de Maintenon d'avoir apprécié, avec une dignité si raisonnable, une distinction qui auroit excité la vanité de tant d'autres femmes.

Je pourrois multiplier à l'infini les citations propres à montrer l'esprit et le talent de madame de Maintenon sous le jour le plus avantageux; mais il faut se borner, et je terminerai ces réflexions par deux citations d'un caractère très-différent l'une de l'autre.

La princesse de Soubise avoit écrit à madame de Maintenon pour lui demander un service, et avoit terminé sa lettre par une formule de respect. Madame de Maintenon lui fit une réponse qu'elle termina par ces mots : *A l'égard du respect, qu'il n'en soit pas question entre nous ; vous n'en pourriez devoir qu'à mon âge, et je vous crois trop polie pour me le rappeler.* Ce n'est là qu'une tournure élégante et spirituelle, mais avec une certaine mesure de convenance qui n'appartient qu'à un esprit naturellement délicat, poli encore par l'usage du grand monde.

Je vais finir par ce passage éloquent et touchant d'une lettre qu'elle écrivoit à ses amies de Saint-Cyr, dans l'année la plus désastreuse de la guerre de la succession.

« Qu'il est triste d'avoir sans cesse
» devant les yeux l'Espagne presque
» perdue, la paix qui s'éloigne de plus
» en plus, le royaume bientôt menacé
» et déjà épuisé; mille malheureux qui
» souffrent sous mes yeux et que je ne
» puis soulager; une noblesse généreuse,
» ruinée sans espérance; un peuple qui
» murmure toujours, et aujourd'hui avec
» raison; ce luxe qui, au milieu du déla-
» brement de toutes les fortunes, semble
» défier toutes les rigueurs de la saison;
» ces tables qui satisfont à peine la gour-
» mandise la plus raffinée! Je tremble que
» le peuple, à force d'impôts, ne puisse
» plus supporter les malheurs de la guerre;
» que la famille royale ne se désunisse
» pour les mal-entendus les plus légers;
» que cette paix de l'Europe ne s'éloigne,

» et qu'à la guerre générale il ne s'en joigne
» une civile, ou du moins domestique.
» A soixante-dix ans, un roi n'est plus
» obéi comme à trente, et un fils de qua-
» rante-six ans n'obéit plus. Mille em-
» barras d'esprit et de conscience viennent
» m'assaillir. D'un autre côté, les dangers
» de l'église, les inconvéniens d'une con-
» duite molle, les suites effrayantes d'une
» conduite précipitée! En vérité, la tête
» est quelquefois prête à me tourner, et
» je crois que si l'on ouvroit mon corps
» après ma mort, on trouveroit mon cœur
» sec et tors comme celui de M. de Lou-
» vois ».

Quelle vigueur de pinceau, quelle profondeur de sentiment, dans le choix et la réunion des traits de cette énergique peinture! combien d'écrivains qui ont tâché d'être éloquens, n'ont pas produit une aussi belle page!

Je parlois de madame de Maintenon à une femme qui ne manque ni d'esprit ni d'instruction : *Vous avez beau dire*, me répondit-elle, *je ne peux pas souffrir cette femme-là.* Je l'en félicitai; *car sans doute,* lui dis-je, *votre mère, votre sœur, vos amies, toutes les femmes avec lesquelles vous vivez, sont meilleures, plus spirituelles et plus aimables que madame de Maintenon.*

Pour moi, j'ai beau parcourir l'histoire, regarder autour de moi, recueillir tous mes souvenirs, un plus parfait modèle d'esprit, de raison, de générosité, de bonté et de vertu, ne vient point s'offrir à ma pensée.

Le caractère essentiel d'une âme véritablement grande, me paroît être de se montrer supérieure à toutes les épreuves de la vie humaine, et c'est le caractère de madame de Maintenon. Noble dans la pauvreté, ferme dans le malheur, belle sans coquetterie, fière dans la dépendance, modeste dans les grandeurs, désintéressée au milieu des trésors de la fortune, dévote sans intolérance et sans superstition, calme et pure au centre de l'intrigue et de la corruption, fidèle à tous ses devoirs, tendre et simple dans l'amitié, telle je vois madame de Maintenon; telle la verront, je crois, tous les bons esprits qui liront sans prévention l'ouvrage qui a donné lieu à ces réflexions.

Il est aisé de voir que c'est l'ouvrage d'une femme; l'auteur semble avoir mis un intérêt de cœur à honorer et à venger un des plus beaux modèles des perfections de son sexe. Le suffrage des femmes raisonnables et sensibles est le prix le plus flatteur qu'elle attende de son travail : je ne doute pas qu'elle ne l'obtienne. Le seul mérite que je me permettrai de relever, c'est celui de nous avoir donné un ouvrage où les principes comme les exemples de la plus touchante morale, sont présentés avec un ton de sincérité et un abandon de sensibilité qui annoncent une âme profondément pénétrée du sentiment qu'elle exprime.

PRÉFACE DE L'AUTEUR.

Je n'ai pu donner à cet ouvrage un titre qui répondît mieux à l'objet de mon travail, qu'en l'intitulant : *Madame de Maintenon, peinte par elle-même*, puisque ses lettres et le récit de ses entretiens familiers sont presque les seuls mémoires dont j'ai fait usage pour la bien connoître et pour la faire bien connoître aux lecteurs. Jamais une personne digne d'attacher notre curiosité et notre intérêt, par le grand rôle qu'elle a joué sur la scène du monde, n'a laissé plus de moyens de la juger avec impartialité; nous possédons de longues correspondances que madame de Maintenon entretenoit avec ses parens et ses amis, et qui, s'étant prolongées sans interruption, pendant une longue suite d'années, jettent beaucoup de lumière sur les différentes époques de sa vie. Sa correspondance avec son frère embrasse un espace de plus de trente ans. Ses lettres à son confesseur, celles qu'elle adresse au duc et au cardinal de Noailles, à madame de Glapion, supérieure de Saint-Cyr, et à madame de Caylus, sa nièce, ont une durée de près de vingt ans : l'âme de madame de Maintenon, naturellement franche, disposée aux douces communications de l'amitié, s'y dévoile avec une sincérité qui va souvent jusqu'à l'abandon. Ses lettres et ses entretiens sont donc la source pure et abondante où il faut aller puiser pour la bien juger. En effet, ce ne sont point les évènemens si connus de sa vie, que je me suis attachée à raconter; j'ai voulu surtout montrer son âme, son caractère, les sentimens et les pensées qui l'ont occupée dans les diverses circonstances où la fortune l'a placée. J'ai voulu la présenter surtout dans sa vie intérieure et presque domestique, et je n'ai rappelé les évènemens mémorables du règne de Louis XIV, qu'autant qu'elle en parle elle-même; pour montrer le sentiment qu'elle recevoit de ces évènemens, et l'influence qu'elle y a eue, quand j'ai pu l'apercevoir.

C'est donc madame de Maintenon qui va toujours paroître sur la scène; c'est elle qui va nous faire connoître son enfance, sa jeunesse, sa conduite avec son premier mari et ses amis; la vie qu'elle mène ensuite dans le château de Versailles, sa tendresse pour ses élèves, les scènes qu'elle a eu à essuyer de la part de madame de Montespan. C'est elle qui vient nous rendre compte de ses progrès dans l'affection et l'estime du roi; c'est elle enfin qui vient fixer les idées qu'on doit se former de son caractère, et déterminer le rôle qu'elle a joué sur le grand théâtre où l'a amenée sa destinée. Peut-être, après l'avoir entendue elle-même, les personnes qui n'ont de préventions que celles que leur justice naturelle est toujours disposée à abandonner, seront-elles surprises du nouvel aspect sous lequel madame de Maintenon va se montrer à leurs regards.

PRÉFACE

Après avoir lu dans quelques historiens les évènemens de ce grand siècle, pour y placer madame de Maintenon, j'ai renoncé à toute lecture, et n'ai suivi, dans toute ma narration, que l'impression que j'avois reçue de ses lettres et de ses entretiens. On ne peut les étudier sans reconnoître en elle une âme constamment guidée par les principes de la morale la plus pure, de la religion la plus éclairée, et du sentiment le plus parfait de l'honneur. Ces sentimens semblent innés en elle : on les lui reconnoît, dès sa première jeunesse, comme dans son âge le plus avancé ; et c'est cette uniformité de principes et de vertus qui donne à ses lettres un caractère de vérité qui pénètre et persuade, et dans les entretiens qu'elle a dans les vingt dernières années de sa vie, avec ses amies madame de Glapion et mademoiselle d'Aumale, son langage respire cette sensibilité réfléchie qui la caractérise particulièrement, et cette teinte de mélancolie touchante que donne à l'âge avancé le désabusement de toutes les vanités humaines.

Les erreurs de nos jugemens, quand elles ne sont pas le produit de la légèreté ou de la passion, viennent toujours, ce me semble, de ce que nos idées sur les objets soumis à notre raison ne sont pas complètes; aussi éprouvons-nous une vive satisfaction, quand notre esprit peut rassembler assez de lumières sur l'objet de son examen, pour ne laisser aucune incertitude dans les jugemens que nous avons à porter; c'est au moins un besoin que j'ai toujours senti pour tous les sujets qui m'intéressoient vivement, et je puis assurer que je n'ai épargné aucune peine pour faire parler madame de Maintenon dans toutes les époques, dans toutes les situations intéressantes de sa vie, de manière à mettre ceux qui la liront, en état de prononcer avec sûreté sur son caractère et sa conduite.

Quoiqu'il me soit pénible d'occuper de moi, je suis obligée de rappeler qu'il y a environ deux ans on imprima, dans les *Ar-*

chives littéraires, un morceau sur madame de Maintenon, dans lequel j'avois essayé d'esquisser son caractère; c'est bien la même personne qu'on va retrouver ici, mais avec plus de développemens. Au moment où j'écrivis ce premier essai, je n'avois pas encore une connoissance assez complète des lettres de cette femme célèbre, pour n'avoir pas commis quelques erreurs; je crains même d'en avoir commis une assez considérable, en suivant trop le sentiment de La Beaumelle, à l'époque qui précède le mariage de madame de Maintenon avec le roi; je crains aussi de m'être trompée dans le sentiment que je supposois avoir été le mobile dominant de sa conduite. Ici j'ai cherché à me préserver des erreurs, en la faisant sans cesse parler elle-même, et en mettant, par ce moyen, le lecteur en état d'apprécier avec plus de certitude, les sentimens qui l'animoient à telle époque, et les motifs qui ont dirigé sa conduite dans le cours de sa vie.

On ne peut parler des détails de la vie

de madame de Maintenon, sans lire les Mémoires de La Beaumelle, qui avoit été chargé par la maison de Noailles d'écrire cette vie, et qui a reçu de cette maison tous les matériaux nécessaires pour la rendre complète. C'est aussi dans cet historien qu'on trouve la collection la plus étendue des lettres de madame de Maintenon. Tous ceux qui, depuis, se sont occupés de cette femme célèbre, ont été obligés d'avoir recours à La Beaumelle. Ce n'est point des faits qu'il faut se défier en le lisant : il cite sans cesse ses autorités ; mais il faut, je crois, se tenir en garde sur la manière dont il envisage certains faits, et sur les conjectures qu'il hasarde quelquefois pour suppléer aux faits qui lui manquent. Je n'ai donc suivi cet auteur que lorsque les lettres de madame de Maintenon venoient appuyer son récit ; et lorsque ces lettres m'ont manqué, j'ai cité les écrivains que j'ai consultés.

Si madame de Maintenon n'eût été qu'une femme pieuse, une femme vertueuse dans un sens borné, elle auroit des droits à l'estime, mais non au respect de la postérité ; mais elle réunit à l'esprit le plus distingué les plus grandes comme les plus aimables vertus. Qu'importe aux philosophes, aux déistes, aux athées même, s'il en existe, que madame de Maintenon ait été une femme religieuse, si la religion qu'elle professoit étoit sincère, éclairée, et ne lui commandoit que des vertus ? Les Socrate, les Aristide, les Antonin, les Marc-Aurèle n'ont-ils pas été aussi des hommes religieux dans leurs systêmes? Ah ! je ne craindrai point de le dire : ce sont les hommes de toutes les nations et de tous les temps, qui reconnoissoient un témoin imposant à l'appui de leur morale, qui nous ont laissé les plus touchans, les plus grands exemples de ces vertus, qui couvrent encore aujourd'hui leurs noms de vénération et d'amour. Ce sont ces noms qui nous consolent au milieu de la corruption, ce sont ces noms qui nous attestent que dans tous les temps la vertu a existé sur la terre, et nous laissent la confiance que jamais elle n'en sera exilée. N'est-ce pas à une religion éclairée et pure que nous devons Fénélon ? Je crois que lorsqu'on aura parcouru cet ouvrage, personne ne sera tenté de blâmer dans madame de Maintenon des sentimens religieux, qui n'ont servi qu'à perfectionner les belles et grandes qualités dont la nature l'avoit douée.

Le jour de la justice doit enfin arriver pour madame de Maintenon, et j'éprouverai toute ma vie le sentiment le plus doux, si j'ai pu contribuer à avancer ce moment. Nous la voyons aujourd'hui sans aucun de ces mouvemens d'envie qu'à pu exciter dans le temps sa grande fortune; nous ne faisons point partie de cette cour de Louis XIV, jalouse de la voir occuper une place où sa destinée ne sembloit point l'appeler. Nous n'avons nul intérêt de la placer à la tête des divisions religieuses qui remplirent une partie de ce règne mémorable; nous n'assistons point aux malheurs de la fin de ce règne, long-temps si glorieux, et nous ne sommes plus animés par l'injustice qui vouloit rendre madame de Maintenon responsable de tous les maux du royaume. Nous n'avons plus, ce me semble, d'autre intérêt que celui d'être justes, et elle nous a laissé tous les moyens de l'être.

En m'occupant des lettres et de la vie de madame de Maintenon, il m'auroit été pénible d'avoir à me défendre d'exprimer l'estime profonde que m'inspirent la pureté de son âme et la noblesse de son caractère; mais on verra que, si j'ai cédé à un sentiment si naturel et si doux, je n'ai pourtant dissimulé ni ses erreurs, ni ses fautes; fautes, il est vrai, qui occupent bien peu de place dans une si belle et si longue vie; fautes qui tiennent toutes à une même cause, sur laquelle je ne dois pas prévenir à l'avance le lecteur.

Celles des personnes de mon sexe, pour qui seules j'ai pris la peine de rassembler tout ce qui peut contribuer à faire connoître madame de Maintenon ; celles qui se complaisent à pénétrer dans l'intérieur d'une belle âme, et à découvrir les sources pures des sentimens dont elle étoit animée ; celles qui, comme madame de Maintenon, ont senti de bonne heure l'attrait de la bonté, de la bienfaisance, des sentimens nobles, élevés et vertueux, celles-là me sauront peut-être quelque gré d'avoir rassemblé sous leurs yeux les traits d'un si beau et si aimable modèle ; et cette approbation, que j'ose pressentir, que j'attends surtout des âmes solitaires et recueillies, ce sentiment intérieur et muet sera ma plus douce et mon unique récompense.

MADAME

MADAME
DE
MAINTENON,
PEINTE PAR ELLE-MÊME.

Comme nous ne sommes guère que le produit des circonstances où nous a placés la nature, je m'arrêterai un moment sur les évènemens vraiment extraordinaires de l'enfance de madame de Maintenon. *Son enfance et sa jeunesse.*

Cette femme qui devoit un jour s'asseoir sur le premier trône de l'Europe, naît dans une prison de Niort (1), où son père est

---

(1) Françoise d'Aubigné, depuis marquise de Maintenon, naquit dans les prisons de la conciergerie de Niort, le 27 novembre 1635, de Constant d'Aubigné, petit-fils du célèbre Agrippa d'Aubigné, et de Jeanne de Cardillac, issue d'une noble famille de Guyenne. Elle fut tenue sur les fonts de baptême par François, comte de la Rochefoucault, et par Jeanne de Baudeau, fille du baron de Neuillant.

détenu pour dettes et pour cause de religion. Elle reçoit la vie à côté de parens à qui le désespoir et la misère ont ôté jusqu'aux moyens de soutenir son existence. Elle n'en doit la conservation qu'à l'humanité de madame de Villette, sœur de son père, qui vient le visiter. Ses parens, en sortant du château Trompette, où ils avoient été transférés, la mènent en Amérique. La jeune Françoise, près de périr de maladie dans la traversée, est au moment d'être précipitée dans les flots.

Son père, qui n'a trouvé que des malheurs dans l'autre hémisphère, la renvoie, âgée de huit ans, dans sa famille, où elle est accueillie par la compassion la plus humiliante. La petite-fille d'Agrippa, du compagnon d'armes de Henri IV, est condamnée, pour l'attachement qu'elle portoit à la religion de sa tante de Villette, à demander la soupe des pauvres, et réduite aux fonctions les plus viles : « Je » régnois dans la basse-cour, dit-elle un » jour, après son élévation, c'est par là que » mon règne a commencé ». « Madame, lui dit » l'évêque de Metz, on ne revient pas de si loin » pour peu de chose ».

Les malheurs, qui perfectionnent presque toujours l'homme quand ils ne le dégradent point, mûrissent aussi la raison des enfans. Quand cette raison foible s'est déjà ouverte à quelqu'instruction, ils éveillent aussi, je crois, une sensibilité prématurée. Ces larmes d'une mère chérie dont on est témoin, cet abandon qu'on éprouve lorsqu'on est séparé de sa tendresse, pénètre un jeune cœur de sentimens douloureux. Des regards qui ne devoient s'ouvrir que sur les douces scènes de la vie, percent, avant le temps, au-delà de son horizon; et des pensées tristes viennent prendre la place de l'insouciante gaîté de l'enfance.

Il faut ajouter à cet esprit de réflexion précoce, que madame de Maintenon dut aux circonstances, les principes de religion, de morale, de bienfaisance, puisés auprès de madame de Villette et de sa mère, qui étoit une femme d'esprit et de vertu. Elle l'obligea de bonne heure d'écrire souvent à sa tante de Villette. Elle lui faisoit rendre compte de ses lectures, et l'attacha dès l'enfance à lire la vie des grands hommes de l'antiquité. Elle lui parloit souvent d'Agrippa son aïeul, le héros de sa famille, et dont l'âme semble avoir passé toute entière dans sa petite-fille.

Sa mère, sans doute pour relever cette jeune âme abattue par l'infortune, lui apprit les vertus que lui imposoit le nom de son grand-père. Madame de Maintenon racontoit qu'étant enfermée à l'âge de quatre ans au château Trompette, et jouant un jour avec la petite fille du concierge, qui avoit un petit ménage en argent, cette enfant lui dit qu'elle étoit trop pauvre pour en avoir un semblable. « Cela est vrai, dit la petite d'Aubigné, mais » je suis demoiselle, et vous ne l'êtes pas ».

Ce mot annonce l'âme naissante de madame de Maintenon, qui déjà sait opposer l'orgueil à l'humiliation : c'est l'enfance de la femme qui repoussera un jour les outrages de madame de Montespan, avec la noble fierté de l'innocence. Madame de Villette l'arracha aux duretés de madame de Neuillant, et la garda auprès d'elle jusqu'au retour de sa mère. En parlant de son enfance à ses amis : « J'étois, » dit-elle, une bonne enfant ; tout le monde » m'aimoit, parce que j'avois le désir d'obliger » tout le monde ».

Une preuve de cette bonté de cœur et d'une âme naturellement reconnoissante, c'est qu'elle ne consentit enfin à se faire catholique, qu'après l'assurance que sa tante, madame de Villette, ne seroit jamais damnée. Elle avoit adopté la religion de sa protectrice, et s'y étoit attachée avec une sorte de passion. C'étoit celle de son grand-père, c'étoit celle de la seule parente qui lui eût montré de la bonté. Sa mère, qui étoit catholique, la reprit auprès d'elle à son retour d'Amérique, et voulut un jour la conduire à la messe : sa fille lui résista. Vous ne m'aimez donc pas? — J'aime encore mieux mon Dieu. Obligée cependant de suivre sa mère à l'église, elle se mit à contrefaire tous les gestes du prêtre. Sa mère indignée, ne pouvant obtenir d'elle de cesser ses moqueries, lui donna un soufflet : « Frappez, » lui dit-elle, en lui présentant l'autre joue, » il est beau de souffrir pour sa religion. »

Elle disoit au curé qui s'étoit chargé de l'instruire : « Vous en savez plus que moi ; » mais voilà un livre, en lui montrant la Bible, » qui en sait plus que vous. Ce livre ne dit » point ce que vous dites, et c'est pour cela » que vous ne voulez pas qu'on le lise ».

Madame d'Aubigné avoit perdu son mari ; et sa famille, pendant son absence, s'étoit emparée d'une terre, d'ailleurs chargée de dettes : obligée de solliciter quelques dédommagemens pour ses enfans, et ne pouvant rester auprès de sa fille, elle la plaça aux Ursulines de Niort, où madame de Villette payoit sa pension.

Elle s'y fit aimer de ses compagnes, comme de ses maîtresses ; parce que je ne pensois, dit-elle, qu'à les obliger du matin au soir.

Les religieuses attachoient une sorte de gloire à la conversion de cette petite-fille d'Agrippa, si décidée et si opiniâtre dans ses idées et ses sentimens. Sa résistance aux vœux de sa mère, comme à ceux de la communauté, ne finit qu'au moment où les exhortations cessèrent, et lorsqu'on la laissa libre d'aller ou de n'aller pas aux offices de l'église. Elle s'y rendit alors d'elle-même, et prit du goût pour quelques-unes des cérémonies catholiques ; excepté cependant pour la messe, qu'elle n'aima jamais. On est étonné de voir une enfant de dix ans montrer ce caractère indépendant, qui résiste à la contrainte, et ne cède qu'à la liberté de son propre choix. On reconnoît là encore l'enfance de la femme qui, depuis, écrit à son frère : « Ces protestans sont dans les » erreurs où nous avons été nous-mêmes, » *et dont la violence ne nous auroit jamais* » *tirés* ».

On est affligé de voir madame de Villette, dont les enfans furent si chers depuis à madame de Maintenon, cesser de payer la pension de cette nièce intéressante, au moment où elle embrassa la religion catholique. Les religieuses qui, disoient-elles, auroient donné de leur sang pour la convertir, déclarèrent devant elle à sa mère, que leur communauté n'étoit pas assez riche pour la garder. Mademoiselle d'Aubigné sentit vivement cette humiliation; mais jamais elle ne se souvint que des bienfaits de la tante qui la lui avoit attirée.

Elle alla vivre auprès de sa mère, qui, obligée de disputer à la famille de son mari les restes de la fortune de ses enfans, vivoit, avec sa fille, du travail de ses mains. C'est sans doute à cette situation que madame de Maintenon a dû ses talens pour les ouvrages d'aiguille. Il y avoit encore, il y a vingt ans, au garde-meuble, un lit brodé en soie et en perles fines, que madame de Maintenon avoit brodé en entier de ses mains pour Louis XIV.

Mademoiselle d'Aubigné avoit quatorze ans, quand elle perdit sa mère, qui mourut de douleur de n'avoir pu obtenir qu'une pension de deux cents livres pour dédommagement des biens de ses enfans. Son fils, plus âgé que sa sœur, étoit entré dans les pages. Mademoiselle d'Aubigné resta seule au milieu d'un monde dont elle n'avoit encore éprouvé que l'insensibilité. Elle passa trois mois renfermée dans la chambre où elle avoit vécu, et où elle venoit de perdre la seule amie qu'elle eût sur la terre, et que la douleur avoit précipitée dans la tombe, avant le temps marqué par la nature. Madame de Villette étoit morte aussi; madame de Neuillant, sœur de son père, ne put l'abandonner; mais en la recueillant dans sa maison, elle lui fit éprouver de nouveau tout les dégoûts de la dépendance. C'étoit une femme avare, et par conséquent insensible et dure; elle étoit vaine de l'esprit et de la beauté naissante de sa nièce, et la laissoit presque manquer du nécessaire. Mademoiselle d'Aubigné ne soupçonnoit pas encore qu'elle fût belle, et se montroit embarrassée jusqu'à pleurer, quand sa figure attiroit les regards. Elle parloit peu, et paroissoit toujours occupée de ses malheurs et de la perte de sa mère.

C'est chez madame de Neuillant, qui vivoit à Niort, que mademoiselle d'Aubigné fit connoissance avec le chevalier de Méré, qui avoit de l'esprit et des connoissances, et qui, frappé de la raison, de la sagesse prématurée de cette jeune personne, pria madame de Neuillant de lui permettre de cultiver par l'instruction un si beau naturel. Dans le premier voyage qu'elle fit à Paris, le chevalier lui écrit de Niort :

« Je n'ose vous écrire, Mademoiselle, quoi-
» que vous ayez eu la bonté de me le per-
» mettre. Mais plus je vous ai vue, plus vous
» m'avez inspiré de respect. Il est bien malaisé
» de ne pas vous craindre, et je remarque en
» vous un mérite si pur et si rare, que j'aurois
» de la peine à me persuader que le plus hon-
» nête homme qui parût jamais fût digne de
» vous ».

Quand lui-même vint à Paris, il parla dans le monde de l'esprit et de la beauté de mademoiselle d'Aubigné, qu'il n'appeloit que *la belle Indienne*. Madame de Neuillant qui faisoit de fréquens voyages à Paris, mena un jour sa nièce chez Scarron, qui recevoit chez lui la meilleure compagnie. Mademoiselle d'Aubigné, en paroissant au milieu d'une société brillante, ne put s'empêcher de pleurer, autant par timidité que par la petite honte d'avoir une robe trop courte pour sa taille.

« Je m'étois bien douté », lui écrit Scarron, quand elle fut retournée à Niort ; « je m'é-
» tois bien douté que cette petite fille que je
» vis entrer il y a six mois dans ma chambre,
» et qui se mit à pleurer, je ne sais pas bien
» pourquoi, étoit aussi spirituelle qu'elle en
» avoit la mine. La lettre que vous avez écrite

» à mademoiselle de Saint-Hermand et qu'elle
» m'a fait lire, est si pleine d'esprit, que je
» suis mécontent du mien, de n'avoir pas
» deviné plutôt tout le mérite du vôtre; et je
» ne puis imaginer pour quelle raison vous
» apportez autant de soin à cacher votre es-
» prit, que chacun en a à montrer le sien. A
» présent que vous voilà découverte, vous
» devez m'écrire comme à mademoiselle de
» Saint-Hermand : et vous aurez le plaisir de
» voir qu'il s'en faut de beaucoup que j'aie
» autant d'esprit que vous ».

Cette demoiselle de Saint-Hermand étoit une jeune personne que Mad^{lle} d'Aubigné vit à Paris, et qui, par la tendre amitié qu'elle lui inspira, lui offrit les premières consolations qu'elle eut connues depuis la mort de sa mère. La lettre qu'elle lui adresse de Niort, celle dont parle Scarron, est la première du recueil qu'en a publié La Beaumelle; on aimera à remarquer comment pensoit et s'exprimoit madame de Maintenon, à l'âge de quinze ans. La voici :

A Niort, 1650.

« Vous m'écrivez des choses trop flatteuses,
» Mademoiselle; cependant je suis plus tou-
» chée de vos louanges que de celles de M. de

» Méré. Les siennes sentent la passion, les
» vôtres n'expriment que votre tendresse :
» aussi me méfierois-je bien d'un amant qui
» sauroit entrer dans mon cœur avec la même
» adresse que vous. Je ne regretterois point
» Paris, si vous n'y étiez pas. Je n'oublierai
» jamais les larmes que vous avez versées
» avec moi, et j'en verse encore toutes les
» fois que j'y pense. Je m'assieds avec un
» plaisir toujours nouveau sur cette chaise
» que vous avez travaillée de vos mains; et
» quand je veux vous écrire, je ne suis con-
» tente, ni de mes pensées, ni de mes expres-
» sions, si je ne me sers de vos plumes et
» de votre papier. Vous l'aurez tout rempli
» de ma main, quand j'aurai autant d'esprit
» que M. Scarron. Je remercie mademoiselle
» de Neuillant de m'avoir donné en vous
» une amie qui me consoleroit de la perte de
» ma mère, si quelque chose pouvoit m'en
» consoler ».

L'hiver suivant, sa tante la ramena à Paris, *Son mariage.*
où elle revit Scarron. Il lui avoit adressé des
vers et plusieurs lettres pendant son absence;
il ne put revoir tant d'esprit et de modestie
sans éprouver le besoin d'arracher un mérite

si rare, quoique naissant, aux durs traitemens de sa tante. Il chercha l'occasion de lui parler en particulier, et déplora avec elle l'injustice de la fortune et l'insensibilité de madame de Neuillant. Mademoiselle d'Aubigné versa des larmes. — Cependant, dit-il, si vous perdiez cette femme dure, que deviendriez-vous? — Elle pleura davantage. — Vous, petite-fille d'Agrippa, vous, déjà célèbre par votre esprit et votre beauté, je ne vois pour vous d'asile honorable que le couvent ou le mariage. Voulez-vous être religieuse? je paierai votre dot. Voulez-vous vous marier? je ne puis vous offrir que des infirmités et une fortune très-bornée. Mais, quelque parti que vous preniez, je serai, sinon heureux, du moins content, si je puis vous arracher à l'insensibilité de votre tante, et soustraire votre beauté et votre mérite aux piéges et aux artifices de tous les courtisans.

Des propositions qui avoient leur source dans la pitié la plus tendre et la plus généreuse, touchèrent mademoiselle d'Aubigné, elle accepta sa main (1).

―――――

(1) Elle écrit à son frère, après la mort de Scarron : « Vous savez que je n'ai jamais été mariée ».

Scarron étoit d'une ancienne famille de robe, illustrée par des alliances honorables.

Mademoiselle de Pons, depuis madame d'Heudicourt, cette jeune personne que la maréchale d'Albret, sa parente, chez qui elle demeuroit, avoit enlevée de la cour, à la suite d'un bal, où ses grâces avoient paru toucher le roi; mademoiselle de Pons prêta à mademoiselle d'Aubigné des habits pour le jour de son mariage.

Scarron, en se mariant, fut obligé de se défaire de son canonicat; il ne possédoit pour toute fortune que le produit de ses ouvrages, et une pension de 1,500 liv., comme *malade de la reine-mère.*

Sa gaîté naturelle et la bonne compagnie qu'il rassembloit chez lui, le consoloient de ses maux, comme de la médiocrité de sa fortune. On y rencontroit les hommes et les femmes les plus distingués du siècle, dans toutes les classes : les Coulange, les d'Albret, les Saint-Évremont; madame de Sévigné, mademoiselle de Scudéri, et cette Ninon, si célèbre par sa beauté, ses grâces et son esprit, formoient la société habituelle de Scarron. L'air modeste et réservé de cette femme de seize ans, imposa naturellement de la décence à cette société, qui, jusque-là, avoit eu un ton très-libre ; et elle obtint par degrés de son mari qu'il réformât la licence de son langage. Les soupers, dont chaque convive faisoit les frais, étoient animés par l'esprit et la gaîté. Peu à peu, madame Scarron y dévoila les charmes de son esprit, qu'elle croyoit, disoient ses amis, n'avoir reçu que pour les amuser. Elle contoit si agréablement qu'un jour un service ayant manqué, un domestique lui dit tout bas : « Encore une » histoire, Madame, car le rôt manque aujour- » d'hui ».

Quand son mari souffroit, madame Scarron le soignoit avec tendresse ; et quand il se portoit bien, elle étoit son secrétaire. Dans ses momens de liberté, elle faisoit des lectures intéressantes ; elle apprit l'italien, le latin, l'espagnol ; mais jamais elle ne parut savoir que sa langue, qu'elle parla de bonne heure avec la plus parfaite pureté et la plus grande élégance. On ne trouve dans ses lettres aucune trace de ses connoissances dans les langues étrangères.

Mademoiselle de Scudéri avoit fait, dans un de ses romans, le portrait de madame Scarron sous le nom de Liriane. Son mari la remercia dans une pièce de vers, où, en parlant de cette Liriane, il la désignoit par ces deux vers :

> Celle par qui le Ciel soulage mon malheur,
> Digne d'un autre époux comme d'un sort meilleur.

Comme on aime à se représenter les traits de la personne dont on lit la vie avec intérêt, je placerai ici le portrait dont je parle.

« Liriane étoit d'une naissance fort noble. Elle étoit si belle et si charmante, qu'on ne pouvoit presque rien lui comparer. Elle étoit grande et de belle taille, mais de cette grandeur qui n'épouvante point et ne sert qu'à la bonne mine. Elle avoit le teint fort beau, les cheveux d'un châtain clair, le nez très-bien fait, la bouche bien taillée, l'air noble, doux, enjoué, modeste, et pour rendre sa beauté plus parfaite, les plus beaux yeux du monde. Ils étoient noirs, brillans, doux, passionnés, pleins d'esprit. Leur éclat (1) avoit je ne sais quoi qu'on ne sauroit exprimer. La mélancolie douce y paroissoit quelquefois avec tous les charmes qui la sui-

---

(1) Cet éclat qui contrastoit avec la blancheur de sa peau, fait dire à La Beaumelle, en style un peu précieux, que le feu de ses yeux sembloit sortir du milieu des neiges.

vent. L'enjoûment s'y faisoit voir à son tour, avec tous les attraits que la joie peut inspirer. Son esprit étoit fait exprès pour sa beauté, grand, doux, agréable. Elle parloit juste et naturellement, de bonne grâce et sans affectation. Elle savoit le monde et mille choses dont elle ne faisoit pas vanité. Elle avoit mille appas inévitables (1), de sorte qu'unissant les charmes de la vertu à ceux de la beauté et de l'esprit, on pouvoit dire qu'elle méritoit toute l'admiration qu'on eut pour elle (2).

Madame Scarron étoit aimée de la duchesse de Richelieu, et de mesdames d'Albret et de Villarceaux, les deux femmes les plus jalouses de leurs maris. Elle l'étoit de madame de Monchevreuil, parente de Villarceaux; mais la femme qui paroît l'avoir aimée le plus, et qui auroit voulu l'avoir sans cesse auprès d'elle, étoit madame Fouquet, la femme du surintendant. Madame Scarron lui écrit : « J'irai à Vaux me pro-
» mener dans ces allées, où l'on pense avec tant
» de raison, et où l'on badine avec tant de

---

(1) Des grâces incomparables, dit lui-même Saint-Simon, qui ne l'a connue que dans un âge mûr.

(2) Dès que madame de Maintenon fut dans la faveur, elle demanda au roi une pension de deux mille livres pour mademoiselle de Scudéri.

» grâce ». Pressée un jour avec instance d'y passer quelques jours, elle dit à madame Fouquet : « M. Scarron vous prie, Madame, par
» cette épître, de me donner de votre amitié
» des preuves qui coûtent moins à celle qu'il a
» pour moi. Lisez sa requête, et pardonnez-en
» la vivacité à un mari qui n'a d'autre ressource contre l'ennui, d'autre consolation
» dans ses maux, qu'une femme qu'il aime ».

On a dit que M. de Villarceaux aima moins Ninon, dès qu'il eut vu madame Scarron ; mais je ne vois nulle trace du goût particulier qu'on prête à madame Scarron pour lui. Elle écrit à Ninon absente de Paris : « Depuis votre départ,
» ma cour est grossie ; mais c'est un foible dédommagement pour vos amis. Revenez, ma
» très-aimable, tout Paris vous en prie. Si
» M. de Villarceaux savoit tous les bruits que
» madame de Fiesque répand contre lui, il auroit honte de vous retenir plus long-temps.
» Saint-Évremont veut vous envoyer Châtillon,
» en qualité de chevalier errant, pour vous enlever de votre vieux château. Revenez, belle
» Ninon, et nous ramenez les jeux et les plaisirs ».

Le maréchal d'Albret étoit très-touché du mérite de madame Scarron ; il passoit chez elle

la plus grande partie de ses soirées. Ninon se plaignit à elle des absences du maréchal, et lui demanda s'il étoit son amant : « M. d'Al-
» bret, lui répond-elle, est mon ami de tous
» les temps ; mais je ne sache pas qu'il ait été
» mon amant; je le vois tous les jours, et
» vous savez bien qu'on peut le voir sans dan-
» ger. Venez souper avec moi, et préparez
» votre vengeance ». On voit par ces deux lettres que les vertus, pourtant bien affermies, de madame Scarron, n'avoient rien de farouche, et nous aurons plus d'une fois l'occasion de remarquer qu'elle ne parle aux personnes que le langage qui convient à leur caractère et à leur situation. Il faut cependant voir ici madame Scarron, sous la protection de son mari; car, après sa mort, elle crut qu'il ne lui convenoit plus d'avoir avec Ninon aucune intimité.

Nous pouvons juger des hommages qu'on rendoit à sa beauté, par une lettre du chevalier de Méré à madame de Lesdiguière : « Les
» mieux faits de la cour attaquent de tous
» côtés madame Scarron ; mais comme je la
» connois, elle soutiendra bien des assauts
» avant que de se rendre. Ce qui me fâche
» d'elle, je vous l'avoue, c'est qu'elle s'attache

» trop à son devoir, malgré tous ceux qui
» travaillent à l'en écarter ».

Voyons ce qu'elle dit de ce temps-là, à ses amies de Saint-Cyr :

« Dans ma jeunesse, quand j'ai été avec ce
» pauvre estropié, je ne connoissois ni le cha-
» grin ni l'ennui. Les femmes m'aimoient,
» parce que je m'occupois plus des autres que
» de moi ; les hommes, parce que j'avois les
» charmes de la jeunesse. Je ne voulois pas
» être aimée en particulier, je voulois l'être
» de tout le monde, et faire prononcer mon
» nom avec admiration et avec respect. Je me
» contrariois dans tous mes goûts ; mais cela
» ne me coûtoit point, quand j'envisageois
» ces louanges, cette réputation qui devoit être
» le prix de ma constance ». — N'est-ce pas
» là, ajoutoit-elle, l'orgueil de Lucifer ? J'en
» suis peut-être punie aujourd'hui par l'excès
» de ma faveur; comme si Dieu m'eût dit dans
» sa colère : *Tu veux de la gloire et des*
» *louanges : eh bien ! tu en auras jusqu'à*
» *en être rassasiée* ».

Sans doute, ce noble orgueil qui lui donnoit le besoin de se distinguer par des vertus extraordinaires, comme elle étoit distinguée par sa beauté et son esprit, est une des

causes qui, en assurant ses vertus, a contribué à sa haute destinée. Elle se trompe pourtant, quand elle nous présente cet orgueil comme le sentiment dominant de son âme. Toute sa vie et ses lettres prouvent qu'elle étoit régie bien plus fortement encore par le sentiment profond d'une religion pure et d'une morale éclairée, par un sentiment de réserve et de pudeur, qu'elle devoit aux leçons et à l'exemple de sa mère; enfin, par le sentiment de l'honneur le plus délicat, et qui semble inhérent à sa nature. Ce besoin qu'elle avoit de s'élever dans l'opinion par des vertus extraordinaires, s'unit toujours en elle à la plus parfaite modestie, et à l'absence la plus absolue de toute espèce de vanité. Voilà les sentimens, les principes, qui ont guidé de bonne heure madame de Maintenon, et qui se sont soutenus par un caractère aussi noble que ferme. Dès sa jeunesse, on ne voit rien en elle de cette mobilité qui quelquefois a du charme dans les femmes, mais qui, trop souvent aussi, est une source de leurs écarts. Tout semble contenu dans cette âme tout à la fois énergique et sensible; et c'est, ce me semble, un tableau bien doux à considérer, que de voir cette femme si jeune, si belle, environnée des séductions les plus dangereuses, ayant sous les yeux la destinée singulière de cette Ninon, qui sembloit avoir trouvé le bonheur et presque la considération sur la route du plaisir ; de la voir, dis-je, suivre tranquillement les sentiers que la vertu lui trace, se mêler à la joie qui l'entoure lorsqu'elle est décente, la réprimer d'un regard lorsqu'elle devient licencieuse, et conserver, au milieu de tous les mouvemens bruyans de l'intrigue et des passions, un maintien assez imposant, pour qu'un homme de la cour déclare qu'il lui seroit plus facile de faire une proposition impertinente à la reine, qu'à cette femme-là.

Un jour qu'elle parloit encore de sa jeunesse, mademoiselle d'Aumale lui dit : « Je crois, » Madame, que dès ce temps vous aviez déjà » de la piété. — Hélas ! guère, par malheur, » dit madame de Maintenon ; j'avois un grand » fonds de religion qui m'empêchoit de faire » aucun mal, qui m'éloignoit de toute foi- » blesse, qui me faisoit haïr tout ce qui pou- » voit m'attirer le mépris ». Ne sont-ce donc pas là les principes, les sentimens, qui, dans tous les temps, ont assuré les vertus de notre sexe ?

On sait le dédain que Christine, reine de

Suède, montra pour les femmes, à son passage à Paris. Scarron, à qui elle avoit donné le titre de son *Roland*, lui présenta madame Scarron : « Il ne faut pas moins qu'une reine » de Suède, dit Christine, pour être infidèle » à cette femme-là. Je ne suis plus surprise, » ajouta-t-elle, qu'avec la plus aimable femme » de Paris, vous soyez, malgré vos maux, » l'homme de Paris le plus gai ».

Madame Scarron, qui avoit l'âme la mieux réglée et la mieux ordonnée dans l'emploi de ses moyens de fortune, parce qu'elle l'avoit fière et bienfaisante, eut souvent à souffrir, dans son intérieur, du désordre de son mari : cependant, quels que fussent ses embarras, elle ne put jamais se déterminer à demander pour lui aucune grâce à madame Fouquet; mais on voit par une lettre de reconnoissance de madame Scarron à cette même dame, que son mari, plus hardi, avoit obtenu quelques gratifications du surintendant des finances.

Dans une si grande médiocrité, avec une pension de cinq cents livres que lui donnoit son mari, elle trouva les moyens d'exercer des actes de bienfaisance. Elle eut aussi une occasion de montrer toute son humanité à une femme que Scarron avoit tendrement

aimée dans sa jeunesse, et qu'il avoit quittée après l'accident qui avoit amené ses infirmités. Cette demoiselle s'étoit depuis laissé séduire par un homme riche, qui lui avoit promis de l'épouser, et qui venoit de l'abandonner étant grosse. Elle recourut à son ancien amant pour obtenir justice contre le second, et Scarron lui fit donner une somme assez forte. Madame Scarron, pendant ce temps, la garda chez elle, et la traita avec la plus grande bonté : elle la consoloit, lui offroit l'espérance de recouvrer l'estime des hommes, en les fuyant pendant quelque temps : « Donnez-
» vous à Dieu, lui dit-elle, dans une lettre ;
» vous avez toujours aimé la vertu : quand le
» public en sera persuadé par votre retraite, il
» oubliera vos foiblesses. M. Scarron, qui juge
» très-sainement des choses quand il veut
» bien les considérer sérieusement, est de
» mon avis. Jetez-vous dans les bras de Dieu :
» il n'y a que lui dont on ne se lasse point, et
» qui ne se lasse jamais de ceux qui l'aiment ».

On voit, par cette lettre, que le monde et ses séductions n'ont rien altéré de la pureté de son âme ; que dès lors, quoiqu'elle n'en voulût pas convenir avec mademoiselle d'Aumale, elle avoit cette piété affermie, mais douce, ces sentimens indulgens, que plus d'une fois nous observerons dans plusieurs circonstances de sa vie.

Son veuvage.

Madame Scarron avoit vingt-six ans, à la mort de son mari, et sa beauté étoit dans son plus grand éclat. Elle pleura sincèrement ce généreux protecteur de sa jeunesse, dont elle ne parle jamais dans ses lettres qu'avec estime et reconnoissance.

L'état d'indigence où elle tomba, à la mort de son mari, jusqu'au moment où la reine-mère lui accorda la même pension qu'elle faisoit à Scarron, cet état d'indigence fit naître des espérances dans quelques-uns de ceux qui s'étoient déclarés ses adorateurs. Un jour elle trouva sur sa toilette un superbe écrin de diamans. Une visite qu'elle reçut le même jour d'une femme inconnue, lui fit découvrir que ce présent lui étoit envoyé par Fouquet; elle s'éloigna de cette femme avec horreur, et renvoya l'écrin avec le sentiment d'indignation qu'éprouve une âme noble et pure, qui se voit soupçonnée de mettre un prix à la vertu. Le marquis de Créqui lui rendit des hommages plus délicats; mais les sentimens offerts dans ce moment d'indigence, ne parurent aussi qu'un outrage à madame Scarron. M. de Créqui, accoutumé aux succès auprès des femmes, fut si surpris de la fierté avec laquelle elle repoussoit ses sentimens, qu'il ne put s'empêcher de lui dire avec humeur : « Je » ne connois que vous, Madame, qui trouviez » mauvais qu'on lui montre de l'amour ».

Madame de Richelieu offrit à madame Scarron un appartement dans son hôtel; elle ne voulut point l'accepter. Née fière, indépendante, elle disoit qu'elle ne vouloit voir les grands que comme amie, et non comme protégée. Dans le même temps elle se vit obligée d'emprunter quelqu'argent; mais elle n'eut recours qu'à ses égaux, et ces emprunts furent peu de chose, puisqu'on la voit non-seulement vivre avec aisance quand elle eut recouvré sa pension de deux mille francs, mais en consacrer un quart à la bienfaisance. Je ne serois pas étonnée, quoique je n'en voie aucune preuve, qu'elle eût fait usage, dans cet intervalle, du talent singulier qu'elle possédoit pour les travaux d'aiguille, et qu'elle eût vécu de cet honorable fruit de son industrie. Sa pension fut rétablie un an après la mort de son mari.

M. et madame d'Albret l'avoient aussi pressée d'accepter un appartement dans leur hôtel. Je ne sais si le maréchal avoit déclaré ses sentimens; mais l'amour ne se dérobe jamais aux regards de la femme qui l'inspire, et sans doute ce fut la seule cause de son refus ; car, tranquille plus tard sur les sentimens du maréchal, remplie pour lui de la plus tendre reconnoissance pour l'intérêt constant qu'il lui avoit montré, elle s'étoit déterminée à vivre dans son hôtel : et comme M. d'Albret voyoit sans cesse Ninon, madame Scarron, qui craignoit dans ce temps la jalousie de madame d'Albret et ne vouloit voir son mari qu'avec elle, saisit cette occasion de s'éloigner, sans rompre cependant, d'une personne dont elle goûtoit l'esprit, dont elle ne pouvoit mépriser l'âme et le caractère, mais dont elle pouvoit moins encore estimer la conduite.

Restée libre à vingt-six ans, n'ayant plus son mari pour témoin de sa vie, elle semble avoir voulu mettre sa réputation sous la protection de quelques femmes, respectables par leur âge et leur caractère : elle disoit, à cette occasion, qu'il valoit mieux s'ennuyer avec elles que de s'amuser avec les autres. Madame de Caylus nous dit que la maréchale d'Albret étoit une femme de mérite sans esprit, n'entendant rien aux pièces qu'on représentoit, et que lorsqu'elle alloit au spectacle, elle vouloit toujours avoir auprès d'elle madame Scarron, pour qu'elle lui expliquât ce qu'elle avoit devant les yeux ; détournant par là madame Scarron de l'attention qu'elle auroit voulu donner aux pièces qui l'intéressoient.

Mais si les principes religieux les plus affermis, si la morale la plus pure, si le désir de s'élever dans l'opinion des gens de bien par une noble conduite, lui firent prendre la résolution ferme de se défendre de toute affection particulière, comme pouvant devenir dangereuse pour la vertu et pour cette réputation dont elle étoit si jalouse, devons-nous la considérer comme insensible à tout ce qui s'offrit d'aimable à ses regards ? En suivant sa vie, on trouve toujours dans son âme la compassion la plus tendre pour les malheureux, l'amitié la plus constante et la plus parfaite pour ses amis, et une tendresse pour ses élèves qui semble n'appartenir qu'à la mère la plus passionnée ; en même temps que, par son caractère qui est plein d'énergie, on la voit toujours armée de résolutions fermes et constantes. Est-ce donc l'indifférence qui cherche à se garantir du danger ? Ah ! l'indifférence n'est jamais sur ses gardes : elle ne prévoit rien, et croit n'avoir rien à craindre. Aussi la pureté n'est-elle, je crois, le partage que des personnes que leur sensibilité avertit des dangers qui menacent la vertu.

Témoignage des contemporains sur la pureté de sa conduite.

Un jour, dans un âge avancé, madame de Maintenon, s'entretenant à Saint-Cyr avec madame de Glapion qu'elle aimoit comme sa fille, lui dit, à l'occasion de quelques satires que, dans son élévation, on fit contre les mœurs de sa jeunesse : « Comment tant de femmes opu-
» lentes, qui cèdent tous les jours aux offres
» de la fortune et de l'amour, pourroient-elles
» croire qu'une jeune personne a su être sage
» et pauvre ? Ceux qui m'ont connue dans ma
» jeunesse m'ont vu vivre sans reproche avec
» ce monde aimable, qu'il est si difficile de voir
» sans danger ». Il me semble que ce n'est pas là le langage d'une personne qui n'a vu qu'avec indifférence ce monde aimable et dangereux ; et la vivacité, l'énergie des sentimens qui ont rempli son âme dans le cours de sa vie, montrent une personne faite pour tout sentir, mais qui se défie de tout sentiment qui n'est pas épuré et consacré par le devoir. C'est avec tant de simplicité et une telle expression de vérité que madame de Maintenon parle à ses amies de St-Cyr de l'honnêteté de sa conduite dans sa jeunesse, que, pour ne pas la croire, il faudroit se défier aussi de toutes ses autres vertus, et ne la voir jamais que sous le masque hideux de l'hypocrisie ; mais l'hypocrisie, qui anéantit toutes les ver-

tus en voulant s'en revêtir, ne peut s'allier avec celles que nous montrera madame de Maintenon dans tout le cours de sa vie. Cette vie si pleine de bonté et de bienfaisance, pourroit, j'ose le dire, expier une faute causée par la tendresse du cœur. Mais, après avoir lu son histoire et parcouru toutes ses lettres, je ne puis que la croire parfaitement sincère dans ses déclarations d'avoir toujours eu une conduite au-dessus du soupçon. Il me semble aussi qu'on peut regarder comme une preuve de cette pureté parfaite, la considération vraiment extraordinaire dont elle étoit couverte, dans un état presque d'indigence, dès sa plus grande jeunesse : je vois d'ailleurs que cette sagesse, plus digne encore de respect quand la beauté la décore, n'a été attaquée qu'au moment où madame de Maintenon s'éleva dans la faveur de Louis XIV, et que tous les amis de sa jeunesse y rendent un éclatant témoignage.

M. de Baville, au moment où une foule d'épigrammes vinrent troubler madame de Maintenon dans la jouissance de cette faveur, écrivoit à un de ses amis : « Je l'ai ramenée » cent fois dans mon carrosse des hôtels d'Al- » bret et de Richelieu, quand elle étoit ma- » dame Scarron ; j'étois pénétré du même

» respect que j'aurois eu pour la reine ; son
» regard seul en inspiroit, et nous étions tous
» étonnés qu'on pût allier tant de vertu, de
» pauvreté et de charmes ».

Ninon disoit, en parlant de madame Scarron :
« Dans sa jeunesse elle étoit vertueuse par
» foiblesse d'esprit. J'aurois voulu l'en guérir,
» mais elle craignoit trop Dieu ». Et mademoiselle Scudéri disoit : « On respire auprès
» d'elle l'air de la vertu ».

Scarron, mourant, ne cessa de plaisanter
qu'au moment où sa pensée s'arrêta sur cette
femme intéressante qui avoit adouci toutes ses
douleurs par la tendresse de ses soins, et
embelli par les grâces de son esprit les dix
dernières années de sa vie. Cet homme qui
n'avoit jamais parlé que pour amuser les autres,
devint touchant en recommandant sa femme
à ses amis. « Je mourrois sans regret, dit-il,
» si je ne laissois sans espérance une femme
» que j'ai tant de raison d'aimer ». Et se
tournant vers elle. « Je vous prie, lui dit-il,
» de vous souvenir quelquefois de moi. Je
» vous laisse sans bien, la vertu n'en donne
» pas; cependant soyez toujours vertueuse ».

Et quand madame Scarron refuse plus tard
la main et la fortune d'un homme de la cour,

dont elle méprise les mœurs et le caractère, et qu'on attribue son refus à une affection particulière de son cœur, c'est à cette même Ninon, dont on la soupçonne d'avoir aimé l'amant, qu'elle écrit : « Assurez bien que mon » cœur est libre, l'a toujours été *et le sera* » *toujours* ». Est-ce à la maîtresse de Villarceaux, qui auroit pu la démentir, qu'elle eût fait une déclaration aussi formelle ?

On ne peut se défendre d'un sentiment de surprise, en voyant une femme belle, jeune, investie des hommages des hommes les plus aimables de la cour, répondre pour l'avenir que son cœur sera toujours libre.

> Ah! le vœu le plus libre et le plus volontaire,
> Au Dieu qui prévoit tout peut sembler téméraire.
> Peut-être qu'il faudroit que l'homme, le chrétien,
> Demandât tout au Ciel et ne lui promît rien.

Madame Scarron prit cependant le seul parti qui pût assurer une telle présomption. Elle arrêta l'amour dès ses premières avances ; elle ne lui permit jamais de caresser son imagination, et s'interdit de goûter un seul moment ses douceurs, si souvent trompeuses. Il me semble que nous devons voir aussi dans madame de Maintenon une femme qui, indépendamment de ses sentimens religieux, attachoit aux passions une honte, dont son noble orgueil ne pouvoit supporter l'idée ; une femme qui, par l'étendue et la sûreté de son bon sens, par la promptitude de ses observations du monde, des hommes et de leur inconstance, avoit pour ainsi dire une expérience anticipée, et sembloit, jeune encore, avoir deviné toute la vie.

Ce fut à l'estime parfaite que la sagesse de sa conduite avoit généralement inspirée, que madame Scarron dut la survivance de la pension que la reine-mère faisoit à son mari. Un jour, Anne d'Autriche ayant nommé Scarron dans la conversation, tout ce qui l'environnoit, surtout M. de Villeroi, qui l'avoit rencontré à l'hôtel d'Albret, lui parla avec tant d'intérêt des charmes, de la vertu et de la pauvreté de la jeune veuve, que la reine-mère lui accorda sur-le-champ la survivance de cette pension.

Quand les hommes qui s'étoient déclarés les admirateurs passionnés d'une femme, sont bien convaincus de l'inutilité de leurs poursuites, et qu'une grande estime se joint en eux à l'amour, ils reviennent à l'amitié, et cette amitié devient bien tendre, quand les vœux qu'on offroit n'ont été repoussés que par l'honnêteté, et que le cœur qu'ils désiroient, ne s'est donné à personne. C'est ce qui arriva au maréchal d'Albret, qui, toute sa vie, resta un des plus tendres amis de madame de Maintenon.

On se rappelle encore ces soupers, et ceux de l'hôtel de Richelieu, où se réunissoit la société la plus distinguée et la plus aimable. Madame Scarron parle de ce temps de sa vie comme de l'époque qui en fut la plus heureuse. Libre, au-dessus du besoin depuis qu'elle avoit recouvré la pension de son mari, elle recevoit ses amis chez elle, ou alloit passer ses soirées aux hôtels d'Albret et de Richelieu; elle en faisoit les délices par son esprit, sa douce gaîté, et cette aimable facilité que lui donnoit le besoin d'intéresser et de plaire. « Outre qu'elle est belle, écrivoit le cheva-
» lier de Méré, et de cette beauté qui plaît
» toujours, elle est reconnoissante, secrète,
» douce, fidèle à l'amitié, et ne fait usage
» de son esprit que pour amuser les autres ».

Dans ces soupers, on faisoit souvent des vers. Un jour, chacun des convives dut en composer sur un métier qu'on lui assigna. Celui de geolière étant donné à madame Scarron, elle fit les suivans, où elle se peint avec vérité :

  Ah! l'ingrat, le maudit métier
  Que le métier de geolière!

Il faut être barbare et fière,
Il faut faire enrager un pauvre prisonnier :
Non, ce n'est point là ma manière.
Ceux que je prends dans mes liens,
D'eux-mêmes sont venus s'y rendre ;
Je n'ai pas cherché les moyens
De leur plaire, ou de les surprendre.
Prison ou liberté, je leur donne à choisir :
Je le dis donc sans être vaine,
Je prends mes captifs sans plaisir,
Et je sais les garder sans peine.

Madame de Caylus nous parle dans ses *Souvenirs* des adorateurs de madame de Maintenon, qui tous restèrent ses amis. Elle nomme M. de Barillon, qui depuis fut ambassadeur en Angleterre. Il étoit, dit-elle, fort estimé d'elle, comme ami. C'est lui qui, voyant dans madame Scarron une personne trop distinguée pour n'être pas appelée à jouer un grand rôle, dit, au retour de son ambassade, en la voyant à la cour dans la plus grande faveur : « Avois-je tort » ?

Elle n'a jamais caché, dit madame de Caylus, l'amitié qu'elle avoit pour Villarceaux, et fit depuis obtenir le cordon bleu à son fils.

Le cardinal d'Estrées fit pour elle beaucoup de choses galantes, qui, sans toucher son cœur, plaisoient à son esprit.

Elle dit encore de M. de Guilleragne (1) : « Il se plut dans la constance des sentimens » qu'il ne pouvoit faire partager ». Enfin, dit madame de Caylus, tout ce que j'ai entendu dire de l'hôtel de Richelieu, donne une haute opinion de la vertu comme des agrémens de madame de Maintenon.

Plusieurs personnes de cette société distinguée, étonnées et charmées de la raison supérieure de madame Scarron, raison qui ne se produisoit qu'avec les formes les plus douces et les plus séduisantes, déposèrent dans son cœur le secret de leurs affaires, et quelquefois aussi celui de leurs peines. On voyoit cette femme de vingt-six ans, s'éloigner, à la prière de ses amis, dans un coin du salon de cette société folâtre et bruyante, pour écouter les confidences de l'âge mûr, qui recueilloit ses conseils comme ceux de l'expérience et de la sagesse. Elle auroit souvent préféré de partager la gaîté qui l'environnoit ; mais, dit-elle à

---

(1) C'est celui à qui Boileau adresse l'épître V, qui commence par ce vers :

Esprit né pour la cour et maître en l'art de plaire.

Il étoit secrétaire du cabinet.

cette occasion : « J'étois touchée de l'opinion » qu'on avoit de ma petite raison et de ma » franchise; car j'ai toujours eu le bonheur » d'aimer les vrais biens, et de me nourrir de » chimères ».

Quelles nobles et pures chimères que celles d'une jeune femme qui, belle, spirituelle et pauvre, n'avoit d'autre ambition que celle d'obtenir l'estime des gens de bien !

<small>Elle jouit, à vingt-six ans, de la plus grande considération.</small>

Ainsi, madame Scarron recueilloit le prix de cette vertu qu'elle avoit prise pour guide; et s'il est possible qu'elle ait fait un sacrifice en ne voulant pas, comme elle le dit, être aimée de personne en particulier, mais l'être de tout ce qui étoit distingué dans la société, elle voyoit ses vœux remplis ; car elle étoit l'objet de cet intérêt général qu'inspire aux hommes honnêtes, la beauté ornée des grâces de la modestie. Tous désiroient son bonheur, et quelques-uns ne montroient que sous le voile de l'amitié, le désir d'obtenir une préférence de son cœur. Les femmes, à qui l'on ose exprimer de tels vœux, les devinent dans les regards et les manières de ceux qui les approchent; et il leur est permis de jouir de l'intérêt que la beauté modeste fait naître, et qu'elle a su épurer.

DE MAINTENON.

Madame de Maintenon avoit une de ces âmes qui trouvent du bonheur dans un noble dévoûment à l'amitié et à l'humanité. Elle fit un jour un voyage de plaisir avec quelques amis. Un homme de la compagnie, qu'elle connoissoit à peine, fut tout à coup attaqué de la petite-vérole. Elle ne se souvenoit pas de l'avoir jamais eue ; mais voyant que toute la société et la sœur même de ce malheureux s'éloignoient de lui, elle s'établit sa garde-malade, et ne le quitta pas un seul instant, jusqu'à ce qu'il fût entièrement rétabli. Elle disoit depuis, lorsqu'on lui parloit du danger auquel elle avoit si noblement exposé sa beauté, et même sa vie, pour un homme qui n'étoit pour elle qu'une simple connoissance : « Je n'étois » pas assez heureuse pour que la vertu fût » mon guide. C'étoit l'envie de faire une chose » extraordinaire, et un peu de pitié ».

Beau dévoûment à l'humanité.

En toute occasion, je vois madame de Maintenon chercher à atténuer le mérite de ses actions généreuses, et les attribuer aux besoins de ces éloges, qui, dit-elle, étoient son idole. Devons-nous l'en croire ? la vanité peut-elle être la source d'un si noble sacrifice ? Elle convient elle-même, que la pitié entroit dans son dévoûment : pour moi, je crois qu'elle y dominoit même à son insu; et quant à ces éloges qu'elle envisageoit à l'avance, celui qui a saisi l'occasion d'un noble sacrifice, sait bien qu'à la joie pure d'une action qui satisfait son cœur, se mêle aussi le sentiment de l'approbation et de la louange, de la part même de celui qui est l'objet du sacrifice; le ciel a voulu, sans doute, que ces sentimens réunis fussent la plus douce récompense de la vertu.

Un jour, causant avec ses amies de Saint-Cyr, elle leur avoue qu'elle étoit susceptible d'un long et profond ressentiment, qu'elle appelle injustement de la haine, puisqu'elle étoit incapable de nuire, même à ses plus grands ennemis. Elle raconte, qu'étant allée remercier la reine-mère de lui avoir rendu sa pension, une femme de la cour, qui étoit présente, dit: « Si la reine a voulu donner cette pension
» aux plus beaux yeux et à la femme la plus
» coquette de France, elle ne pouvoit mieux
» choisir ».

Madame Scarron resta humiliée, aigrie:
« Voilà donc, se dit-elle, où aboutissent les
» soins que je me suis donnés pour me faire
» une réputation sans reproche »! Son ressentiment fut tel qu'elle ne pouvoit ni rencontrer cette femme, ni même passer devant sa porte

sans se trouver mal, et que son confesseur lui dit un jour à cette occasion : « Est-il pos-
» sible, Madame, que ce soit la haine qui
» vous damne » ?

Que peut-on voir cependant dans ce ressentiment d'une personne aussi douce que ferme, si ce n'est la preuve de l'injustice de cette accusation, qui confondoit son caractère avec celui de tant d'autres femmes frivoles, tandis qu'elle n'avoit d'ambition que celle de s'ennoblir et de s'élever dans l'opinion du monde? Elle dit elle-même que cette accusation étoit injuste. « Cependant, ajoute-t-elle,
» le premier usage que j'ai fait de ma faveur, a
» été de lui prouver que je savois pardonner, en
» lui rendant service ». *Sans doute, Madame, par vertu?* lui dit Mad^{lle} d'Aumale. *Hélas! non*, répondit-elle ; *mais par un orgueil de Lucifer ; par goût pour les choses difficiles, pour humilier l'amour-propre de la dame, en forçant sa reconnoissance. N'ai-je pas raison d'appeler cela un orgueil de Lucifer?*

Ce mot de madame de Maintenon, *par goût pour les choses difficiles*, est une clef de son caractère. Elle avoit une de ces âmes qui dédaignent les routes ordinaires et qui trouvent du bonheur et de la gloire à se commander des sacrifices, à remporter des victoires sur elles-mêmes ; enfin, une de ces âmes qui se proposent un noble but, et à qui tout paroît beau et facile pour y atteindre. C'est encore ici qu'elle refuse de reconnoître les sentimens de générosité, de bonté, qui lui firent saisir avec empressement l'occasion d'obliger celle qui l'avoit méconnue et outragée. Mais ne savons-nous pas que les âmes élevées et sensibles éprouvent seules le besoin de couvrir de leurs bienfaits l'objet d'un juste ressentiment ? leur haine cesse au moment où son objet a besoin de leur secours.

<small>Elle perd de son goût pour le monde.</small>

Ce fut dans ce temps qu'elle commença à perdre de son goût pour le monde, malgré les succès dont elle y jouissoit ; les jugemens injustes de cette femme y contribuèrent. Une piété plus profonde la rendit moins sensible aux louanges, dont elle apprécia mieux la valeur. Elle vit qu'il n'étoit point de pureté hors d'atteinte des traits de la calomnie ; elle sentit le besoin d'un sentiment profond, qui fût le guide et la récompense de ses actions. Elle se donna à Dieu, et lui resta toujours fidèle. C'est à cette dévotion si pure et si sincère qu'elle dut les vertus si extraordinaires qu'elle a montrées dans la plus grande adversité, comme dans l'éclat de la faveur. Elle se soumit d'abord aux conseils d'un homme (1), qui, voulant la dépouiller de son amour-propre, la condamna au silence dans une société dont elle faisoit les délices. Elle n'aimoit point la messe (2) ; il l'obligea d'en entendre deux par jour. Elle avoit plus de répugnance encore pour quelques pratiques de dévotion. « Je devrois, lui dit-il, vous » donner pour pénitence d'aller baiser toutes » les images qui sont dans les églises ». Il ne le fit pas, peut-être par crainte de n'être pas obéi. Cependant elle disoit depuis : « S'il » me l'eût ordonné, je l'aurois fait, quoique » sûre que tout le monde se seroit moqué de » moi, et lui tout le premier ».

Je crois qu'on pourroit citer peu d'exemples d'une semblable soumission et d'un aussi grand sacrifice à la religion.

Elle fut cependant tentée quelquefois, dit-elle, de renoncer à la dévotion, voyant qu'elle portoit l'ennui où elle avoit toujours porté le

---

(1) L'abbé Gobelin.
(2) Je lui ai entendu dire cent fois, dit mademoiselle d'Aumale, que, sans le respect humain, elle n'y seroit jamais allée.

plaisir. Les personnes de sa société ne pouvoient concevoir la cause d'un tel changement, et étoient tentées de l'attribuer à quelque maladie. L'abbé Têtu, qui étoit de ses amis, fut le seul qui en devina la cause. « Je ne veux pas, Ma-
» dame, lui dit-il un jour, entrer dans vos se-
» crets; mais je gagerois bien que vous avez af-
» faire à un indiscret ».

Probablement l'abbé Gobelin, content de sa soumission, se relâcha peu de temps après de sa sévérité. Madame Scarron avoit d'ailleurs l'âme plus élevée, plus sensible que son confesseur, l'esprit plus juste et plus étendu; elle sentit bientôt que la religion doit s'attacher à perfectionner les vertus, à diriger et non à détruire les dons, les bienfaits que nous tenons du Ciel. Sa religion fut sans fanatisme, sans sévérité, sans scrupules, et surtout sans crainte. Jamais madame de Maintenon ne connut les terreurs de la religion, qui, sans les erreurs de l'esprit, ne seroient que le partage des méchans. Dès son enfance, elle rassuroit son frère qui craignoit beaucoup l'enfer, en lui disant : « Tu verras
» qu'il ne sera pas éternel, et que le bon Dieu
» se ravisera ». Et dans sa plus grande élévation, mademoiselle d'Aumale, son amie et sa confidente, lui disant un jour qu'elle craignoit

quelquefois d'être damnée : « Ah ! bon Dieu !
» s'écria madame de Maintenon, je n'ai jamais
» eu une telle pensée ».

En se faisant catholique, elle se soumit au régime de l'église, ainsi qu'à ses dogmes et à ses mystères; mais elle ne s'en occupoit jamais. Elle disoit, à propos des querelles religieuses: «Quand » je vois des divisions sur une chose si simple ». que la religion, je bénis Dieu d'être femme ». Dans tout le cours de sa vie, elle ne voulut entrer dans aucun parti; elle répondoit à ceux qui désiroient la ranger dans le leur : « Je ne suis » que papiste ». L'Évangile, l'Imitation de Jésus-Christ, la Vie des Saints étoient ses lectures pieuses et ordinaires. Sa religion étoit une élévation de son âme vers son Dieu. Elle travailla à se rendre toujours plus pure, pour se rendre plus digne de son appui. Elle se partagea entre le monde dont elle avoit apprécié les jugemens, et la solitude, où elle venoit recueillir ses observations et amasser, par le choix de ses lectures, des trésors de raison et de sagesse. En parcourant par la pensée toute sa jeunesse, elle jouissoit en elle-même du bonheur de s'être conservée pure, et d'avoir échappé à tous les dangers que le monde avoit accumulés autour d'elle.

Elle s'étoit retirée dans un couvent, après avoir obtenu la pension de la reine-mère. Elle y étoit avec une femme de chambre, qu'elle forma au travail, à l'assiduité, à la raison, et qu'elle put garder toute sa vie. Elle ne portoit que des étoffes très-simples, mais de très-beau linge. Elle avoit une propreté extrême et une élégance si noble, que son confesseur lui reprocha un jour d'être trop recherchée dans sa parure. « Mais, lui dit-elle, ce n'est qu'une simple
» étoffe de lude (1). — Je ne sais ce qu'il y a, ma
» très-honorée dame; mais quand vous venez,
» je vois tomber à mes pieds une quantité d'é-
» toffe qui a trop bonne grâce, et qui sied trop
» bien ».

Avec un revenu, si médiocre quand on vit dans la société la plus opulente, madame Scarron se fit une loi de donner un quart de sa pension aux pauvres. Jamais la tendre compassion pour les malheureux ne pénétra plus avant dans un cœur, que dans celui de madame de Maintenon; et il faudroit bénir les maux qu'on a soufferts, la misère que l'on a éprouvée, si elle étoit toujours la source de cette bienfaisance active et éclairée, qui distingua madame de Maintenon

---

(1) Mélange de laine et de soie.

dès sa jeunesse. Cette femme, dont j'ai quelquefois entendu parler comme d'une âme sèche, pleuroit souvent auprès des malheureux qu'elle alloit soulager, et goûtoit un sentiment si doux dans les secours qu'elle leur donnoit, qu'elle disoit à cette occasion : « Dieu est bien bon de » nous récompenser de nos charités; elles sont » par elles-mêmes un si grand plaisir »! Mais les belles âmes, les caractères vertueux ont aussi peu de juges, je le crains bien, que de vrais admirateurs.

Madame de Maintenon parle souvent à ses amies de Saint-Cyr, de ce temps de sa jeunesse, où, libre, indépendante, recevant quelques amis dans la soirée, ou allant la passer aux hôtels d'Albret et de Richelieu, elle ne concevoit pas, dit-elle, qu'on pût appeler cette terre une vallée de larmes.

C'est après avoir goûté quelques années un état si doux, qu'elle préféra cette médiocrité, sa liberté et l'amitié, à la main d'un homme riche et de la cour, dont elle méprisoit les mœurs.

Elle refuse la main d'un homme de la cour.

Elle fut sévèrement blâmée de tous ses amis, excepté de cette Ninon, qui, en usant trop de sa liberté, savoit au moins en apprécier le bonheur, et dont l'âme étoit aussi parfai-

tement désintéressée. « Je le jure, dit madame
» Scarron, en lui écrivant et la remerciant
» de son approbation, je le jure, quand
» j'aurois prévu la mort de la reine, qui me
» prive de ma pension, je n'aurois point ac-
» cepté la proposition du marquis ; j'aurois
» respecté mon indigence. On ose comparer
» cet homme à M. Scarron, plein d'esprit,
» de la plus grande probité de cœur, et du
» désintéressement le plus parfait. Je l'avois
» corrigé de ses licences..... Mes amis sont
» bien cruels! tout le monde me blâme, et
» l'on ne songe ni à me plaindre, ni à me
» servir ».

La voilà de nouveau retombée dans l'indigence, par la mort de la reine-mère. On
voit à la fin de sa lettre, qu'elle ne trouve
plus dans ses amis un zèle aussi ardent et aussi
étendu qu'autrefois. Sa vertu avoit écarté tous
ceux qui avoient conçu des espérances de la
séduire ; les autres étoient familiarisés avec
ses perfections, et ce que l'on voit tous les
jours, touche tous les jours moins. « Il faut
» supporter, mon ami, dit Vauvenargues,
» qu'on se lasse de vous comme on se dé-
» goûte des autres biens. Les hommes ne
» sont pas long-temps touchés des mêmes

» choses; mais les choses dont ils se lassent, » n'en sont pas, de leur aveu, pires ». Madame de Maintenon dut éprouver une impression bien douloureuse, de l'indifférence dont elle se plaint ici. La première perte des illusions est accablante. Indépendamment de la surprise qu'elle fait éprouver, elle laisse entrevoir tristement le reste de la vie. Aussi s'écria-t-elle avec amertume, dans ce moment : « Ah! si j'étois dans la faveur, que je trai- » terois différemment les malheureux ! » Et cette justice qu'elle se rend ici à elle-même, n'est point un sentiment de situation, un de ces sentimens qui ne font que traverser le cœur. La pitié pour le malheur étoit en elle un sentiment habituel et profond ; et nous verrons, quand cette faveur est venue la chercher, que les malheureux ne l'ont jamais trouvée insensible à leurs besoins et à leurs maux.

Cependant il restoit à madame Scarron un véritable ami, le maréchal d'Albret, qui insista pour qu'elle vînt occuper chez lui un appartement. Tranquille alors sur les sentimens du maréchal, remplie pour lui de l'estime et de la reconnoissance la plus tendre, elle consentit à loger dans son hôtel. Ce fut aussi dans ce temps que madame de Monchevreuil, qui la chérissoit, obtint de madame Scarron de passer avec elle quelques mois dans sa terre, et qu'ayant entrevu qu'elle désiroit une tapisserie d'un très-bon goût, madame Scarron se leva tous les jours à quatre heures du matin, jusqu'à ce qu'elle fût achevée. Elle étoit née avec une grande activité et ce besoin d'ordre que les bons esprits aiment à établir autour d'eux. Elle suppléoit par les soins les plus actifs à l'indolence des amis chez lesquels elle se trouvoit. « Jamais, dit-elle, six heures du matin ne » me trouvoient au lit ». Elle veilloit, pendant le sommeil de ses amis, à ce que tout fût en ordre à leur réveil. Elle contribua beaucoup au mariage de mademoiselle de Pons, son amie, parente du maréchal d'Albret, chez qui elle demeuroit, avec le marquis d'Heudicourt. Madame Scarron se donna de telles peines pour que tout fût digne des personnes de la cour, qui étoient de cette noce, qu'elle étoit faite, dit-elle, comme une servante, au point que personne ne la reconnut, quand elle eut été se parer : « tout cela, dit-elle, par goût » pour le travail, pour obliger mes amis, et » sans aucun intérêt ; car je n'en pouvois rien » attendre ». Elle attribue le goût que madame de Montespan prit pour elle, à cette activité obligeante pour ses amis, dont souvent elle avoit été témoin.

C'est une chose bien extraordinaire que l'aveu que fait madame de Maintenon, dont on ne peut suspecter la véracité, de la prédiction qu'on lui avoit faite de sa grandeur future. Elle en convient dans une conversation avec mademoiselle d'Aumale, qui l'interrogeoit un jour là-dessus, et l'on trouve une de ses lettres à mademoiselle d'Artigny, où elle écrit après la mort de la reine, en 1666 : « Me voilà bien éloignée de la gran- » deur prédite » ! Il y avoit, dit-elle, un espèce d'architecte, nommé Barbé. Un jour qu'il travailloit chez Scarron, il vit passer sa femme, et fut très-frappé de sa noble physionomie, et de la majesté de sa taille. Barbé étoit imbu d'idées d'astrologie. Il dit en la voyant : « Elle est la femme d'un estropié, » mais je m'y connois ; elle est née pour être » reine ». Il répétoit sans cesse ces paroles avec la confiance d'un homme qui a lu dans les astres, ou dans le livre des destinées humaines.

Un autre jour qu'elle étoit à l'hôtel d'Albret, où Barbé travailloit, il entra dans une chambre où étoient Mme Scarron et quelques amis, et lui dit d'un air et d'un ton d'oracle :

« Après bien des chagrins et des peines, enfin
» vous monterez où vous ne croyez pas mon-
» ter. Un roi vous aimera, et vous régnerez ;
» mais vous n'aurez jamais beaucoup de bien ».
A cette prophétie il ajouta des détails sin-
guliers qui la divertirent et l'étonnèrent. « J'en
» ris beaucoup, dit-elle à mademoiselle d'Au-
» male, avec mes amis ; cependant tout ce
» que Barbé m'a prédit m'est arrivé ».

Quand la prédiction fut accomplie, elle fit
chercher Barbé, il étoit mort ; elle prit soin
de ses enfans.

Il ne paroît pas que cette prédiction eut laissé
des traces profondes, car elle écrit peu de temps
après, en 1666, à cette même demoiselle d'Artigny, qu'elle part pour le Portugal avec la
princesse de Nemours, qui alloit épouser
le roi don Alphonse. « On m'y promet,
» dit-elle, toutes sortes d'agrémens ; la prin-
» cesse est aimable et bonne. Les Portugais
» sont polis et magnifiques. Que quitterai-je
» ici ? des gens qui ne savent pas servir l'in-
» fortune. Le maréchal d'Albret est le seul
» qui me reste ».

Elle étoit au moment de partir, quand ren-
contrant madame de Thiange, sœur de madame de Montespan, elle lui dit qu'elle seroit

fâchée de quitter la France sans en avoir vu la merveille. Madame de Thiange la présenta, quelques jours après, à madame de Montespan, qui étoit alors dans tout l'éclat de sa beauté, comme de sa faveur, et à qui elle dit que madame Scarron alloit partir pour le Portugal. Pour Lisbonne? dit-elle; mais cela est bien loin. Il faut rester ici; le maréchal d'Albret m'a parlé de vous, je connois tout votre mérite. « J'aimerois mieux, dis-je en
» moi-même, qu'elle connût toute ma misère.
» Je la lui peignis, mais sans m'abaisser :
» madame de la Fayette auroit été contente
» *du vrai* de mes expressions. Elle en parut
» touchée, et me demanda un placet qu'elle
» se chargea de présenter au roi ».

Ce prince en avoit déjà reçu plusieurs par différens amis de madame Scarron, qui, commençant toujours par ces mots, *La veuve Scarron,* les avoient tous écartés : ne croyant pas, sans doute, que la veuve d'un poète burlesque eût des droits aux bienfaits du gouvernement, impatienté de voir encore un nouveau placet commençant toujours par ces mots: LA VEUVE SCARRON: *Entendrai-je toujours parler,* s'écria-t-il, *de la veuve Scarron?* « Sire, lui dit madame de Montespan, il y a

» long-temps que votre majesté eût dû arra-
» cher à l'indigence une femme dont les an-
» cêtres se sont ruinés au service des vôtres ».
Et la pension fut rétablie.

Madame de Montespan voulut présenter madame Scarron au roi, qui lui dit : « Madame,
» je vous ai fait attendre long-temps, mais
» j'ai été jaloux de vos amis. J'ai voulu avoir
» seul ce mérite auprès de vous ».

Quelque temps après, madame de Montespan ayant deux enfans du roi, et désirant de trouver une personne qui pût leur donner les soins que sa place et ses goûts ne pouvoient lui laisser remplir, se rappela madame Scarron, pour qui elle avoit conçu une grande estime, et dont tout le monde lui faisoit les plus grands éloges. Elle s'adressa à madame d'Heudicourt, pour la sonder sur cet objet. Madame Scarron ne montra que de l'éloignement pour faire le sacrifice de son indépendance et de sa liberté. L'abbé Gobelin, entrevoyant pour elle un état plus heureux dans l'avenir, lui conseilla, en 1667, d'accepter cette place, aux conditions qui convenoient à sa délicatesse ; et elle répondit à madame d'Heudicourt : « Je le veux bien, si
» les enfans sont au roi ; je ne me chargerois
» pas sans scrupule de ceux de madame de

» Montespan. Il faut que le roi me l'ordonne :
» voilà mon dernier mot ».

La place lui fut offerte au nom du roi, comme elle l'avoit désiré ; et les humbles et pénibles fonctions qu'elle eut à remplir, devinrent la première cause de son élévation, en la rapprochant tous les jours davantage de Louis XIV.

Elle sacrifioit au nouveau devoir qu'elle venoit de s'imposer, sa jeunesse, sa santé, les plaisirs de la société, et une partie de cette considération dont elle étoit si jalouse, par le secret qu'elle fut obligée de garder.

Elle devient gouvernante des enfans du roi.

« Cette sorte d'honneur singulier, dit-elle,
» m'a donné des peines et des soins infinis :
» je montois à l'échelle pour faire l'ouvrage
» des ouvriers, parce qu'il ne falloit pas qu'ils
» entrassent. Les nourrices ne mettoient la
» main à rien, de peur que leur lait ne se
» gâtât. J'allois de l'une à l'autre, à pied, dé-
» guisée, portant sous mon bras du linge,
» de la viande, et je passois quelquefois les
» nuits chez un de ces enfans, malade dans
» une petite maison hors de Paris. Je rentrois
» chez moi par une porte de derrière, et
» j'allois le soir aux hôtels d'Albret et de Ri-
» chelieu. Afin qu'on ne crût pas que j'avois

» un secret à garder, de peur qu'on ne le
» pénétrât, je me faisois saigner pour m'em-
» pêcher de rougir ». Madame de Montespan
avoit tant d'indifférence pour cette pénible
éducation, dit ailleurs madame de Maintenon,
qu'un jour, lui ayant écrit que le feu avoit
pris à la maison que j'occupois, et qu'elle y
envoyât secrètement des ouvriers, elle me
répondit qu'elle en étoit bien aise, et que
le feu portoit bonheur. Madame de Maintenon prit avec elle la petite fille de madame
d'Heudicourt, pour écarter les soupçons que
pouvoit faire naître sa retraite.

Un jour que la nourrice conduisoit à la
cour les enfans à leur mère, le roi entra et
demanda à la nourrice : « A qui sont ces
» enfans? Ils sont sûrement, dit-elle, à la
» dame qui est avec nous; j'en juge aux agi-
» tations où je la vois au moindre mal qu'ils
» ont. — Et qui croyez-vous, dit le roi, qui
» soit leur père? Je m'imagine, dit-elle, que
» c'est quelque duc ou quelque président au
» parlement ». La belle dame, dit encore
madame de Maintenon, a été enchantée de
cette réponse, et le roi en a ri aux larmes.

Madame Scarron accompagnoit souvent les
enfans chez madame de Montespan, qu'elle

charma par son esprit et par cette raison féconde et ornée de grâces, qui distinguoit son entretien. La trouvant toujours plus aimable en la voyant davantage, madame de Montespan l'attira souvent à la cour, et finit par l'y fixer. Madame de Maintenon convient, dans ses entretiens, qu'elle déplaisoit beaucoup au roi dans les premières communications qu'elle eut avec lui, et c'est encore une chose extraordinaire dans sa destinée, que d'avoir commencé par repousser un prince sur lequel elle devoit avoir un jour un si glorieux ascendant. Le roi savoit par madame de Montespan qu'elle avoit beaucoup vécu à l'hôtel d'Albret et à celui de Richelieu, où l'esprit étoit une grande distinction. Toute prétention lui étoit insupportable ; il ne s'étoit pas formé l'idée de ces grâces simples et naturelles, qui ornoient la raison supérieure de madame de Maintenon, et il la croyoit pleine de pédanterie. « Un jour,
» dit madame de Maintenon, ayant demandé
» où étoit madame de Montespan, madame
» d'Heudicourt répondit sans malice qu'elle
» l'avoit laissée avec moi, et que nous parlions de choses si élevées qu'elle nous avoit
» perdues de vue. Son éloignement aug-
» menta pour moi, et je fus obligée d'être

» quelque temps sans paroître devant lui ».

Le roi demandoit sans cesse à madame de Montespan, quel plaisir elle trouvoit à causer si long-temps avec cette précieuse et ce bel-esprit. L'amour voudroit être l'unique objet de la persònne qui l'inspire, et l'amour d'un roi semble devoir encore reculer les bornes de son pouvoir. Madame de Caylus nous dit que Louis XIV a été jaloux de ces longues conversations, et qu'il en exigea le sacrifice. Le soir, madame de Maintenon, ajoute madame de Caylus, étant venue pour causer à son ordinaire, s'aperçut avec surprise qu'on ne lui répondoit que par monosyllabes : « J'en- » tends, dit-elle, en se levant : ceci est un sa- » crifice, et je vais le faire tourner au profit » de mon sommeil ». Madame de Montespan, charmée de ce trait de sagacité, se mit à rire, et la pria de rester. La conversation n'en fut que plus animée, et la promesse faite au roi continua d'être violée.

Quoique madame de Montespan se présente d'abord à nous, parée de tout l'éclat de la beauté et de tous les charmes d'un esprit naturel et piquant, il me semble que nous sommes peu disposés à l'aimer, même avant de connoître ses défauts, parce que notre cœur l'accuse de tous les tourmens de madame de la Vallière, de cette âme tendre, qui intéressera éternellement tout ce qui sait aimer, par les combats qu'elle rendit en faveur de la pudeur et de la vertu, contre la passion la plus vraie et la plus profonde; par la conduite modeste qu'elle tint après sa défaite, et par ce sacrifice sublime qu'elle s'imposa en fuyant pour toujours celui qu'elle adoroit encore, afin de se donner toute entière à celui qui ne se lasse jamais d'être aimé.

La faveur que madame de Maintenon avoit acquise auprès de madame de Montespan, ne fut pas long-temps sans nuage. Cette favorite, dit madame de Caylus, avoit de l'élévation dans l'âme. C'étoit elle qui avoit proposé au roi Bossuet et Montausier, pour l'éducation de Monseigneur, et qui avoit invité à faire choix de Racine et de Boileau, pour écrire l'histoire de son règne : elle fut aussi la protectrice de La Fontaine. Mais elle étoit, dit encore madame de Caylus, plus ambitieuse que tendre, et l'humeur l'emportoit chez elle sur le désir de plaire à son maître et à son roi : madame de Maintenon eut beaucoup à souffrir de son caractère violent, impérieux, et de tous les caprices de son humeur. Un

*

jour elle étoit traitée comme une égale et même une amie, et le lendemain elle n'étoit plus que la petite gouvernante de ses enfans. Madame de Montespan avoit toutes les inquiétudes, toute l'agitation que donne une place sans cesse menacée par les séductions qui environnent un roi aimable et couvert de gloire. Elle avoit encore cette économie de détail, assez ordinaire aux personnes dont les fantaisies s'étendent en raison de la générosité de leur amant; et celle de Louis XIV étoit presque sans bornes pour ses maîtresses.

Madame de Montespan contrarioit sans cesse madame de Maintenon dans le plan d'éducation et le régime qu'elle avoit adoptés pour ses élèves. Elle écrivoit à l'abbé Gobelin : « On » tue les enfans sous mes yeux, ils manquent » du nécessaire ; la tendresse que j'ai pour » eux me rend insupportable à leur mère ». Madame de Montespan prétendoit qu'on ne pouvoit lui contester le droit de nourrir ses enfans à sa fantaisie ; madame de Maintenon, après avoir long-temps plaidé leur cause avec autant de tendresse que de modération, lui répondit un jour : « Ils sont au roi, Ma- » dame, et, depuis qu'il les a légitimés, à la » France ».

Les contrariétés devinrent tous les jours plus vives entre deux femmes qui avoient un grand goût l'une pour l'autre, mais qui avoient des sentimens si divers. Madame de Maintenon n'avoit jamais eu d'autre guide que la raison, la morale et la vertu. Madame de Montespan n'avoit de loi que ses penchans et ses caprices ; elle y joignoit toute la hauteur d'une place qu'elle croyoit la première du monde. Madame de Maintenon avoit de son côté la fierté naturelle qu'inspire une vie pure et sans tache, à une femme qui a toujours satisfait à tous ses devoirs. Est-ce, lui dit un jour madame de Montespan, à une petite gouvernante de mes enfans à me contredire ? S'il est honteux d'être leur gouvernante, répondit madame de Maintenon, que sera-ce d'être leur mère ? Une telle réponse, dans une telle position, suffiroit pour honorer son caractère.

Le roi, à qui madame de Montespan portoit quelquefois ses plaintes, lui répondit un jour : « Madame, si elle vous déplaît, que ne la renvoyez-vous » ? Madame de Maintenon, instruite par elle, et profondément blessée de se trouver sous son empire, quand elle n'avoit accepté sa place qu'à la prière du roi, répondit : « Demain, Madame, le roi recevra

« ma démission ». Mais madame de Montespan, qui sentoit tout le prix d'une telle gouvernante pour ses enfans, qui, d'un autre côté, avoit un goût extrême pour sa conversation, ne put jamais, jusqu'au moment où elle en devint véritablement jalouse, supporter l'idée de perdre madame de Maintenon. Elle fit donc agir tous ses amis auprès d'elle, surtout mesdames de Richelieu et d'Heudicourt; elle revint elle-même à elle, avec toutes les grâces qui la distinguoient. Madame de Maintenon fut inébranlable. Le roi l'avoit blessée, et ce fut lui seul qui put la retenir : sans doute ce fut à la prière de madame de Montespan qu'il la vit à ce sujet, et qu'il la pria de rester auprès de ses enfans. Dans l'entretien qu'elle eut dans cette occasion avec le monarque, elle lui rappela qu'elle ne s'étoit engagée que d'après ses ordres, et lui demanda de ne rendre compte qu'à lui seul de l'éducation de ses enfans. Il le lui promit, et dans cette première conversation particulière qu'il eut avec elle, il la trouva si simple, si naturelle, et d'une raison si aimable, qu'il revint entièrement de ses préventions.

Cependant, madame de Maintenon voyoit s'éloigner chaque année le terme de son repos : le nombre toujours croissant des enfans du roi (1), ne lui laissoit plus voir que dans le lointain le moment où elle pourroit quitter un séjour qu'elle détestoit. Elle avoit l'âme indépendante, et il falloit qu'elle fût sans cesse assujétie ; elle aimoit les communications libres de l'amitié, le recueillement de la solitude, et elle vivoit dans un lieu où s'agitent et se combattent les passions. Elle n'étoit pas seulement soumise à ses devoirs, elle en étoit l'esclave, et sa vertu les étendoit encore; mais elle ne pouvoit se soumettre aux caprices et aux dédains de madame de Montespan. Sa santé s'altéroit aussi par l'effet de tant de veilles et de chagrins. L'humeur de la favorite étoit encore augmentée depuis qu'elle s'étoit soustraite en partie de son autorité, et peut-être aussi, parce qu'elle ne trouvoit plus le roi aussi disposé à recevoir ses plaintes. C'est dans les épanchemens intimes qu'elle eut avec son confesseur, que madame de Maintenon montre toute son âme, qu'on apprend à sentir toute la beauté, la parfaite moralité de son caractère, et la pureté de sa conduite. Combien devons-nous nous défier de la légèreté et de la précipitation de nos jugemens ! Quand je ne

---

(1) Il eut sept enfans de madame de Montespan.

connoissois madame de Maintenon que par quelques traits de sa vie et par sa haute destinée, j'avois peine à l'absoudre, je l'avoue, de toute ambition personnelle, et de toute vue désintéressée dans les conseils que je croyois qu'elle donnoit au roi, sur le scandale de sa liaison avec madame de Montespan. Les progrès qu'elle faisoit dans le cœur de Louis, me paroissoient presqu'une usurpation, quand je la voyois s'enrichir de tout ce que perdoit celle que je regardois comme sa première bienfaitrice. Mais en suivant les détails de sa vie, en lisant avec attention ses lettres, en voyant l'obscurité dans laquelle elle se retire pendant long-temps au milieu de la cour, on reste bien convaincu que c'est uniquement à l'estime profonde qu'elle inspira au roi, qu'elle dût le commencement de sa faveur. On voit aussi évidemment qu'elle avoit trop de discrétion et trop *peu* d'influence pendant plusieurs années, pour tenter de donner au roi l'idée d'un devoir avant que d'y être autorisée par l'amitié de ce prince.

C'est à l'abbé Gobelin qu'elle parle de toutes ses peines, de son horreur pour le séjour qu'elle habite, des chagrins que lui causent l'humeur, les caprices, et les hauteurs de madame de Montespan, et de son aversion pour des désordres dont elle étoit, pour ainsi dire, obligée d'être la confidente comme le témoin, ce que son âme pure se reproche comme une sorte de complicité; elle avoit pu dire en voyant cette femme dans l'éloignement, qu'elle étoit une merveille de beauté, et juger ensuite ses foiblesses quand elle vivoit dans l'intérieur de sa maison. Elle montre aussi à son confesseur sa peine d'avoir à se plaindre d'une personne à qui il lui eût été si doux de ne montrer que sa reconnoissance : « Je n'ose, dit-elle, je » n'ose parler seule au roi, elle ne me le par- » donneroit pas, et ce que je lui dois me dé- » fend de parler contr'elle. Je l'aime, ajoute-t- » elle, et je ne puis croire qu'elle me haïsse ».

Ainsi elle souffrit long-temps sans se plaindre ; et l'outrage qui autorise l'oubli des services, n'effaça jamais dans son cœur le sentiment d'un premier bienfait. Dans tout le cours de sa longue vie, elle fut fidèle à ce sentiment de reconnoissance pour ceux dont elle éprouva les plus grandes injustices, mais qui avoient été les amis, les consolateurs des peines de sa jeunesse. Son confesseur ne pouvoit, dans ces temps où elle n'avoit aucune faveur, la croire destinée à sauver le roi avec lequel elle avoit très-peu de rapports; mais il croyoit apparemment que l'exemple de ses vertus pouvoit affermir dans cette route ceux qui en étoient témoins, et y ramener peut-être aussi madame de Montespan, qui, malgré les hauteurs dont elle l'accabloit, rendoit cependant hommage à sa vertu. Elle lui écrivoit un jour dans une de ses couches :

« J'ai besoin de vous voir ; mais au nom
» de Dieu, ne venez pas jeter vos grands
» yeux noirs sur moi dans l'état où je suis ».

L'abbé Gobelin vouloit qu'elle mît au rang de ses devoirs la résignation et la patience aux caprices continuels de madame de Montespan. « Je vous en conjure, répond-elle, voyez
» mes agitations, et considérez un peu mon
» repos. Je ne puis croire que Dieu veuille
» que je souffre pour madame de Montespan;
» sans doute je puis faire ici mon salut, mais
» je ne vois rien qui nous défende de penser
» à notre repos ».

Elle avoit perdu, à l'âge de trois ans, le premier des enfans du roi qu'on lui avoit confiés, et qui étoit d'une si merveilleuse beauté qu'on n'osoit le produire, tant il attiroit les regards. Elle avoit pleuré cet enfant, comme une tendre mère pleure la mort du fils le

plus chérie, et plus, dit madame de Caylus, que madame de Montespan même. Son âme, faite pour aimer avec excès ce qu'elle pouvoit aimer avec innocence, s'étoit depuis attachée avec la même force, et en dépit d'elle-même, au second, qui étoit le duc du Maine, et son désir presque constant de quitter la cour se trouvoit suspendu quelquefois par sa tendresse pour lui. « Je sens, dit-elle à l'abbé Gobelin,
» que je ne l'aime pas moins que celui que
» j'ai perdu, et cette foiblesse me met en si
» mauvaise humeur, que j'ai pleuré aujour-
» d'hui tant que la messe a duré. Rien n'est
» si sot que d'aimer avec excès un enfant qui
» n'est pas à soi, et qui ne me donnera que des
» soucis qui me tueront ». Et une autre fois :
» Je ne puis sacrifier toute ma vie, ma santé
» et mon repos ; je passe ma vie dans des
» troubles qui m'ôtent les plaisirs du monde
» et la paix qu'il faut pour servir Dieu ».

Et à différens intervalles de temps, elle disoit encore : « Je ne vis pas, je meurs à cha-
» que instant..... Elle me donne au roi et m'en
» fait perdre l'estime. Je suis avec lui sur
» le pied d'une femme bizarre qu'il faut mé-
» nager ».

Ces deux femmes étoient sans cesse rapprochées par le goût naturel qu'elles avoient l'une pour l'autre, et désunies par la différence de leurs caractères et l'opposition de leurs principes. Madame de Montespan, après lui avoir fait essuyer ses hauteurs, revenoit à elle par goût, par estime; et madame de Maintenon, croyant toujours à la durée de ces retours aimables et caressans, ne se sentoit plus la force de résister au désir que lui montroit la favorite, et au instance que lui faisoit le roi lui-même de rester auprès d'eux et de leurs enfans; l'un et l'autre sentoient qu'une femme comme madame de Maintenon, ne pourroit jamais être remplacée; c'est dans un de ces intervalles de bonne intelligence qu'elle écrit à l'abbé Gobelin :

« Je suis résolue de me laisser conduire
» comme un enfant; mais vous vous souvien-
» drez, s'il vous plaît, que c'est vous qui
» voulez que je reste à la cour, et je la quit-
» terai quand vous me l'ordonnerez; sans
» doute j'y puis faire mon salut, mais je
» crois que je l'eusse fait plus facilement
» ailleurs ».

Le roi avoit été plusieurs fois témoin de ses tendres soins pour ses enfans. Un jour il la trouva tenant par la main le duc du Maine, ayant sur ses genoux le comte de Vexin malade, et berçant mademoiselle de Nantes (1) de l'autre main. Elle venoit de passer trois nuits sans dormir ; les autres femmes avoient succombé à la fatigue. On ne peut douter qu'un si bon juge des hommes ne conçût une grande estime pour une personne qui donnoit à ses devoirs le caractère d'un sentiment profond, et ne fût très-reconnoissant de semblables soins donnés à des enfans si chers. C'étoit à une réponse bien naturelle du duc du Maine que madame de Maintenon avoit dû le premier bienfait de ce prince. « Le roi, » dit madame de Maintenon, causant et jouant » avec cet enfant, lui dit qu'il le trouvoit bien » raisonnable. Comment ne le serois-je pas ? » dit ce jeune prince ; je suis élevé par la » raison même. Allez, lui dit le roi, allez lui » dire que je lui donne 100,000 francs pour » vos dragées ». Sa pension de gouvernante n'étoit alors aussi que de 2,000 fr. ; le roi la porta à 2,000 écus. « La mère, dit-elle, me » brouille avec le roi ; son fils me réconcilie » avec lui ».

---

(1) Depuis madame la duchesse, bru du grand Condé.

Le duc du Maine avoit eu des convulsions si violentes dans le temps de la dentition, qu'une de ses jambes s'étoit retirée et qu'il boitoit. Un jour qu'un chirurgien tourmentoit cette jambe, madame de Maintenon s'évanouit. Une autre fois, le voyant très-mal, à la suite des remèdes violens qu'un empirique de Flandre avoit tentés : « Me voici, dit-elle à l'abbé » Gobelin, à envisager sa mort; pour comble » de désespoir, c'est la plus jolie créature du » monde, et qui me surprend vingt fois le jour » par son esprit ».

Il est doux de penser que, pendant tout le cours de sa longue vie, elle n'eut jamais qu'à se louer de la tendre reconnoissance de ce jeune prince. Mais quelle justice, quelle intégrité de cœur, quel désintéressement vertueux ne montre-t-elle pas, en disant dans une de ses lettres, avec une simplicité remarquable : « J'ai fait ce que j'ai pu pour qu'il aimât sa » mère plus que moi, sans en pouvoir venir » à bout » !

Elle veut engager madame de Montespan d'abandonner le roi et la cour.

Pendant une semaine sainte, madame de Maintenon s'étonna de voir les repas de la favorite soumis à toutes les rigueurs du régime de l'église; et ayant des idées trop élevées de la religion pour imaginer qu'on crût pou-

voir expier aucun scandale par l'abstinence, elle pensa que c'étoit un véritable retour à la vertu qui lui imposoit ces privations, et se hasarda de lui insinuer combien il y auroit de gloire pour elle à renoncer au roi, après l'avoir asservi. « On a pu, lui disoit-elle, attri-
» buer la fuite de madame de la Vallière au
» dépit : la vôtre ne pourroit être attribuée
» qu'à la vertu ». Madame de Maintenon ne resta pas long-temps dans son erreur. « Croyez-vous, lui répondit madame de Mon-
» tespan, que parce qu'on viole un devoir,
» on veut les enfreindre tous » ? C'étoit une erreur encore plus grande que d'espérer de faire abandonner à une femme jeune, belle, aimable, aimée, voluptueuse et ambitieuse, la première place dans le cœur d'un roi aussi aimable qu'il étoit grand. Madame de Montespan n'avoit pas, comme madame de Maintenon, le besoin des sacrifices difficiles et glorieux : aussi, dit-elle : « Je l'ai prise par tous les en-
» droits imaginables ; le fonds ne vaut rien ;
» elle n'est bonne que par boutades, et sa
» vertu même est un caprice ».

Mais le miracle que madame de Maintenon avoit tenté de produire s'opéra un moment, par l'ébranlement de la terreur qu'un confesseur porta dans l'âme de la favorite, accessible aux impressions religieuses. Elle sortit épouvantée du confessionnal, et rentrant chez elle, baignée de larmes, elle dit à madame de Maintenon : « Enfin, vous serez con- » tente de moi ; je pars sans dire adieu, et » presque sans regret ». Pendant ce temps, Bossuet étoit allé trouver le roi, et lui parloit avec toute l'autorité de la religion, sur le scandale qu'une telle liaison donnoit à la France. « Quel effet peuvent produire mes leçons sur » un fils, disoit-il, qui voit son père vivre » publiquement avec une femme qu'il a ravie ; » la reine réduite aux simples égards de la » bienséance ; les ministres de vos passions » plus puissans que vos ministres d'état » ? Le roi étoit religieux ; c'étoit le temps des Pâques ; il promit au prélat de se séparer de madame de Montespan, qui, lorsqu'elle apprit cette promesse du roi, fut ébranlée dans toutes ses résolutions ; son sacrifice lui parut commandé ; l'âme n'est capable de grands efforts que lorsqu'elle est soutenue par une libre impulsion. Cependant, après beaucoup d'irrésolutions et de combats, madame de Maintenon obtint cette grande victoire : elle vit madame de Montespan partir pour Paris, où elle lui promit de la rejoindre le lendemain.

Le roi qui croyoit toujours madame de Montespan à Versailles, se montra aussi surpris qu'affligé de ne plus la trouver lorsqu'il l'alla chercher. Il demanda madame de Maintenon; et persuadé qu'elle étoit instruite des causes de ce prompt départ, il les lui demanda. Elle lui peignit l'état où elle avoit vu madame de Montespan au sortir du confessionnal, et conjura le roi de ne pas l'arracher aux sentimens religieux qui s'étoient emparés de son âme. « Mais elle m'aime, disoit le roi » affligé, et je l'aime encore ». Si vos bontés, Sire, lui répondit madame de Maintenon, pouvoient autoriser ma franchise?—Madame, vous pouvez parler. — Eh bien! Sire, je vous dirai que l'amour des femmes a obscurci la gloire des plus grands souverains, et que ravir la femme d'un autre est une injustice punie par toutes les lois. Elle lui parla alors de la tendresse et des vertus de la reine, de son peuple et de lui-même. Il vient un temps, lui dit-elle, où de longs regrets succèdent à de courtes passions. Jetez les yeux, Sire, sur les carmélites, et voyez comme on s'en punit (1).

---

(1) Le roi parloit souvent de madame de la Vallière,

Quand on entendoit madame de Maintenon, dit mademoiselle d'Aumale, on croyoit entendre la sagesse, ornée de toutes les grâces. Il paroît que Louis chercha à prolonger un entretien où tous les charmes de la raison étoient employés à le ramener à la vertu. Il convint qu'il avoit abusé de son pouvoir et méprisé toutes les lois du devoir dans l'usage de ses plaisirs. Cet aveu d'une âme pleine de conscience et de droiture, qu'on reconnoît toujours dans ce prince quand on lui présente la vérité, toucha beaucoup madame de Maintenon. « En vérité, Sire, lui dit-elle, vous vous accusez de si bonne foi, qu'il suffit de vous livrer à vos propres réflexions. Mais vous voilà libre désormais; laissez, je vous en conjure, madame de Montespan dans la retraite, qui seule peut la réconcilier avec le Ciel, et lui rendre l'estime des hommes. Il faudra donc, dit le roi, que je me prive des deux personnes que j'aime le mieux » ? Sans paroître entendre cet aveu, elle lui dit qu'elle détestoit un séjour où le maître paroissoit le seul honnête homme;

---

dit madame de Maintenon, et toujours avec autant d'estime que de tendresse. Ils communiquoient sans cesse ensemble par leurs enfans.

qu'il falloit voir ce que ce retour religieux alloit produire sur madame de Montespan ; et, pour la première fois, elle lui parla de ce mélange d'égards et de mépris, d'ombrages et de confiance, dont elle l'accabloit. Le roi, avant de la quitter, la pria avec instance de rester auprès de ses enfans ; mais il ne paroît pas qu'elle prît là-dessus aucun engagement ; tout devoit dépendre de la conduite de madame de Montespan.

C'est à compter de ce moment qu'il sentit pour elle autant d'amitié qu'il avoit déjà d'estime, et qu'il prit le goût de ces entretiens, qui, depuis, devinrent son premier besoin. Elle inspire au roi autant d'amitié que déjà il avoit d'estime.

Madame de Montespan avoit vu la reine à Paris, chez les carmélites ; elle s'étoit jetée à ses pieds. La reine l'avoit relevée avec bonté, et l'avoit priée de venir reprendre sa place auprès d'elle ; elle étoit revenue à la cour, mais elle ne voyoit point le roi en particulier. M. de Louvois, dit madame de Maintenon, a ménagé un tête à tête à madame de Montespan. Ces mesures étoient si bien prises que le roi a donné dans le piége. Dans ce moment, ils en sont aux éclaircissemens, et l'amour seul tiendra conseil. Le roi est ferme ; mais madame de Montespan est bien aimable dans les larmes.

Le roi, qui l'aimoit encore, en sentit toute la puissance ; elle reparut à la cour, plus triomphante, plus éclatante de beauté qu'on ne l'avoit jamais vue.

Ce retour affligea beaucoup madame de Maintenon. Le malheur de la reine, qui aimoit le roi avec passion, et qui étoit condamnée à voir triompher tous les jours sous ses yeux, celle qui avoit usurpé tous ses droits, ce malheur d'une princesse vertueuse paroît l'avoir vivement touchée. Mais madame de Maintenon ne perdit rien de la tendre estime qu'elle avoit inspirée au roi. Il parut quelque temps embarrassé auprès d'elle. Il chercha moins les occasions de lui parler, mais il la combloit de témoignages de respect ; il la mettoit de toutes ses parties, et lui accordoit le peu de grâces qu'elle se permettoit de lui demander pour sa famille. « Le roi, dit-elle, me comble de biens
» pour me fermer la bouche. Je n'ai jamais eu
» tant de plaisirs éclatans d'un côté, et tant de
» chagrins de l'autre. J'aimerois mieux un
» malheur fixe que du bonheur sans consis-
» tance ». Il avoit pour elle un respect si tendre, qu'un jour, dans une partie de chasse, de cavalcade des dames de la cour, il s'amusa à renverser les siéges de toutes les femmes,

et dit en passant devant elle : *Pour celle-là, je n'oserois.* Il venoit aussi de lui donner cent autres mille francs, avec lesquels elle acheta Maintenon, dont il lui donna publiquement le nom, que, depuis, elle porta toujours (1).

Maintenon étoit, dit-elle à son frère, un gros château, au bout d'un grand bourg, entouré de belles eaux et de belles prairies. C'est une situation selon mon goût.

Mais, toujours assujétie par l'éducation des princes, elle obtenoit bien rarement la permission d'y aller se reposer. « Il y a trois
» semaines, dit-elle à son frère peu de temps
» après cette acquisition, que je demande
» d'aller à Maintenon sans pouvoir l'obtenir.
» J'en suis dans une colère épouvantable. J'y
» fais travailler sans qu'il me soit permis d'y
» donner aucun ordre. C'est une passion que
» j'ai pour ce lieu-là, et une passion toute

---

(1) Elle dit à son frère : « Il est vrai que le roi
» m'a appelée madame de Maintenon, et que je ferois
» bien autre chose pour lui que de changer de nom ».
A en croire Saint-Simon, ç'a été l'affaire d'une négociation avec le roi, à qui il fait tenir dans cette occasion un langage bien opposé à l'estime qu'il avoit pour elle.

» nouvelle ; jugez ce que je souffre de la voir
» contrariée.

» Maintenon sera très-joli plus tard, dit-
» elle ; mes plantations s'élèvent, et mon po-
» tager sera fort beau ». C'étoient des jours de
repos et de bonheur que ceux qu'on lui permettoit d'y passer. Elle y appeloit ses anciens
amis, parmi lesquels étoient madame de Coulange, et elle se croyoit encore à l'hôtel d'Albret ou de Richelieu. Mais l'embellissement
de cette terre chérie, qui d'abord étoit son
premier objet, fit bientôt place à un plus grand
intérêt pour elle : des ouvriers flamands furent
appelés, et des manufactures de belles toiles
prospérèrent à Maintenon. Il falloit qu'elle fît
du bien autour d'elle, et qu'elle le fît d'une
manière durable. Elle établit bientôt une école
de charité et un hôpital; son intelligente activité veilloit aux travaux, aux besoins, comme
à l'instruction qui convenoit à ceux qu'elle y
admettoit. Rien n'étoit négligé de ce qui pouvoit les arracher à l'oisiveté, aux vices et à
l'indigence qui en est si souvent la source ;
en même temps madame de Maintenon se
montra si remplie d'humanité envers ses fer-
miers, que l'homme chargé de ses affaires ne
put s'empêcher de lui dire un jour : « Il faut

» avouer, Madame, que vous êtes bien bête
» pour une femme d'esprit ».

Plus tard, le roi y envoya Lenôtre, qui embellit encore les jardins de Maintenon. Un jour il s'y rendit avec la reine ; mais madame de Maintenon venoit d'en sortir ; ils trouvèrent le lieu très-agréable. « Ma manufacture, dit-elle, » a diverti le roi ». Elle avoit à Maintenon un fils naturel de son frère qu'elle y élevoit, en attendant qu'elle pût le mettre au collége. « Charles, dit-elle à son frère, a paru fort
» joli à la reine, qui lui a demandé qui il étoit ;
» il a répondu qu'il étoit un petit gentil-
» homme, que madame de Maintenon fait
» élever. Il a, ajoutoit-elle, une jolie figure,
» beaucoup d'esprit et la mémoire de sa race ».

Bientôt tout ce que connoissoit madame de Maintenon crut avoir le droit d'aller l'assiéger dans ce séjour. « Je vais là pour me reposer, » dit-elle, et l'on m'y étouffe ».

Mais voulant y être libre, et se croyant le droit de l'être quand le devoir ne lui commandoit aucun sacrifice, elle déclara qu'elle n'y recevroit plus que les personnes qu'elle y inviteroit.

Il est temps que je parle du frère de madame de Maintenon (M. d'Aubigné) : c'est

De M. d'Aubigné, son frère.

dans sa longue correspondance avec lui, qu'on peut puiser les idées les plus justes sur le caractère de l'un et de l'autre; c'est là qu'on voit que ces deux êtres que la nature avoit unis, n'avoient rien de semblable, et que l'âme d'Agrippa, leur grand-père, n'avoit été transmise qu'à sa petite-fille.

Un frère est un ami que la nature a placé près de notre berceau, dont la tendresse s'accroît avec les années, en rendant communs tous les innocens plaisirs, comme les petites peines de cet âge, et qui semble aussi appelé par le Ciel à remplacer nos protecteurs naturels, si le malheur nous les enlève. Les circonstances si extraordinaires et si malheureuses de l'enfance de madame de Maintenon, avoient été partagées par son frère; mais au lieu d'en recueillir, comme elle, une sagesse prématurée, il saisissoit avec ardeur le plaisir qui s'offroit à lui et s'abandonnoit à ses goûts, sans consulter ses moyens et son peu de fortune; il étoit beau, spirituel, mais vain, joueur et prodigue, et dévoroit à l'avance le revenu de toute l'année. Sa sœur lui écrit: « Vos dissipations me percent le cœur; ne » jouez point si vous m'aimez ». Il étoit entré de bonne heure dans la carrière militaire. « Je

» serai contente, lui dit-elle, pourvu que
» votre compagnie soit belle. Je vous fais
» faire un lit à très-bon marché ; je veux que
» vous soyez le plus mal couché et le mieux
» monté des capitaines de votre régiment. On
» ne parle que de guerre, je la souhaite pour
» vous : voilà comme mon amitié pour mon
» frère me rend cruelle pour le genre hu-
» main. Songez que, dès qu'on n'est pas assez
» dévot pour se faire capucin, il n'y a rien
» de plus beau que de se faire tuer ».

Dans tout le cours de sa vie, madame de Maintenon a prodigué à son frère ses soins et sa tendresse. Les âmes insensibles ont cela de commun avec celles qui n'ont point de morale, que rien ne les blesse, rien ne les touche; et un des caractères les plus distincts des âmes honnêtes et capables d'attachement profond, c'est de sentir avec douleur toutes les fautes, toutes les erreurs qui peuvent priver l'objet de leur intérêt, de l'estime des gens de bien ; c'est de s'attacher avec une sollicitude constante à le perfectionner pour le conduire au bonheur, dont elles seules peuvent se faire une juste idée. C'est ainsi que madame de Maintenon, dont la tendresse étoit souvent affligée par la conduite de son frère, s'exprime quelquefois

par des ~~dans ses~~ réprimandes. « Je vous trouve admi-
» rable, lui dit-elle, de croire que je ne vous
» aime pas, parce que je vous ai grondé ;
» c'est précisément la marque la plus sûre de
» ma tendresse, et je suis très-piquée que
» vous vous connoissiez si mal en amitié ». En
effet, on n'adresse pas de reproches aux indifférens, et il me semble qu'après l'expression
de la tendresse, il n'en est point de preuve plus
sûre que les reproches.

Dans cette correspondance de toute sa vie,
on voit madame de Maintenon toujours sévère
avec son frère, quand il s'agit de l'honneur,
de la fidélité à ses engagemens. « Rien, dit-
» elle, ne nuit plus à la réputation que les
» mauvais procédés en affaires, outre qu'il y
» a toujours quelque chose de sâle dans les
» affaires d'argent ». On la voit aussi constamment ferme quand il faut repousser des
secours réitérés d'argent. « J'aime mieux, di-
» soit-elle, nourrir mes pauvres que vos che-
» vaux »; mais elle est toujours remplie pour ses
fautes d'une indulgente tendresse. Dès que ce
frère aperçoit le commencement de son crédit,
il se plaint sans cesse de sa fortune, et conçoit
des espérances que la modération de sa sœur
ne peut réaliser. Elle lui rappelle alors les

malheurs de leurs parens, ceux de leurs enfans, et le voyage d'Amérique. « Tous ces désirs de s'agrandir partent du vide d'un cœur inquiet ». En effet, c'étoit le caractère de d'Aubigné, de s'enfoncer dans des projets qui ne pouvoient avoir de but, et la perte de ses espérances chimériques le replongeoit ensuite dans les vapeurs les plus mélancoliques.

Sa sœur l'engage sans cesse à se dissiper, à unir le plaisir à la piété. « Amusez-vous et sauvez-vous » ; ce sont les deux conseils qui terminent une grande partie de ses lettres. « Si, dit-elle, vous avez de la tristesse, vous m'en donnez : faut-il que de vains projets vous coûtent la perte de votre santé, que vous devriez conserver, ne fût-ce que parce que je vous aime » ?

On peut bien penser que ce fut pour ce frère qu'elle fit le premier essai de son crédit. Elle obtint successivement pour lui trois différens gouvernemens, toujours plus avantageux, sans qu'il s'y trouvât plus heureux. Quand elle eut acheté Maintenon, elle lui dit qu'elle le lui destinoit, en le priant de se marier. Elle-même s'occupe de différens partis, et on la voit faire des courses continuelles à Paris pour cet objet. « Qu'il est désagréable, lui écrit-elle, de traiter

» pour les absens! on ne connoît pas leurs
» vrais sentimens; on craint toujours d'aller
» trop loin, ou de s'arrêter mal à propos; je
» suis lasse à mourir ».

Mais ce frère, l'objet de tant de soins et d'activité, ce frère sans caractère, sans choix déterminé, la laissoit dans l'incertitude où il étoit lui-même. Sa conduite d'ailleurs n'étoit pas assez pure pour qu'il osât lui donner toute sa confiance. « Par où, lui dit-elle,
» ai-je mérité une pareille crainte? Je vous
» laisse le maître, je veux votre bonheur,
» et je vous destine mon bien; on n'est point
» terrible avec tout cela ». Et dans une autre lettre, toujours à l'occasion de ses dernières confidences, elle lui dit : « Vous êtes le seul
» de mes amis dont je n'ai pas la confiance.
» Si vous vous ouvrez à moi, vous y trou-
» verez des secours, des complaisances et des
» consolations. Écrivez-moi les moindres dé-
» tails; des riens, mon amitié en fera des
» choses ».

Malgré de si douces invitations, ce fut par une personne de la cour qu'elle apprit que son frère avoit un goût très-vif pour mademoiselle de Floigny. Elle s'empressa de la voir, et trouva une personne belle, aimable, et qui avoit encore l'avantage d'une fortune de cen mille écus. Elle applaudit au choix de son frère, quand, au moment où elle espéroit que tout alloit se terminer, elle reçut une lettre de mademoiselle de Floigny elle-même, qui lui apprend que tout est rompu, parce que M. d'Aubigné a exigé qu'elle lui donnât tout son bien. « Quelle injustice! s'écrie madame » de Maintenon; ne pouviez-vous trouver un » autre prétexte? voudriez-vous lui nuire? » j'en serois au désespoir ».

Il y a, je crois, dans l'amitié fraternelle, quelque chose d'aussi indépendant du mérite de son objet que dans la tendresse maternelle; elle en a presque tout le désintéressement. On peut l'affliger, peut-être l'affoiblir, on ne peut jamais l'anéantir. Tous les défauts, toutes les fautes de M. d'Aubigné, toutes les peines et toutes les humiliations qu'il donna à sa sœur, ne purent déraciner de son cœur un sentiment qui étoit né avec elle, qui faisoit partie d'elle-même, et qu'une occupation continuelle des intérêts de ce frère avoit encore accru.

M. d'Aubigné, après avoir occupé long-temps l'activité de sa sœur pour un mariage, finit, sans la consulter, par épouser une jeune personne de seize ans, sans beauté ni beaucoup de fortune, fille d'un procureur du roi et de la ville de Paris.

Comme elle étoit d'une famille honnête, madame de Maintenon se résigna sans faire aucun reproche à son frère. « Envoyez-la-
» moi, dit-elle à son frère, qu'elle vienne en
» robe de chambre; je l'habillerai, je l'en-
» verrai à l'opéra; elle soupera chez madame
» de Richelieu, et dînera avec moi le len-
» demain chez madame de Montespan ».

Elle vit une jeune personne qui se montra timide, douce et modeste. « Elle me parut
» embarrassée, dit-elle à son frère, d'avoir
» vu enlever la chemise à M. le duc du Maine.
» J'en fus ravie. Laissez-lui cette pudeur que
» tant d'insensés maris ôtent à leurs femmes ».

Cette jeune femme étoit fille unique, enfant gâté et assez mal élevée. Peut-être son embarras, autant que son ignorance du monde, lui donna-t-il les ridicules dont madame de Maintenon parle à son frère. « J'ai traité un
» peu rudement madame d'Aubigné, dit-elle,
» sur ses mauvaises habitudes; elle a appris
» à rire sans en avoir envie, à s'applaudir en
» parlant, avec des airs de minauderie qui fai-
» soient contrefaire madame de Longueville,
» qui les soutenoit pourtant avec l'esprit et la

» figure d'un ange. Qu'elle parle naturellement
» comme à son laquais ; que ses souris ne soient
» pas de commande : il vaut mieux passer pour
» sérieuse que pour ridicule, et pour taci-
» turne que pour imbécille ».

Cette jeune femme, frappée, comme on l'est d'ordinaire à cet âge, de la magnificence du séjour de la cour, de la beauté et de l'éclat de la parure des femmes, ne trouva rien de trop beau pour elle, et acheta tout ce qu'on lui présentoit. Madame de Maintenon se montra pour sa jeunesse aussi indulgente que généreuse ; mais comme elle étoit essentiellement modeste dans sa dépense, elle écrit à son frère : « Faites une pension à votre femme ;
» je vous conseillerois mille francs, si elle n'en
» avoit dépensé quatre mille en quatre jours.
» Elle est fort bien habillée, et je n'ai jamais
» rien porté de semblable, quoique je passe
» ma vie à la cour, où l'exemple porte à
» l'excès le goût du luxe qui y semble na-
» turel.... Je lui ai parlé de robes unies pour
» cet été. Quoi ! dit-elle, sans or et sans
» argent ? Qui n'eût cru qu'elle en avoit tou-
» jours été couverte ; et hier, elle ne les con-
» noissoit pas. C'est une enfant, ajoute-t-elle,
» à qui je ferai des présens ou des réprimandes.

» Je suis en train d'éducation, c'est sans doute
» un mauvais personnage auprès d'elle que
» celui de gouvernante ; je m'en abstiendrois
» si je l'aimois moins ». Elle finit par dire :
« J'ai dans ma chambre trois enfans, vingt
» personnes et dix chiens ; j'ai du loisir et
» point de repos ».

L'amitié de madame de Maintenon pour son frère ne lui permit pas de négliger celle dont dépendoit une partie de son bonheur. Comme il vivoit d'ordinaire dans son gouvernement, elle voulut que madame d'Aubigné lui écrivît souvent; « car, plus on écrit, dit-elle, mieux » on écrit ». Elle recueillit le prix de ce touchant intérêt; elle se montre toujours plus contente des lettres de cette jeune femme, et finit par dire : « Qu'on ne peut écrire avec » plus de tendresse et d'élégance ».

Dans les différens voyages qu'elle fait à la cour, madame de Maintenon la comble de présens; elle prend son parti contre son mari, qui se plaint de son humeur, dont il est lui-même la cause, en vivant presque toujours loin de ses foyers, tandis que sa femme étoit renfermée dans son intérieur domestique. « Faut-il être étonné, quand vous rentrez, » dit madame de Maintenon, de trouver les

» restes de l'ennui dont votre absence l'a ac-
» cablée ! Que les hommes sont tyranniques !
» s'écrie-t-elle ; ils exigent mille complai-
» sances de leurs femmes, et n'en ont que
» pour leurs maîtresses; procédé imprudent
» avec la plupart des femmes, et cruel pour
» toutes. Pour moi, je n'amuserois guère un
» mari qui ne s'occuperoit pas aussi de mon
» amusement ».

Madame d'Aubigné fut quelque temps sans devenir grosse, et son mari s'en désoloit. Sa sœur, qui peut-être en étoit aussi affligée que lui, le console; et, soupçonnant que le désir de perpétuer son nom entre dans ses regrets : « Je » vous crois, lui dit-elle, trop raisonnable, » pour vous soucier que votre nom périsse ».

Mais sa joie paroît égale à celle de son frère même, quand elle apprend la grossesse de madame d'Aubigné, et les conseils qu'elle donne montrent la sagesse de son esprit comme ses tendres inquiétudes. « Il faut qu'elle s'habille » bien large, pour que l'enfant soit à son » aise; qu'elle mange des choses saines, pour » qu'il se porte bien; qu'elle contente ses » envies avec modération, pour qu'il ne soit ni » timide, ni capricieux, ni gourmand. Je suis » indifférente sur le sexe ».

Comme madame d'Aubigné n'accouchoit pas assez vîte au gré de son mari, madame de Maintenon lui écrit : « Consolez-vous ; les » héros sont au moins dix mois dans le ventre » de leur mère ».

Madame de Maintenon avoit pour la laideur une antipathie naturelle, que le mérite seul pouvoit vaincre; elle se hâta de demander à son frère, lorsque sa femme accoucha, si sa fille étoit jolie ? « Je meurs d'envie de la voir, » et je me sens déjà une grande tendresse » pour elle ». Son frère l'assura que sa fille étoit charmante. Mais comme il venoit de recommander à ses soins deux de leurs parentes, à qui, connoissant son foible, il avoit donné des grâces : « J'ai vu, lui dit-elle, les » deux vilaines parentes que vous m'avez en- » voyées ; seroit-il possible que vous les eussiez » trouvées jolies ? Cela me fait trembler pour » ma nièce. On m'écrit que vous vous en » occupez beaucoup ; ne la tuez pas à force » de la caresser ; laissez-la dormir ; qu'il ne » lui arrive pas d'accident dans la figure ; » j'aimerois mieux la voir morte que de la » voir difforme ».

Elle voulut aussi que sa nièce eût un joli nom (elle fut nommée Amable). Elle avoit un grand désir de l'avoir près d'elle ; mais elle ressentoit une grande peine de celle qu'éprouveroit madame d'Aubigné. Elle savoit que son frère ne la dédommageroit pas de la privation de son unique enfant. Elle s'en chargea plus tard, à la prière de l'un et de l'autre.

J'ai un peu anticipé sur le temps, pour donner une idée plus complète de la conduite de madame de Maintenon comme sœur, et de la tendresse naturelle de son cœur pour sa famille. Si je me suis un peu étendue sur cette partie de sa correspondance, c'est qu'elle m'a paru renfermer des conseils d'un sens si juste, d'une raison si supérieure, si applicable à diverses situations, que j'espère qu'on ne me reprochera pas ces détails. Son frère conserva son désordre dans ses dépenses, et prit plus tard le goût de la magnificence, que madame de Maintenon appelle la passion des dupes. Souvent humiliée par la conduite de M. d'Aubigné, elle l'engage à vivre beaucoup dans son gouvernement, où ses conseils le suivent toujours. Quoique plus jeune que lui, ne pouvant se dissimuler les avantages

---

(1) C'est elle qui épousa depuis le duc d'Ayen, depuis duc de Noailles.

de sa raison, elle finit par lui dire : « Essayez
» de mes conseils ; rendez-vous propre mon
» expérience ; que j'aie vécu pour vous et pour
» moi ».

<small>Voyage de
Barège.
1675.</small>

Le duc du Maine étoit arrivé à sa septième
année et alloit bientôt passer dans les mains
d'un gouverneur. Madame de Maintenon eut
le bonheur, par le crédit de ses amis et celui
qu'elle commençoit à avoir elle-même, de faire
nommer à cette place le marquis de Monchevreuil, homme d'une vertu antique, d'un
désintéressement presque sans exemple dans
les cours, et pour qui le roi avoit une telle
estime, qu'il disoit : « Si je n'étois pas Bourbon,
» je voudrois être Monchevreuil ». Mais avant
que de lui remettre le duc du Maine, madame
de Maintenon pria le roi de lui laisser tenter
un voyage à Barège, dans l'espérance de fortifier sa jambe malade, qui le faisoit boiter,
et le roi y consentit. Ce voyage fut pour elle
une suite continuelle d'intérêt et de plaisir ; le
temps étoit superbe ; c'étoit comme prince
légitimé que voyageoit le jeune duc, et sur
toute sa route, il recueillit les témoignages de l'a-
mour qu'on portoit au roi son père. Partout,
dit madame de Maintenon, il fut suivi des
cris de *vive le roi et ses enfans !* A Poitiers,

la foule pensa les étouffer à force d'empressemens ; mais la Guyenne se distingua surtout par les témoignages de son amour et par les transports de sa joie. Quand ils furent devant la ville de Bordeaux, dans laquelle on n'entre qu'en traversant la Garonne, le prince trouva un bateau magnifique avec quarante rameurs, que le maréchal d'Albret, gouverneur de Bordeaux, avoit fait préparer ; plusieurs vaisseaux, qui étoient à l'autre bord, remplis de violons, de timbales et de trompettes, se détachèrent pour venir saluer le prince. La beauté de la ville, vue de cet aspect, sur laquelle domine le Château-Trompette, cet appareil et cette musique, les cris de *vive le roi*, répétés par la foule du peuple qui étoit sur l'autre bord de la Garonne, causèrent au prince et à madame de Maintenon les émotions les plus délicieuses. Au moment où le duc du Maine entra dans la ville, le gouverneur et les jurats vinrent le haranguer, et il leur répondit sans embarras, mais avec simplicité. On lui avoit préparé un carrosse magnifique, qui étoit suivi de cent autres, et pendant une heure que dura le passage du port à l'hôtel qu'on lui avoit préparé, il fut suivi par ces acclamations, par ces cris de *vive le roi et ses enfans*, qui l'avoient accueilli à son abord (1).

C'étoit pour madame de Maintenon un véritable bonheur que de trouver à Bordeaux le maréchal d'Albret, et d'épancher son cœur dans le sein de cet ami véritable. Combien il falloit qu'elle éprouvât à la cour de contrariétés et de peines, pour lui dire, à la vue du Château-Trompette, où elle avoit été enfermée avec ses parens dans sa première enfance : « Je » vous assure que je ne trouve pas mon lit » plus doux que mon berceau » !

Les villes qu'elle traversa avant que d'arriver à Barège, se trouvoient sur la route de plusieurs personnes de sa famille : elle avoit conservé le souvenir le plus tendre de madame de Villette; ce fut avec le plus vif intérêt qu'elle revit, en Poitou, le fils et tous les petits-fils de cette tante chérie. Elle les combla de caresses, et depuis elle leur rendit de grands services. « Vous me paroissez, dit-» elle à son frère, n'avoir aucun naturel pour » vos parens; je vous avoue que je sens beau-» coup de tendresse pour eux ». En passant à Niort, madame de Maintenon voulut revoir

---

(1) Lettre de madame de Maintenon à son frère.

cette prison, où elle étoit née au milieu de tant de misère; elle alla aussi aux Ursulines de cette ville, qui l'avoient renvoyée de leur couvent, parce qu'on avoit cessé de payer sa pension. Elle parut n'avoir conservé que le souvenir des premières caresses qu'elle avoit reçues dans ce couvent, et fit un beau présent à la communauté. Elle vit aussi son frère à Cognac, dont il étoit gouverneur, et qui reçut le duc du Maine avec une magnificence que madame de Maintenon lui pardonna pour cette fois.

Ce fut dans ce même voyage qu'elle retrouva les titres de noblesse de sa famille ; elle eut plus d'une fois l'occasion de s'applaudir de pouvoir offrir au roi la digne petite-fille d'Agrippa, son grand-père, le compagnon d'armes de Henri IV. Ce nom relevoit aussi aux yeux des courtisans l'objet que leur malignité, leur envie avoit voulu souvent flétrir, comme la femme d'un cul-de-jatte et d'un poète burlesque.

« Le plus grand plaisir qu'elle eut dans ce
» voyage, dit madame de Caylus, fut celui
» d'être loin de la cour. Elle en trouva un
» autre dans la société de Fagon, alors mé-
» decin du duc du Maine. C'est là que ce

» forma entr'eux cette amitié qui ne s'est
» jamais démentie. Plus Fagon vit madame
» de Maintenon, plus il admira sa vertu et
» goûta son esprit. Je le cite comme un bon
» juge du mérite ».

Barège est un lieu affreux; on y geloit, et le bon feu, disoit madame de Maintenon, étoit une de ses délicatesses. La compagnie y étoit misérable. « On nous respecte, écrit-elle
» à son frère, et l'on nous ennuie : malgré cela
» je m'y porte bien, parce que j'y ai moins
» de chagrins qu'ailleurs ».

Une lettre du jeune duc du Maine à sa mère, écrite avec toute la naïveté et le naturel de son âge, m'a paru piquante, par le mélange de familiarité et de respect avec lequel il lui parle de ce qu'il faisoit à Barège.

Lettre du duc du Maine à madame de Montespan.

« Je vais t'écrire toutes les nouvelles du
» logis, pour te divertir, mon cher petit
» cœur, et j'écrirai bien mieux quand je pen-
» serai que c'est pour vous, Madame. Madame
» de Maintenon passe tous les jours à filer ou
» à écrire; et si on la laissoit faire, elle y pas-

» seroit les nuits. Elle travaille tous les jours
» pour mon esprit et espère bien en venir à
» bout, et le Mignon aussi (c'étoit le nom que
» le roi ou sa mère lui avoit donné), qui fera
» ce qu'il pourra pour en avoir, mourant
» d'envie de vous plaire, au roi et à vous. J'ai
» lu, en venant, l'Histoire de César ; je lis
» celle d'Alexandre, et ensuite je lirai celle
» de Pompée. La tartuferie de l'aumônier
» continue, elle vous divertira bien. Lutin
» est fort paresseux. J'ai donné mon amitié à
» Anse, parce qu'il a l'honneur d'avoir la vôtre.
» Henaut est complaisant pour toutes les ba-
» gatelles que je veux ; la Couture n'aime pas
» à me prêter les jupes de madame de Main-
» tenon, quand je veux me déguiser en fille.
» J'ai reçu la lettre que vous avez écrite au
» cher petit Mignon, j'en ai été ravi, je ferai
» ce que vous me dites pour vous plaire ; car je
» vous aime au superlatif. Je fus charmé, et
» je le suis encore du petit signe de tête que
» le roi me fit quand je partis, mais fort mal
» content de ce que tu n'étois pas affligée ; tu
» étois belle comme un ange ».

Lettre du même au roi.

« Sire, si votre majesté continue à prendre

» des villes, cela est décidé, il faut que je
» sois un ignorant, car M. le Ragois (son
» précepteur) ne manque jamais de me faire
» quitter mes livres quand la nouvelle en
» arrive, et je ne quitte la lettre que j'ai
» l'honneur de vous écrire, que pour aller
» faire un feu de joie ».

Il paroît que madame de Maintenon écrivit directement au roi pendant ce voyage.

Les bains de Barège firent un grand bien au petit duc. Madame de Maintenon repartit pour Versailles, et arriva dans le cabinet du roi, qui ne l'attendoit point ; elle tenoit son fils par la main ; il ne boitoit plus. Ah ! Madame, s'écria-t-il, que vous me faites plaisir ! et cette expression si naturelle de la joie d'un père, put ajouter beaucoup à la considération, dont madame de Maintenon jouissoit déjà à la cour.

Retour à Versailles.

« Plus de santé, dit madame de Maintenon
» à son frère, depuis que je suis revenue dans
» l'inique cour ». En effet, en y rentrant, elle y retrouvoit les mêmes assujétissemens, puisqu'elle soignoit toujours l'enfance (1) du comte de Vexin et de mademoiselle de Nantes,

---

(1) Elle ne fut point chargée de l'enfance du comte

et qu'elle y retrouvoit aussi les caprices et les hauteurs de madame de Montespan.

C'est peu de temps après ce retour qu'elle perdit le maréchal d'Albret, son plus constant, son plus tendre ami, celui à qui elle devoit les plus douces consolations de sa jeunesse, et qui lui en avoit adouci tous les malheurs. « Vous avez du chagrin, dit-elle à son frère, » mais à qui m'adresserai-je plutôt qu'à vous, » dans la perte commune que nous venons » de faire? Le maréchal d'Albret est mort, et » m'a écrit, avant que d'expirer, une lettre » remplie d'amitié et d'estime. C'est une perte » irréparable, et qui me jette dans une tristesse » mortelle ».

Cette perte étoit irréparable en effet, car, en avançant dans la vie, en se livrant à de nouvelles affections, on ne retrouve plus ce charme qui tient à des souvenirs communs de la jeunesse, ni cette confiance affermie par une longue amitié; et la terre paroît dépouillée de son plus grand charme, quand on pense que jamais on n'y rencontrera des amis si chers.

Elle perd le maréchal d'Albret.

Le roi qui voyoit tous les jours, le matin,

---

de Toulouse, ni de mademoiselle de Blois, qui épousa depuis le duc d'Orléans, régent.

madame de Montespan, passoit aussi chez elle une partie de ses soirées, et aimoit à y rencontrer madame de Maintenon, dont la conversation animée, douce et spirituelle le charmoit tous les jours davantage, et dont la conduite lui inspiroit aussi chaque jour plus d'estime ; c'est alors que madame de Montespan commença à en être jalouse, et nous la plaindrions, si nous ne voyions, dans madame de Maintenon, une personne qui semble destinée à venger madame de la Vallière de tous ses tourmens, et si madame de Montespan manifestoit ses craintes autrement que par l'injure et la violence. Un jour, dit madame de Caylus, que madame de Maintenon étoit seule avec elle, le roi entra, et vit, à leur émotion, qu'elles venoient de se quereller. Il leur en demanda le sujet. « Si votre majesté, » dit madame de Maintenon, veut passer dans » ce cabinet, je l'en instruirai ». Alors elle lui fit une vive peinture des peines que lui causoient la hauteur et la dureté de madame de Montespan. « La dureté ! dit le roi ; et je vois » ses beaux yeux se remplir de larmes, toutes » les fois qu'on parle devant elle de quel- » qu'action généreuse ! — Et moi, je vois, Sire, » que vous en êtes toujours épris : est-ce là

Scènes avec madame de Montespan.

» ce que vous aviez promis à M. Bossuet, à
» la reine, à vos peuples ? laissez-moi me
» retirer ». Elle lui représenta qu'enfermée
autrefois à Vaugirard, pour l'éducation des
princes, elle n'avoit sacrifié que sa liberté ;
mais qu'aujourd'hui, établie à la cour, vivant
sans cesse près de madame de Montespan,
on pouvoit soupçonner ses mœurs et ses principes, et la croire complice des désordres dont
il falloit qu'elle fût le témoin. Il me semble
en effet qu'il ne falloit pas même toute la vertu
de madame de Maintenon, pour se sentir déplacée et mal à l'aise, en vivant dans l'intérieur de l'appartement d'une femme qui triomphoit, aux yeux de la reine, du titre de maîtresse du roi. Les véritables passions, comme
celle de madame de la Vallière, semblent
pouvoir aspirer non-seulement à l'indulgence
des hommes, mais à celle du Ciel même, qui voit
leurs combats en faveur de la vertu. Je crois
aussi que les vraies passions sont modestes, retirées, et craignent l'éclat ; le monde extérieur
n'existe plus pour elles, et elles n'aiment à
vivre que dans la solitude du cœur. Telle étoit
madame de la Vallière, honteuse, dit madame
de Sévigné, d'être maîtresse et de donner des
princes à son amant et à la terre ; mais il me

semble qu'il n'y a qu'une personne peu délicate en morale, qui puisse être le témoin continuel et indifférent d'une usurpation aussi insolente que l'étoit celle que madame de Montespan affectoit aux yeux de la reine et de toute la cour. Le roi, qui vouloit conserver madame de Maintenon, et qui avoit dès lors le projet de l'attacher à madame la dauphine, l'assura qu'elle n'auroit pas long-temps à souffrir encore des caprices et des hauteurs de madame de Montespan. Mais celle-ci, qui l'attaquoit tous les jours dans le cœur du roi, et qui n'y trouvoit plus de dispositions à partager ses préventions, chercha, parmi les hommes de la cour, un mari pour une personne qui devenoit pour elle un objet d'inquiétude. Le roi entra aussi dans le projet de

1676. la marier, si elle le désiroit. « Il ne m'a pas
» fallu un grand effort, dit madame de Main-
» tenon à madame d'Heudicourt, pour refuser
» un vieux duc sans fortune et sans mérite.
» J'ai assez de chagrin sans en aller chercher
» dans un état qui fait le malheur des trois
» quarts du genre humain. J'ai rejeté mon
» refus sur ma tendresse pour les princes ;
» madame de Montespan a exigé que je lui
» donnasse ma parole de ne la point quitter.

» J'ai tout promis, j'ai tout oublié, et nous
» vivrons désormais en paix ».

Hélas! elle le croyoit; mais quelle paix pouvoit être longue entre deux femmes qui avoient une telle opposition dans leurs principes, dans leur caractère, et alors dans leur situation! Le roi qui donnoit à madame de Montespan presque tous les momens qu'il ne donnoit point aux affaires et à la chasse, s'affligeoit de leur désunion, et les prioit de s'aimer par amitié pour lui. Un jour qu'il avoit encore vu les traces d'une querelle, il leur ordonna de s'embrasser devant lui, et leur dit en riant, qu'il lui étoit plus facile de donner la paix à l'Europe que de la mettre entre deux femmes. Madame de Maintenon se prêtoit au désir du roi de la meilleure grâce du monde. Son rôle, il faut l'avouer, quoiqu'elle se montrât d'une sensibilité extrême sur les scènes que lui faisoit madame de Montespan, son rôle étoit le plus facile. Elle sentoit l'estime toujours croissante du roi, elle en jouissoit. Son orgueil comme sa vertu ne pouvoit lui faire envier la place de madame de Montespan. Mais apercevoir à chaque instant un progrès dans l'amitié du roi, devenir tous les jours plus libre dans ses communications avec lui, voir qu'il ne repoussoit pas la vérité qui venoit de sa bouche, quoiqu'il y fût ordinairement rebelle : c'étoient là des jouissances dignes de son âme, et que le temps lui promettoit de perfectionner encore. Le temps, au contraire, menaçoit toujours madame de Montespan dans cette première place, dont elle étoit si jalouse : aussi les scènes recommençoient-elles. « C'est une chose étrange, » disoit madame de Maintenon, que son goût » rapprochoit sans cesse de madame de Mon- » tespan, c'est une chose étrange que nous » ne puissions ni vivre ensemble, ni nous sé- » parer »! Un jour, dit madame de Caylus, au milieu de toutes ces querelles, elles se trouvèrent, pour un voyage de la cour, dans la même voiture. « Ne soyons pas dupes de » cette affaire, dit madame de Montespan, » et causons comme si nous n'avions rien à » démêler; bien entendu que nous repren- » drons nos querelles au retour ». Le roi se rendit plus d'une fois leur juge; sa raison et son cœur peut-être le rangeoient presque toujours du côté de madame de Maintenon. Madame de Montespan en fut un jour si outrée, qu'elle la représenta à ce monarque sous les traits les plus odieux. « Il se passe

» ici, dit madame de Maintenon, des choses
» terribles entre madame de Montespan et
» moi ». Et l'on peut juger de son tendre attachement pour le roi, par ce qu'elle ajoute :
« Elle lui a fait de moi le portrait le plus
» affreux. O mon Dieu! que votre volonté
» soit faite »!

Dans cette occasion, madame de Maintenon déclara à madame de Montespan qu'elle
vouloit absolument se retirer, et que rien
n'étoit plus sérieux que sa résolution; mais
tous ses amis, madame de Monchevreuil,
madame de Richelieu surtout, combattirent
sa résolution de tout leur pouvoir, et son
confesseur lui ordonna de rester encore. Je
ne vois pas, dans ses lettres, ce que le roi
fit dans cette occasion. Il paroît qu'il fut
ébranlé un moment par le portrait odieux
qu'en avoit fait madame de Montespan. Peut-
être aussi le désir de se soustraire aux scènes
violentes qu'il avoit souvent à essuyer de sa
maîtresse, lui fit-il tenter de lui faire ce sacrifice : ce qu'il y a de certain, c'est que madame de Maintenon accuse madame de Montespan de l'avoir brouillée avec le roi. Mais
ce triomphe ne fut pas de longue durée. Sans
doute le roi, en allant chercher sa maîtresse,

sentit l'absence de son amie, et sans doute aussi il se dit bientôt qu'il ne devoit pas en croire une femme prévenue par la jalousie, mais les vertus constantes et uniformes de celle qu'on vouloit attaquer dans son estime. On ne peut douter qu'il ne la vît à cette occasion, et ne s'opposât à son départ de la cour, puisque nous verrons bientôt madame de Maintenon déclarer à madame de Montespan qu'elle y reste, parce que telle est *la volonté du roi.*

1678.
On voit, par les lettres de madame de Sévigné et de madame de Coulange, que le goût du roi pour la conversation de madame de Maintenon, occupoit la ville autant que la cour même. Il paroît que, dès cette année, elle ne se rendoit plus dans la soirée chez madame de Montespan, et que c'étoit chez ses enfans que le roi la voyoit le plus souvent, et où madame de Montespan elle-même alloit la chercher.

Elle faisoit quelques voyages à Paris, et soupoit quelquefois chez mesdames de Coulange et de Sévigné. « Sa conversation est
» délicieuse, disoit cette dernière à sa fille ;
» elle a l'esprit merveilleusement droit. C'est
» un plaisir de l'entendre raisonner sur les
» horribles agitations d'un pays qu'elle connoît

» si bien. Elle est habillée modestement et
» magnifiquement. Elle est aimable, belle,
» bonne et négligée ».

Ses soins pour mademoiselle de Nantes, car elle avoit perdu le comte de Vexin, lui devenant moins nécessaires, elle alloit souvent se délasser à Maintenon, et son frère, lorsqu'il se trouvoit à Paris, alloit y passer quelques jours avec elle. L'on trouve une lettre de madame de Maintenon à Ninon de l'Enclos, où elle recommande ce frère à ses conseils. On peut juger combien étoit aimable et indulgente cette vertu qui lui avoit donné tant de considération, par la lettre qu'elle adresse à une femme, non moins célèbre par sa galanterie que par les grâces de sa figure et de son esprit.

A Ninon de l'Enclos. 1679.

« Continuez, Mademoiselle, à donner de
» bons conseils à M. d'Aubigné. Il a bien
» besoin de Leontium (c'est le nom que Saint-
» Évremont avoit donné à Ninon de l'Enclos).
» Les avis d'une amie aimable persuadent
» mieux que ceux d'une sœur sévère. Madame
» de Coulange m'a donné des preuves de
» votre amitié qui m'ont bien flattée ; ce que

» vous entendez dire de ma faveur n'est qu'un
» vain bruit. Je suis étrangère dans ce pays,
» sans autre appui que des personnes inté-
» ressées, et que le souffle le plus léger de
» la fortune tournera contre moi ; sans autres
» parens que des gens qui demandent sans
» cesse et qui ne méritent pas toujours. Vous
» jouissez d'une liberté entière, je vis dans
» un esclavage continuel ; croyez-moi, ma
» belle demoiselle, car vous le serez toujours,
» les intrigues de la cour sont moins agréables
» que le commerce de l'esprit. Madame de
» Coulange et moi célébrâmes hier votre
» santé à Maintenon, et nous n'oubliâmes pas
» la chambre des élus ». (Apparemment les
anciens amis de l'une et de l'autre.)

Madame de Montespan, naturellement livrée à l'humeur, disposée à l'emportement, étoit sans cesse entretenue dans cette disposition par l'estime toujours croissante que le roi montroit à madame de Maintenon. Il paroît cependant qu'à la fin, cette estime imposa à madame de Montespan, et donna aussi à sa rivale le courage de lui déclarer qu'elle ne souffriroit plus ses hauteurs. Un jour que madame de Montespan lui reprochoit de prétendre au cœur du roi, ne voulant pas cependant paroître la craindre, elle ajouta : « Mais ne vous mettez pas en tête qu'il aime jamais une per- sonne....... Elle s'est arrêtée, dit madame de Maintenon, et c'est la première fois que je l'ai vue se modérer dans ses transports. Je lui dis que ma conduite, depuis dix ans, démentoit tous ses soupçons, que ses hau- teurs abrégeoient ma vie, et que je ne les souffrirois plus. — Eh! qui vous retient ici? m'a-t-elle dit. *La volonté du roi*, Ma- dame, ma reconnoissance, et l'intérêt de mes parens. Je me suis retirée, et me voici à gémir de mes peines ».

C'est vers l'année 1679, que le roi l'attacha à madame la dauphine, par une place de dame d'atours. Dès ce moment, elle ne dé- pendit plus en rien de madame de Montespan. Elle obtint l'estime de toute la cour par la dignité modeste de sa conduite, et gagna le cœur de la dauphine, par ses soins aimables et par une manière aisée de remplir ses fonctions, qui auroit fait croire qu'elle s'y étoit long-temps exercée. La dauphine avoit une immensité de cheveux que madame de Maintenon savoit seule démêler sans la blesser. « Vous ne sau- riez croire, disoit-elle depuis, combien

1679. Le roi lui donne une place de da- me d'atours de la dau- phine.

» le talent de bien peigner une tête, a con-
» tribué à mon élévation ».

Le roi alloit souvent chez la dauphine à l'heure de sa toilette, et s'y entretenoit toujours avec madame de Maintenon. Il lui donna bientôt un appartement où il pût aller se délasser des affaires dans le charme de son entretien; ce charme, à qui Saint-Simon, qu'il ne faut pas prendre pour guide quand on veut être juste, rend pourtant hommage. Elle avoit, dit-il, un langage doux, juste, en bons termes, et naturellement court et éloquent. « L'entresol, dit-elle à son frère,
» est un lieu charmant : air de solitude, con-
» versation libre, excellens repas, tout m'en
» plaît ».

Elle se trouve heureuse dans ce moment : elle est libre, estimée de la dauphine, considérée de la cour, et le roi lui montre autant d'amitié que d'estime. « Il a, dit-elle, passé
» une heure à ma toilette ce matin, vous
» voyez bien que je rajeunis. C'est l'homme
» le plus aimable de son royaume ». Et une autre fois : « Il me semble que je l'aime comme
» mon frère, je les voudrois parfaits l'un et
» l'autre ».

Il paroît que le roi étoit disposé pour elle

à tous les sentimens qu'inspire une femme belle encore (elle avoit alors quarante-trois ans), aussi aimable que spirituelle; il avoit dit, à la mort du duc de Vexin, que pleura beaucoup madame de Maintenon : « Elle sait bien aimer, » et il y auroit du plaisir à être aimé d'elle ». Mais le sentiment qu'on éprouve tient toujours du caractère de la personne qui l'inspire. Madame de Maintenon étoit aimante et sensible, jamais elle n'étoit passionnée. « Elle avoit, dit » encore Saint-Simon, des grâces incom- » parables, un air d'aisance, et toutefois de » retenue et de respect qui lui étoit naturel ». Il paroît que si le roi eut un moment l'espérance de la séduire, comme le croit La Beaumelle, il perdit toujours auprès d'elle, par le respect qu'elle lui inspiroit et celui dont elle ne s'écarta jamais elle-même envers lui, le pouvoir de le tenter.

Cependant le roi n'aimoit plus assez madame de Montespan, il étoit trop jeune encore pour n'être pas accessible aux séductions de la beauté. Mademoiselle de Fontanges parut à la cour : elle étoit belle comme un ange, et madame de Montespan, en la présentant au roi, eut l'imprudence de relever des beautés qu'il ne vit pas sans émotion. Mademoiselle de Fon-

Mlle. de Fontanges. 1679.

tanges n'opposa au roi aucune résistance : sortie à seize ans de la solitude d'un château pour être transportée dans la cour la plus brillante et la plus voluptueuse, privée de toute éducation morale, élevée, dit-on, dans l'idée que ses charmes méritoient les hommages d'un roi, mademoiselle de Fontanges fut aussi éblouie du faste que touchée des hommages d'un prince sensible et magnifique; elle céda à la grandeur et à l'amour, comme on cède au bonheur qui n'est acheté par aucun sacrifice. Il faut l'imaginer le contraire de cette petite violette, dit madame de Sévigné, qui se cachoit sous l'herbe; cet amour n'étoit, pour mademoiselle de Fontanges, qu'un sentiment aussi juste que naturel, qu'elle montroit sans contrainte aux yeux de la reine et de toute la cour. « *Le chat* » *gris* (1) est d'une beauté étonnante; elle vint » l'autre jour, dit madame de Sévigné, à tra- » vers un bal, par le beau milieu de la salle, » droit au roi, et ne regardant ni à droite, ni à » gauche : on lui dit qu'elle ne voyoit point » la reine, ce qui étoit vrai ». On conçoit que cette liberté de mouvement, cet abandon à ses sentimens, doivent plaire à un roi qui n'a

---

(1) Mademoiselle de Fontanges.

jamais vu autour de lui que des airs contraints et composés.

Mademoiselle de Fontanges aima véritablement le roi, et un sentiment vrai adoucit toujours la sévérité de la censure sur les fautes dont il est la cause. Je ne puis croire qu'elle fût sotte, comme le dit l'abbé de Choisy : est-on sotte, parce qu'on fait et qu'on dit des sottises à seize ans; quand l'éducation surtout ne nous a mis qu'une sottise dans la tête ? Qui de nous ne connoît des femmes distinguées par leur esprit, qui en disoient beaucoup à cet âge, et qui n'avoient pas son excuse ? Il me semble que c'est surtout quand la raison est foible encore, et que les passions commencent à faire sentir leur force, qu'il échappe le plus de ces choses inconsidérées, que l'on traite de bêtises. J'oserai dire même que les jeunes personnes que j'ai vues ne laisser jamais rien échapper d'inconvenant, ont été presque toutes frappées de stérilité d'âme, d'esprit et d'imagination le reste de leur vie. Il faut consentir à voir la richesse se répandre en inutilités; rien n'est plus rare, ce me semble, que le parfait accord entre nos facultés. Madame de Maintenon étoit une de ces personnes vraiment privilégiées, chez qui tout étoit en harmonie comme en équilibre, animée et réfléchie, sensible et raisonnable; prenant un grand intérêt à beaucoup de choses, ayant des goûts très-prononcés et possédant cette supériorité de raison qui domine et qui modère tout sans trop se faire sentir. Mais je dois revenir à mademoiselle de Fontanges, et je dirai que le peu de mots qu'on cite d'elle, prouve qu'elle avoit du caractère et de l'âme; et avec ces deux avantages, quand l'expérience arrive, est-on jamais une femme ordinaire?

Le roi cacha le plus long-temps qu'il put à madame de Montespan sa liaison avec mademoiselle de Fontanges, parce qu'il craignoit ses emportemens; mais comme il étoit moins empressé de la voir, comme sa situation le rendoit contraint auprès d'elle, elle se plaignit un jour à madame de Maintenon de la froideur du roi, avec tant de violence et de douleur, que madame de Maintenon paroît en avoir eu pitié. « Que seroit-ce, dit-elle, si elle connoissoit » tout son malheur, et qu'elle apprît ce qui » n'est plus ignoré que d'elle seule! Elle ne » se plaint que de la froideur du roi, elle ne » l'accuse point d'inconstance ».

Pour madame de Maintenon, elle ne dissimula point le chagrin que lui causoit ce nouvel attachement. Le roi avoit montré de la constance dans ses amours, il alloit donc encore aimer plusieurs années une autre que la reine, dont il avoit commencé à se rapprocher, et qui alloit être replongée dans de plus grands chagrins que ceux qu'elle avoit connus. Elle écrivoit à l'abbé Gobelin, en lui parlant d'abord de madame de Montespan : « Je voudrois la » donner à Dieu, mais je ne l'espère point; il » y a un cœur mieux fait sur lequel j'aurois » de meilleures espérances. Il seroit bien triste » que Dieu n'éclairât pas une si belle âme ». Nous l'avons aussi entendue dire qu'elle aimoit le roi comme son frère, et qu'elle les voudroit parfaits l'un et l'autre. Une femme qui étoit entrée de bonne heure dans la route de la vertu, qui ne s'en étoit jamais écartée, devoit désirer y faire entrer aussi tous les objets de ses tendres affections; et ce désir naturel, approuvé par le noble orgueil de madame de Maintenon, suffit, ce me semble, pour nous rendre raison de l'intérêt qui l'attachoit à rendre le roi à la reine, bien digne de l'intéresser par sa passion constante et malheureuse pour le roi : c'étoit le rattacher à l'ordre, dans lequel elle se plaisoit, et qui étoit pour elle l'état naturel et l'état heureux.

Depuis la liaison du roi avec mademoiselle de Fontanges, quand il rencontroit madame de Maintenon chez la reine ou chez la dauphine, il paroît qu'il éprouvoit de la contrainte, et qu'il ne cherchoit plus à se rapprocher d'elle. « Le roi, dit-elle à l'abbé Gobelin, se défie » de moi et me craint. Je quitterois ce pays, » si je ne craignois pas que le dépit ne contri- » buât plus à m'en éloigner que le désir de » mon salut ».

Ce dépit qu'elle éprouve et qu'elle avoue, montre, ce me semble, quelques retours sur elle-même; mais si, en sondant son cœur, nous y trouvons, outre la perte de ses grandes espérances, la crainte encore de perdre quelque chose de l'amitié du roi, de cette déférence flatteuse qu'il avoit pour ses conseils et pour sa raison, qui pourroit se croire le droit de le lui reprocher? quelle est l'âme tendre qui n'a pas redouté comme un malheur la diminution d'une amitié, où elle a placé une partie de son bonheur?

Avant que de m'avancer dans les détails de la conduite de madame de Maintenon à l'égard du roi, je dois rappeler ce que j'ai dit de ses sentimens religieux, et montrer en elle une femme pieuse dans toute la sincérité du

cœur, mais simple, modeste et sans faste extérieur de religion. Madame de Maintenon goûtoit tous les plaisirs de la cour; elle en parle très-souvent à son frère, avec le regret de ne les point partager avec lui. Elle suivoit la dauphine dans tous les voyages de Fontainebleau, de Chambord, etc. « On s'amuse beaucoup ici,
» dit-elle, en parlant de ce dernier lieu; le
» temps est fort beau et la cour fort gaie;
» le roi est à la chasse une partie du jour, et
» le soir on a le bal ou la comédie; tout le
» monde est content. On mange toujours
» avec le roi, ce qui fait une familiarité fort
» agréable ».

Madame de Maintenon n'approuvoit point les actes trop répétés de la dévotion de la reine. « Son confesseur la conduit, dit-elle,
» dans un chemin bien plus fait pour une
» carmélite que pour une reine ». Au moment du départ de madame de Montespan de la cour, la dauphine, touchée de l'espérance de voir le roi rendu à la reine et à sa famille, se mit à genoux et en prières. « Elle
» va, s'écrie madame de Maintenon, le dé-
» goûter de la dévotion ». Bien plus éclairée que cette princesse, ayant bien plus de connoissance du cœur humain, ainsi que des

goûts et des habitudes du roi, connoissant son respect pour la religion, mais son éloignement pour la dévotion, elle paroît n'avoir fait usage de son influence, dans tous les temps de sa faveur, que pour le rendre à la reine et à son peuple. Elle ne se montroit à lui qu'avec sa tendresse pour le duc du Maine, elle ne lui parloit que des besoins des malheureux, et se prêtoit avec sa complaisance naturelle à tous les sujets, dont le roi se plaisoit à l'entretenir.

Elle écrit à son frère, dans le temps de sa plus grande faveur : « Je ne suis point dévote, » mon cher frère, mais je voudrois le deve- » nir, ne trouvant rien de si doux que d'allier » les plaisirs à la piété ».

C'est ici que je dois dire aussi qu'il ne paroît, ni par ses lettres, ni par son histoire, qu'elle soit revenue souvent, dans les entretiens journaliers qu'elle avoit avec le roi, sur sa liaison avec madame de Montespan; toutes les préférences du cœur de Louis appartenoient, sans doute, à madame de Maintenon; mais madame de Montespan étoit toujours maîtresse en titre du roi; elle étoit la mère de plusieurs de ses enfans, et ne passoit pas un seul jour sans le voir. Madame de Main-

tenon, comme toute la cour, put conserver des doutes sur les détails particuliers de cette liaison. Elle les montre même à madame de Frontenac, peu de temps avant son mariage avec le roi. « Si, dit-elle, madame de Mon-
» tespan.... Elle assure que depuis long-
» temps.... Ce n'est pourtant pas ici qu'on
» peut se faire une âme forte ».

Le roi, même après son mariage, vit tous les jours madame de Montespan, au grand scandale des ecclésiastiques, sans que madame de Maintenon, sûre du cœur du monarque, fît la moindre tentative auprès de lui pour l'éloigner. Madame de Montespan ne quitta la cour qu'au mariage de son fils, le duc du Maine, et le roi lui fit une pension de 1,000 louis par mois.

Je vois qu'un jour madame de Maintenon saisit l'occasion de la revue que le roi avoit faite de ses mousquetaires, dont il s'entretenoit le soir au milieu de toute sa cour, pour adresser quelques mots à ce prince sur sa liaison avec madame de Montespan. Le roi la voyant fort silencieuse, au milieu du mouvement qui l'environnoit à la suite de cette revue, vint à elle et lui demanda le sujet de ses réflexions. « Je pensois, dit-elle, que tous ces

» mousquetaires étoient de francs libertins, et
» que leur capitaine (c'étoit le roi) ne valoit
» pas mieux. — Voilà, dit le roi, en riant,
» une réflexion bien sérieuse! — Vous les ai-
» mez beaucoup, Sire ; cependant, si l'un
» d'eux avoit ravi la femme de son camarade,
» je suis sûre qu'il ne coucheroit pas à l'hôtel ».
Le roi eût-il paru surpris de l'air sérieux de
madame de Maintenon, si elle l'eût souvent
entretenu sur ce sujet ?

Elle dit, dans ses entretiens, que son premier désir a été de l'éloigner des femmes, et elle fit en effet usage de toute son influence pour le ramener à la reine ; et quelque temps après, de nouvelles circonstances venant au secours des ses vœux, elle put réellement se glorifier d'avoir obtenu seule cette victoire sur le roi.

Madame de Montespan ne pouvoit ignorer long-temps la liaison du roi avec mademoiselle de Fontanges, qui ne prenoit aucun soin pour cacher un sentiment dont elle paroissoit enivrée, et dont elle se faisoit peut-être un mérite. Madame de Montespan s'abandonna, dans cette occasion, aux transports les plus violens. Après avoir reproché au roi son déshonneur, elle le menaça, comme une autre Médée, de déchirer de ses mains ses enfans sous ses yeux. Il paroît que le roi n'opposoit que de la douceur et de la dignité à tant d'emportement. Mais tous les jours, tyrannisé par la jalousie de ses deux maîtresses, il recourut bientôt à l'asile de l'amitié ; et madame de Maintenon, touchée de se voir le refuge qu'il venoit chercher dans les peines de son cœur, ne sentoit plus que le besoin de les adoucir et de le consoler.

Les deux maîtresses n'étoient pas seulement jalouses l'une de l'autre, elles l'étoient aussi de madame de Maintenon : mademoiselle de Fontanges ne pouvoit se consoler de ces heures si longues, passées loin d'elle ; et madame de Montespan, au désespoir de ne pouvoir remplir tous les désirs du roi, enviant à madame de Maintenon ce charme d'entretien qu'il trouvoit auprès d'elle, lui reprocha encore un jour, avec amertume, d'être aussi la maîtresse du roi. « Mais, lui dit doucement » madame de Maintenon, il en a donc trois ? » Oui, dit-elle, moi de nom, cette fille de fait, » et vous de cœur ».

C'étoit apprendre à madame de Maintenon un secret du cœur de Louis, que peut-être elle n'avoit pas encore soupçonné, et rendre en même temps hommage à la pureté de ses mœurs, en convenant que le cœur du roi étoit seul intéressé dans l'intimité de leurs communications. Saint-Simon, malgré son penchant à la malignité, dit que madame de Maintenon fit goûter au roi les délices d'une amitié innocente, et il paroît que, malgré quelques épigrammes et quelques chansons, produites par des esprits envieux et méchans, l'opinion de Saint-Simon étoit celle de toute la cour.

Un jour, le roi, excédé des emportemens de madame de Montespan, et de la violence des plaintes de mademoiselle de Fontanges, qui prétendoit avoir été insultée par sa rivale et en demandoit hautement justice, alla soulager son cœur auprès de madame de Maintenon, la pria de mettre la paix entre ces deux rivales, et d'adoucir sa jeune maîtresse ; il craignoit que ses cris ne vinssent jusqu'à la reine; il vouloit l'appaiser à quelque prix que ce fût. Madame de Maintenon, après avoir refusé de se mêler de toutes ces intrigues, céda à la fin aux instances du roi, et se rendit chez mademoiselle de Fontanges. Les personnes qui ont un sentiment profond de morale, ne peuvent presque jamais abandonner l'espérance

d'influer sur l'âme des autres, en parlant aux noms des grands intérêts de la vertu, de l'honneur, de la religion. Elles sont aussi plus guidées d'ordinaire dans les conseils qu'elles donnent, par les sentimens qui les dirigent elles-mêmes, que par le caractère et les mœurs des personnes à qui elles les adressent. Mademoiselle de Fontanges commença par éclater en plaintes si violentes contre son amant, et demanda si hautement justice des insultes de madame de Montespan, que madame de Maintenon, étonnée de rencontrer tant de hauteur unie à tant de foiblesse, lui en représenta vivement toute l'indécence, lui fit sentir que sa conduite ne devoit lui inspirer que de la honte, et qu'elle n'avoit qu'un moyen de s'en relever aux yeux de Dieu et des hommes. « Mais
» que faut-il faire ? dit mademoiselle de Fon-
» tanges, humiliée peut-être pour la première
» fois. — *Renoncer à votre passion* ». Ce conseil ne pouvoit être goûté d'un cœur qui appartenoit tout entier au roi, et ne se l'étoit jamais reproché. Le moment n'étoit pas loin, cependant, où madame de Maintenon elle-même devoit sentir le pouvoir d'une affection, pure à la vérité, mais profonde, qui l'enchaîneroit à cette cour qu'elle détestoit, et lui

ôteroit la force d'affliger son ami, qui étoit son roi. Il faut être en effet bien étrangère aux passions, il faut même n'avoir jamais soupçonné leur puissance, pour penser un moment que la gloire de renoncer à un amant aimé et roi, pût être proposée à ces âmes amollies par l'habitude des voluptés, qui, bien loin d'éprouver la honte de leur foiblesse, s'en font un sujet de triomphe. L'âme tendre et sublime de madame de la Vallière, touchée par la religion, put seule s'élever vers le Dieu du Ciel, quand elle cessa d'être aimée du mortel qui étoit son idole sur la terre. Aussi les conseils de madame de Maintenon à mademoiselle de Fontanges n'eurent-ils pas plus de succès que ceux qu'elle avoit tentés autrefois sur madame de Montespan. Cette jeune personne se montra attristée et impatientée d'un langage si sévère, si contraire aux dispositions de son cœur. « Ne semble-t-il pas, » s'écria-t-elle, qu'on peut se défaire d'une pas-» sion, comme d'un habit » ?

Madame de Maintenon disoit, à l'occasion de ces entrevues, qu'elle eut quelquefois à la prière du roi avec ses maîtresses : « *Qu'elle ne leur* » *avoit jamais dit un mot qui ne pût être*

» *affiché aux quatre coins du monde* »;
et il me semble qu'on doit l'en croire.

Elle écrit peu de temps après (en 1679) :
« Les jalousies ont cessé, et la paix est faite.
» Il étoit bien temps que le roi, après l'avoir
» donnée à l'Europe, la donnât à sa cour. Ma-
» dame de Montespan est plus brillante que
» jamais ; elle me confie ses secrets, et me
» consulte ». Et, dans la même lettre : « Le
» roi a dit à Mademoiselle (fille de Monsieur,
» qui alloit épouser le roi d'Espagne) mille
» choses gracieuses. Elle m'en a remercié,
» comme si j'y avois quelque part ».

Madame de Sévigné n'avoit-elle pas raison de dire : *Il n'y a point de place comme celle de madame de Maintenon ?* Quel rôle, en effet, au milieu de cette cour voluptueuse et magnifique, où il y avoit deux maîtresses en titre, qui se croyoient l'une et l'autre autant de droit qu'elles avoient de beauté ! La conduite de madame de Maintenon, son caractère, son esprit, ses vertus enfin, la font dominer sans qu'elle le veuille au-dessus de tout, et la première princesse du sang la remercie des bontés que le roi lui témoigne.

L'âme violente et l'humeur emportée de madame de Montespan ne pouvoit lui laisser de

paix dans une situation où l'amitié, qui avoit presque l'air de la passion, lui disputoit le cœur du roi, et où le goût de ce prince pour mademoiselle de Fontanges lui enlevoit encore toutes les préférences, tous les charmes de l'amour. Ses plaintes, sans cesse renaissantes, fatiguoient le roi; il se sauvoit de leur violence auprès de madame de Maintenon, qu'il trouvoit toujours douce, animée et raisonnable. Elle raconte une scène très-vive, dont madame de Montespan ne craignit pas de la rendre témoin. « Je m'étonnai, dit-elle, de la
» patience du roi et de l'emportement de cette
» glorieuse. Tout finit par ces mots terribles :
» Je vous l'ai déjà dit, Madame, je ne veux
» point être gêné ». Elle ajoute : « L'habi-
» tude le lui a attaché; je crains qu'il n'y
» revienne par pitié. Le duc du Maine l'attache
» à sa mère; il ne peut le regarder sans s'at-
» tendrir ».

On aime à trouver dans les rois ces sentimens doux, vrais, naturels : nous les voyons alors se rapprocher de nous, et nous les en estimons davantage.

Le duc du Maine devint bientôt l'idole de la cour, comme il l'étoit de son père; mais plus la tendresse du roi augmentoit pour le fils, moins, dit madame de Maintenon, il sembloit aimer la mère.

Le règne de mademoiselle de Fontanges ne fut pas long; il rappelle ce vers de Malherbe :

> Et rose elle a vécu ce que vivent les roses,
> L'espace d'un matin.

Elle perdit sa beauté après ses couches, et avec sa beauté le cœur de son amant. Elle l'aimoit trop véritablement pour pouvoir se consoler par toute la générosité du roi. Elle se vit bientôt aux portes du tombeau. Touchée, dans ce moment solennel, par des sentimens religieux, mais le cœur toujours rempli de son amour, elle fit conjurer le roi de lui accorder un dernier adieu, et ce fut son confesseur lui-même qui, voyant ce prince montrer quelque répugnance pour cette triste entrevue, lui répondit qu'elle mourroit résignée, si elle le revoyoit une dernière fois. Les traits de la mort étoient déjà empreints sur son visage quand le roi arriva, et il se montra plein de surprise, de trouble et de douleur, en voyant cette jeune personne, tout à l'heure si fraîche, si belle, si brillante, ne plus offrir que l'ombre d'elle-même, et si près de rendre son dernier souffle, ce souffle encore animé par

Mort de Mlle. de Fontanges.

sa passion au moment où le remords s'y mêloit peut-être pour la première fois. Sans doute, en voyant cette jeune victime de son inconstance, il se souvint qu'une autre, plus intéressante encore, expioit dans un cloître le malheur de l'avoir trop aimée, et il connut que les jouissances de l'amour sont souvent achetées par de longs regrets. Mademoiselle de Fontanges pria le roi de payer ses dettes et de marier sa sœur. Louis promit l'un et l'autre. Leurs adieux furent très-touchans, et mêlés de pleurs. « Ah! dit-elle, je meurs contente, » puisque j'ai vu tomber sur moi les larmes » de mon roi ».

Madame de Montespan, en nous présentant tous les charmes, tout le pouvoir de l'esprit et de la beauté, semble vouloir nous prouver que ces dons réunis peuvent bien inspirer des passions, mais ne peuvent attirer ni intérêt constant, ni souvenir honorable. Avec une âme moins emportée, avec moins de violence dans le caractère et plus de tendresse dans le cœur, madame de Montespan pouvoit encore rapprocher d'elle celui du roi, puisque c'est elle qu'il alla chercher la première dans le trouble de sa douleur; mais elle ne montra que la joie cruelle de triompher par la mort de cette jeune infortunée. Eh! comment ne fut-elle pas désarmée par cette mort prématurée! Comment put-elle se montrer insensible aux larmes d'un amant, qui aussi étoit le sien! Aussi le roi lui reprocha-t-il avec amertume son insensibilité pour ses peines, après avoir si long-temps partagé ses plaisirs. Il alla porter ses douleurs dans un cœur dont la compassion n'avoit jamais manqué aux malheureux. Madame de Maintenon versa des larmes sur sa jeune victime, et accueillit son âme troublée et déchirée, avec tant de douceur et une sensibilité si vraie, que ce fut alors que le roi lui dit ces mots si honorables et si touchans : « *Ah! je ne suis heureux ou consolé que* » *par vous* ».

Cependant la cause de ces larmes, les regrets et les remords même qui s'y mêloient dans l'âme du roi, dont l'imagination resta long-temps frappée par le spectacle de cette mort, par ce mélange de religion et d'amour que cette jeune personne avoit montré jusqu'à son dernier soupir, l'obligeoient de s'avouer les suites souvent funestes des passions; et lorsque sa douleur fut un peu calmée, il se sentit plus disposé à écouter les sages insinuations de madame de Maintenon, l'éloge qu'elle lui fit des vertus et de la tendresse de la reine, de ses longs chagrins et de son inaltérable douceur. Jamais moment n'avoit été plus favorable : madame de Montespan venoit de se porter à elle-même le coup le plus terrible dans l'affection du roi, par sa dure insensibilité ; il n'étoit plus rappelé auprès d'elle que par l'habitude. Las de ses emportemens, sa tendresse pour ses enfans sembloit seule l'attacher encore à elle. Il ne paroît pas qu'après la mort de mademoiselle de Fontanges, le roi eût aucune intimité particulière avec madame de Montespan. Ce fut alors qu'il commença à passer ses soirées chez la reine, où se réunissoit aussi la cour de madame la dauphine. Il causoit beaucoup à la vérité avec madame de Maintenon, mais il se rapprochoit de la reine par des soins et des égards ; et cette bonne princesse reprenoit par degrés l'espérance du bonheur.

« Le roi, dit madame de Caylus, eut pour
» elle des attentions toutes nouvelles. Il la
» voyoit souvent et cherchoit à l'amuser. Et
» comme elle attribuoit cet heureux change-
» ment à madame de Maintenon, elle l'aima
» et lui donna toutes les marques de consi-
» dération qu'elle put imaginer ; elle lui fit
» même présent de son portrait. Elle repoussa

» constamment toutes les préventions qu'on
» vouloit lui donner contr'elle. Le roi, disoit-
» elle, ne m'a jamais traitée avec autant de
» tendresse que depuis qu'il écoute madame
» de Maintenon, et je crois que Dieu l'a sus-
» citée pour me rendre le cœur de mon
» époux ». Madame de Caylus, qui arrivoit
en ce temps à la cour, nous dit que la reine
lui faisoit beaucoup de caresses toutes les fois
qu'elle paroissoit devant elle. « J'ai, dit-elle,
» ouï dire à madame de Maintenon, qu'un
» jour le roi ayant envoyé chercher la reine,
» que sa passion toujours malheureuse rendoit
» extrêmement timide avec lui, elle pria ma-
» dame de Maintenon de la suivre. Mais elle
» ne fit que la conduire jusqu'à la porte de la
» chambre, où elle prit la liberté de la pousser
» pour la faire entrer. La reine trembloit jus-
» qu'au bout des doigts ».

Le roi avoit établi de petits soupers, qu'on appeloit *média-noche* : « Je serois bien aise,
» disoit-elle à l'abbé Gobelin, de la faire avec
» le roi, si vous trouvez qu'il n'y a pas de mal;
» sinon, je n'hésiterai pas à ne m'y pas trou-
» ver ». Il auroit pu lui répondre : *C'est à vous, Madame, à me l'apprendre;* mais il étoit trop glorieux de sa pénitente, qu'il croyoit

1.   I

voir s'avancer dans la conversion du roi, pour lui rien refuser. Dans ces soupers, les hommes ne se mettoient point à table, et le roi, debout lui-même, servoit les femmes. Toutes ses distinctions étoient pour madame de Maintenon, et bientôt elle vit à ses pieds tous les gens de la cour, qui désiroient d'être de ces parties, ainsi que des voyages de Marly. Elle plaçoit souvent sur les listes, par une généreuse pitié, madame de Montespan, qui s'obstinoit à rester à la cour, pour y être témoin de la haute considération de l'ancienne gouvernante de ses enfans. Madame de Caylus dit qu'elle ne paroissoit plus, dans les derniers temps, que la gouvernante de mademoiselle de Blois, sa dernière fille.

<small>Son calme et sa modestie dans sa faveur.</small>

Dans ce moment où madame de Maintenon pouvoit, par sa grande faveur, se regarder comme la première femme de la cour, puisqu'elle tenoit la première place dans les affections du roi, elle prouva que les grandes places sont toujours au-dessous des grandes âmes; on ne lui vit jamais un moment d'enivrement. Les passions seules se répandent par des éclats; les jouissances de madame de Maintenon étoient calmes, parce qu'elles étoient pures. Aussi les recueilloit-elle au fond de son cœur :

c'est dans ce temps, où, craignant de ne pas se trouver au niveau d'une destinée si glorieuse, elle écrivoit à une de ses amies : « J'ai grand » besoin de force pour faire usage de mon » bonheur ».

Cette force, elle l'a trouvée dans le besoin de s'agrandir aux yeux de Louis, et dans le sentiment de reconnoissance pour le grand arbitre des destinées humaines. Elle se rend, dans ses entretiens à Saint-Cyr, l'honorable témoignage que ses progrès dans la vertu avoient toujours été en proportion de ses progrès dans la faveur. Son âme tendre et reconnoissante s'imposa le devoir de rendre à Dieu en vertus les bienfaits de son extraordinaire fortune.

Mais je ne puis mieux la faire connoître qu'en la citant toujours elle-même. Voici quelques fragmens de ses lettres à l'abbé Gobelin, écrites dans sa plus haute faveur. « J'ai été » hier à confesse à un homme qui m'a assuré » que je ne lui disois pas un péché. Je suis sûre » que vous ne seriez ni si sourd, ni si doux ». Et plus tard : « Je prie Dieu de m'ôter d'ici, » si je n'y fais pas mon salut ; au reste, je ne » connois pas mes péchés. J'ai une bonne » morale, de bonnes inclinations qui font que

» je ne fais guère de mal ; j'ai un désir de
» plaire et d'être estimée qui me met en garde
» contre mes passions. Ce ne sont pas des faits,
» mais des motifs très-humains, que je puis
» me reprocher. Une grande vanité, une grande
» liberté dans mes pensées et mes jugemens, et
» une contrainte dans mes paroles, qui n'est
» fondée que sur la prudence humaine : voilà
» mon état, ordonnez les remèdes que vous
» y croirez les plus propres ». Et sur les louanges
qu'il donnoit à sa conduite : « Vous devriez vous
» faire un scrupule, lui dit-elle, de louer ainsi
» une personne pétrie, comme moi, de gloire
» et d'amour-propre ».

Je doute qu'on puisse produire un second exemple d'épanchemens aussi purs, dans une situation si élevée, si inattendue, si séduisante ; il faut faire honneur à la religion de vertus si rares, mais à la religion conçue et sentie par l'âme la plus élevée, jointe à l'esprit le plus éclairé, qui ne dégageoit pas seulement la religion de toutes les petitesses dont la dégradent les petites âmes et les esprits étroits, mais qui l'ornoit encore de tous les dons aimables et rares que la nature lui avoit prodigués.

C'est à peu près dans le même temps qu'elle écrivoit ainsi à son frère : « Je vous ai parlé de

» la mort, parce que j'y pense souvent ; je
» m'y prépare avec gaîté ».

Mais cette place qu'elle occupoit dans l'estime du roi, cette faveur à qui toute la cour rendoit hommage, porta le désespoir comme la fureur dans l'âme violente de madame de Montespan. *Je saurai me venger*, dit-elle un jour à madame de Maintenon. *Et moi, je saurai vous pardonner*, lui répondit madame de Maintenon.

Se voyant tous les jours plus négligée par le roi et par les courtisans, elle forma un parti dans lequel elle fit entrer Louvois et madame de Richelieu, pour perdre sa rivale dans l'estime de la reine et de la dauphine. Ils la représentèrent à ces princesses comme la femme la plus artificieuse, la plus fausse et la plus dangereuse. La reine ne fut ébranlée qu'un moment ; un mot du roi, un court exposé que lui fit madame de Maintenon de sa conduite, ne lui laissèrent que le regret d'avoir pu un seul instant être injuste envers elle. Il n'en fut pas de même de madame la dauphine, elle parut se rendre aux raisons du roi, à celles de madame de Maintenon ; elle ne revint jamais de ses préventions, mais elle prit le parti de

Mad. de Montespan cherche à ôter à madame de Maintenon l'estime de la reine et de la dauphine.

les dissimuler, quand elle vit l'indignation du roi contre la favorite et ses complices.

Quelle fut la douleur de madame de Maintenon en voyant son ancienne protectrice, madame de Richelieu, que depuis peu elle avoit fait nommer dame d'honneur de la dauphine, en la voyant, dis-je, se ranger du parti de ses ennemis les plus acharnés ! Elle n'aima madame de Maintenon que dans la mauvaise fortune, dit madame de Caylus ; la confiance du roi lui parut un vol qu'elle ne put pardonner. Une faveur au-dessus de la sienne l'emporta sur l'estime et la reconnoissance. Le cœur de madame de Maintenon éprouva, pour la première fois, le sentiment le plus affreux pour les âmes aimantes, celui qui désenchante le plus la vie, celui d'être détrompé sur la constance des sentimens de l'amitié. C'est à cette occasion qu'elle dit : « On est tous les jours détrompé des ami- » tiés de vingt ans ». Et le sentiment si pénible de la défiance, qui accompagne ce triste désabusement, entra en même temps dans son cœur, dans ce cœur qui, ne connoissant que les vertus, étoit si porté à croire à celles des autres. Cependant, fidèle à la reconnoissance pour l'ancienne protection que madame de Richelieu avoit accordée à sa jeunesse, et pour les plaisirs qu'elle avoit goûtés dans sa société, elle crut que ce qu'elle lui devoit ne pouvoit jamais être acquitté. Elle calma par degrés la colère du roi, qui vouloit la bannir de la cour, et obtint que non-seulement elle y resteroit, mais encore qu'elle conserveroit sa place; et, quelque temps après, elle seule put obtenir du roi la grâce de son fils, le marquis de Richelieu, qui se trouvoit exposé à toutes les rigueurs des lois pour un enlèvement; elle osa dire au roi : « Comment, Sire, pouvez-vous punir un » crime dont vous-même avez donné l'exemple » à la face de toute l'Europe »? Un tel mot suffiroit pour déceler un grand caractère.

Rien sans doute ne peut désarmer l'envie, puisque madame de Maintenon ne put, ni par sa modestie, ni par l'usage qu'elle faisoit de son crédit, cesser d'être l'objet de la satire. « Comme je suis fort glorieuse, dit-elle à » son frère, les premiers mouvemens sont » violens; mais je me dis bien vite ce que la » raison dit fort tard aux autres ». Et une autre fois: « Je suis sur le théâtre, il faut » que l'on me siffle, ou que l'on m'applaudisse; » ce qui n'intéresse pas mon cœur, je le compte » pour rien. Tout est calmé, calmez-vous » aussi; veillez sur vos discours, on vous en

» fait tenir de bien insensés, qu'on me répète
» avec complaisance.... Personne ne pense à
» nous brouiller. Eh! qui pourroit se flatter
» d'y réussir?.... Je détesterois mon élévation,
» si elle devoit me priver des douceurs de votre
» amitié ».

<small>Trait de véritable grandeur d'âme.</small> Quelle vénération n'inspire pas madame de Maintenon, lorsque, dans le temps de sa plus grande faveur, entourée d'un grand nombre de personnes de la cour, on la voit recevoir un ecclésiastique, qui lui rappelle qu'étant enfant, à la Rochelle, elle venoit à la porte de son couvent y chercher la soupe qu'il distribuoit tous les jours aux pauvres; et que, sans honte, sans embarras, aux yeux de toute cette cour, qui se préparoit sans doute à jouir de son humiliation, elle le remercie de l'humanité particulière qu'il lui avoit témoignée! Le roi, entrant dans ce moment, elle lui présente ce bon ecclésiastique, en lui disant : « Voilà,
» Sire, mon père nourricier; vous ne serez
» plus étonné que je vous importune pour les
» orphelins ». J'avoue que je connois peu de traits qui attestent plus fortement une grandeur d'âme naturelle et sincère.

Un autre jour elle se souvint qu'étant madame Scarron, elle avoit emprunté des meubles à une blanchisseuse, pour recevoir une société nombreuse, et que cette femme n'avoit pas voulu en recevoir le loyer. Son cœur reconnoissant se reproche cet oubli. Elle fait chercher cette femme : après bien des peines, on la découvre enfin dans un malheureux galetas, près de périr d'infirmités et de misère. Madame de Maintenon part à l'instant pour Paris, pénètre avec joie dans cet asile de la misère, où elle va porter la consolation, se nomme à cette femme, lui rappelle le service désintéressé qu'elle lui a rendu autrefois, en s'excusant de l'avoir si long-temps oubliée. Cette chambre n'offroit à ses yeux que l'extrême pauvreté de celle qui l'occupoit ; madame de Maintenon la fait transporter sur-le-champ dans un logement plus sain et plus commode ; ensuite elle lui remet une bourse pleine d'argent, et ne la quitte qu'après lui avoir promis une pension qui lui assure une honnête aisance pour le reste de sa vie (1).

Madame de Maintenon établit à Versailles un hospice de charité sur le modèle de celui que madame de Montespan avoit établi à Paris. Elle fit tourner au profit des malheureux

Elle établit un hospice de charité à Versailles.

―――――――
(1) La Beaumelle.

l'envie que les dames de la cour avoient de lui plaire ; presque toutes s'empressèrent de concourir à cet établissement ; et pour rendre à madame de Richelieu un peu de la considération qu'elle avoit perdue, et effacer l'humiliation d'avoir eu besoin du pardon de son ancienne protégée, elle la fit nommer supérieure de la nouvelle communauté. Les malheureux accouroient de tous côtés dans l'antichambre de madame de Maintenon, où l'évêque, le grand seigneur et le pauvre étoient ensemble confondus. Nul n'étoit repoussé, qui avoit quelques droits à sa charité, et ses dons se proportionnoient à l'état et à l'honnêteté des personnes. Elle prenoit des informations exactes sur tous ceux qui réclamoient ses bienfaits. « Je ne crois pas, disoit-elle, qu'il faille laisser » le vice mourir de faim, mais je crois qu'il » ne faut le nourrir qu'après avoir bien en- » graissé la vertu ». Paroles admirables, et qui doivent être la règle éternelle des âmes bienfaisantes. Quand il s'agissoit d'une personne née dans l'aisance, et tombée dans le besoin par des malheurs imprévus et non mérités, elle taxoit à une somme ceux dont elle connoissoit la générosité, et en formoit un fonds qui pût mettre cette personne en état de se passer de nouveaux secours.

Quand de pauvres gentilshommes venoient implorer sa bienfaisance, ils l'intéressoient d'autant plus particulièrement qu'ils lui rappeloient les malheurs de sa famille et les siens même. Le souvenir de son ancienne misère l'attendrissoit sur celle qu'on la prioit de soulager. Elle versoit des larmes sur eux, et joignoit aux secours qu'elle leur accordoit, les plus tendres consolations. « La Providence ne vous » abandonnera pas, leur disoit-elle, j'étois » née pauvre et plus malheureuse que vous ».

Un jour qu'on tenoit à la cour une conversation, où l'on s'amusoit à plaisanter sur les talens frivoles de certains hommes et la capacité des femmes pour les plus grandes places : « Pour vous, Madame, dit le roi à ma- » dame de Maintenon, vous feriez fort bien » celle de grand aumônier de France ».

Madame de Montespan, traversant un jour l'antichambre de madame de Maintenon, toute remplie de pauvres, de dames de charité, de sœurs grises et de prêtres, qui se rendoient chez elle une fois par mois, lui dit en arrivant près d'elle : « Savez-vous, Madame, que je viens » de voir votre antichambre merveilleusement

» parée pour votre oraison funèbre »? Madame de Maintenon qui aimoit l'esprit, rit beaucoup de cette saillie et la conta à plusieurs de ses amis.

Madame de Montespan et madame de Maintenon continuèrent de se voir, à de longs intervalles, et l'ancienne maîtresse s'adressa quelquefois à madame de Maintenon, pour obtenir les grâces qu'elle désiroit du roi.

Sa tendre compassion pour les malheureux s'étendoit tous les jours, par le grand nombre de ceux qui venoient l'implorer, et poursuivoient madame de Maintenon au milieu de ces fêtes magnifiques, de ces prodiges que les arts réunis et perfectionnés étaloient à la cour de Louis XIV. Madame de Maintenon, faite pour en sentir tous les charmes et les beautés, reportoit au milieu de tant d'enchantemens ses regards vers tous les malheureux et les pauvres, et toute sa discrétion ne put l'empêcher de dire un jour, au milieu de ces plaisirs : « Que d'argent dépensé pour divertir » les courtisans ! et ce pauvre peuple meurt » de faim » !

La réputation de sa bienfaisance étoit répandue dans toute la France, et toujours réclamée avec succès. Un jour elle écrit à son frère :

« J'apprends que les échevins de Cognac (1)
» ont un petit démêlé avec les dames de la
» Charité, pour l'emploi d'un fonds destiné
» aux pauvres ; je vous prie, mon cher frère,
» autant que votre conscience vous le per-
» mettra, d'être dans les intérêts des dames de
» la Charité. Il est si difficile que les pauvres
» aient tort ! Soit dit sans corrompre votre
» intégrité ».

La reine mourut à Chambord, en 1683, presqu'entre les bras de madame de Maintenon, qui se retiroit pour la pleurer, quand le duc de la Rochefoucauld, lui montrant l'appartement du roi, lui dit : « Madame, ce n'est pas » le moment de le quitter ».

Ce prince, plus touché qu'affligé de cette perte, rendit un hommage honorable aux vertus de la reine, en disant : « Voilà le seul » chagrin qu'elle m'ait donné en toute sa vie ». Pour madame de Maintenon, elle la pleura comme la plus auguste de ses bienfaitrices, et celle qui avoit su lui rendre le plus de justice. Le roi, dans ce temps, la trouvoit toujours en larmes quand il alloit la chercher. Madame de Caylus, alors enfant, se rappeloit

---

(1) Il étoit gouverneur de cette ville.

que sa tante, qui étoit alors à Fontainebleau avec le roi, y parut extrêmement agitée, qu'elle se promenoit beaucoup, et souvent fort tard, dans la forêt, avec madame de Monchevreuil, mais que bientôt sa tante reprit son calme ordinaire. Elle fait entendre que le mariage de sa tante avec le roi eut lieu peu de temps après la mort de la reine ; ce qui est démenti par tous les historiens, qui ne le placent que deux ans après. Mais en admettant les observations d'une enfant, seroit-il difficile de trouver les causes de ces agitations, quand on réfléchit sur le caractère de madame de Maintenon, sur son attachement pour le roi, et sur les principes qu'elle a constamment suivis ? Elle avoit eu le bonheur et la gloire de rendre le roi à la reine ; et tant que cette princesse avoit vécu, madame de Maintenon pouvoit s'honorer et se montrer hautement l'amie et la confidente intime du roi ; on n'avoit encore osé soupçonner ses mœurs. Sans doute elle avoit aperçu que le roi, en se soumettant à ses conseils, à sa raison, ne cédoit qu'au besoin de lui plaire ; sa situation ne devenoit-elle pas aussi délicate que dangereuse ? n'avoit-elle donc rien à craindre de ses propres sentimens ; et la vertu qui triomphe a-t-elle pu jamais s'en assurer à l'avance ? Peut-être le roi, devenu libre, se croiroit plus libre aussi dans l'expression de ses sentimens; peut-être un nouveau mariage viendroit lui enlever celui qui, occupant le plus beau trône du monde, et l'occupant avec gloire, entouré de femmes aimables et plus jeunes qu'elle, lui prouvoit tous les jours et depuis long-temps, qu'il préféroit à tout le charme de son entretien. Qu'il seroit insensible, le cœur qui se sentiroit menacé dans une affection si juste et une destinée si glorieuse, sans en être ni troublé, ni agité ! Peut-être aussi qu'une grande et vague espérance s'offrit alors à son imagination, et vint ajouter, par ses incertitudes, à son trouble et à ses agitations. Quoi qu'il en soit, le roi lui montra sans doute les sentimens qui pouvoient ramener le calme dans son âme. Elle vit qu'elle étoit toujours son premier bien et son premier besoin. Elle conserva avec lui la même manière libre et respectueuse, et reprit bientôt sa sérénité accoutumée.

Le roi, dit madame de Caylus, fit usage de toutes les grâces possibles pour engager madame la dauphine à tenir une cour après la mort de la reine; mais toutes ses offres aimables furent sans succès. Elle vivoit sans cesse avec Bessola, femme de chambre qu'elle avoit amenée d'Allemagne. Le roi lui proposa de la marier, mais elle lui répondit que le cœur de Bessola seroit partagé. Le roi, rebuté, la laissa dans la solitude, et le reste de la cour l'abandonna. Ce fut donc chez le roi même qu'on se réunit tous les jours.

Refus de la place de dame d'honneur.

Dans l'intervalle de deux années qui précédèrent son mariage, madame de Richelieu mourut réconciliée avec madame de Maintenon, qui pleura son ancienne protectrice, comme si elle n'avoit jamais éprouvé que sa bonté. Dieu nous l'a ôtée, dit-elle à son frère. Cette perte renouvela toutes ses douleurs sur celle du maréchal d'Albret; c'étoient les deux protecteurs de sa jeunesse, et tout le bonheur de cette époque de sa vie étoit lié à leur souvenir.

Le roi laissa madame la dauphine maîtresse de nommer elle-même sa nouvelle dame d'honneur; elle lui répondit qu'elle désiroit surtout d'être guidée par lui, et qu'elle n'avoit d'autre goût que le sien. En ce cas, dit le roi, votre choix sera bientôt fait; et il nomma madame de Maintenon. Enchanté d'élever aux yeux de la cour la femme qu'il aimoit, il voulut être le premier

témoin de sa joie; mais il fut fort étonné de lui voir recevoir cette nouvelle grâce avec la plus respectueuse indifférence, et se refuser à toutes les instances qu'il lui fit pour l'accepter. Elle lui représenta, avec cette dignité calme qui étoit dans son caractère, que ce qu'elle étoit devenue par ses bontés ne lui faisoit point oublier ce qu'elle avoit été, que cette place ne convenoit qu'à la plus haute naissance, et que s'il daignoit oublier les convenances en sa faveur, sa reconnoissance lui faisoit un devoir de les lui rappeler; qu'il falloit bien plutôt penser à désarmer l'envie qu'à l'exciter par l'orgueil. « Et quant à l'hon-
» neur, dit-elle, ne l'ai-je pas tout entier
» par l'offre que me fait votre majesté »? Elle le pria ensuite de ne point parler de cette offre; mais il étoit trop fier de ses vertus pour ne pas les présenter à la vénération de sa cour. Il en parla le soir même, en lui disant : « Ma-
» dame, puisque vous ne voulez pas jouir de
» mes grâces, il faut au moins que vous jouis-
» siez de votre refus ».

Il la consulta sur le choix qu'il devoit faire, et elle proposa la duchesse d'Arpajon, sœur d'un de ses anciens amis, M. de Beuvron.

Madame de Caylus dit que le refus de sa

tante fit beaucoup de bruit à la cour, et qu'on y trouva plus de gloire que de modestie; mais peut-on reprocher à une personne d'aimer ce qu'on appelle la gloire, quand son instinct l'instruit si bien de ce qui peut la lui assurer? La gloire, celle à laquelle notre sexe peut prétendre, mêlée à la plus parfaite modestie, ont été deux sentimens constamment unis dans l'âme de madame de Maintenon. Elle joignoit au sentiment qui sait juger les convenances et s'y soumettre, une élévation naturelle qui la consoloit aisément de n'être pas plus élevée par son rang, lorsqu'elle savoit s'agrandir par son noble et beau caractère.

Madame de Caylus nous dit encore, à cette occasion, que, le jour de ce refus, sa tante lui demanda le soir, si elle aimeroit mieux être la nièce de la dame d'honneur que celle de la personne qui auroit refusé cette place, et qu'elle fut embrassée avec tendresse par madame de Maintenon, après lui avoir répondu qu'elle étoit bien plus flattée d'être la nièce de celle qui auroit refusé cet honneur.

Madame de Maintenon qui aimoit tendrement cette jeune nièce, écrit à M. de Villette, son père : « C'est un prodige que son esprit, sa
» vivacité et son indolence ; je l'ai toujours

» auprès de moi, je l'accable de présens, de
» plaisirs, de réprimandes et de caresses ».

Ce fut peu de temps après avoir refusé la place de dame d'honneur, qu'importunée des instances de son frère, qui désiroit une place dont elle ne le jugeoit pas digne, elle lui écrit : « Je suis incapable de demander rien que de
» raisonnable à celui à qui je dois tout, et je
» n'ai pas voulu qu'il fît pour moi une chose
» au-dessus de moi; ce sont des sentimens dont
» vous pâtissez peut-être; mais peut-être aussi
» que, si je n'avois pas le fonds d'honneur qui
» les inspire, je ne serois pas où je suis ».

Il me semble qu'en lisant cette lettre, on y sent l'expression vraie d'une âme naturellement grande et élevée; ce n'est point là une âme travaillée, qui calcule des effets, qui arrange une action qui pût répandre de l'éclat sur sa vie; non, c'est une âme en qui la nature a placé elle-même les plus justes comme les plus beaux sentimens. Elle montre souvent dans ses lettres la peine et même l'indignation qu'excitent en elle les prétentions avides de ses amis et de ses parens. Elle repoussa, dans tout le cours de sa vie, celles qui lui paroissoient injustes; mais elle céda toujours à tout ce qui s'accordoit avec sa modération naturelle. « Mon

» aventure est personnelle, dit-elle, et ne se
» communique point ». Et plus tard, madame
de Bolinbroke, qui avoit épousé en secondes
noces un de ses parens, après avoir essuyé d'elle
un refus, lui dit avec colère : « Vous voulez
» jouir de votre modération, et que votre fa-
» mille en soit la victime ». Oui, sans doute,
elle vouloit jouir de sa modération. Il me
semble que, de toutes les jouissances, celles qui
découlent de nos vertus ne doivent pas au
moins nous être disputées.

Le roi re-pousse toutes les calomnies contre mad. de Maintenon.

Cette femme, si parfaitement désintéressée, fut accusée par Louvois, qui étoit dans le parti de madame de Montespan, de vouloir disposer de toutes les places; mais cette accusation fut démentie par le roi, avec ce ton imposant qui commande le silence à la calomnie : témoin constant de sa modération à l'égard de ses parens et de ses amis, et ne la voyant jamais demander rien pour elle-même, il fut blessé de tant d'injustice. Il ne lui fut pas difficile ainsi d'apercevoir qu'elle n'étoit devenue l'objet de tant d'accusations, que depuis qu'elle l'étoit de sa tendresse; il se crut personnellement offensé, et ce sentiment se joignant à sa justice comme à sa générosité naturelle, il fit perdre pour toujours à l'envie tout moyen ouvert de nuire auprès de lui à la femme qu'il avoit tant de raison d'estimer.

Une bonté si touchante et si aimable pénétroit le cœur de madame de Maintenon, ce cœur le plus reconnoissant qu'il y eût jamais. S'il est doux d'avoir à compter plus d'un bienfaiteur dans sa vie, s'il est doux de se rappeler cet intérêt touchant qui est venu vous chercher dans le malheur pour le faire disparoître, et quelquefois le faire bénir, combien madame de Maintenon, qui tenoit tous ses biens de l'homme le plus élevé par son âme et par sa destinée, devoit goûter de bonheur en se sentant un tel appui, un semblable protecteur! Mais ce bonheur du cœur étoit troublé par beaucoup de peines. « J'obtiens tout, dit-elle, » mais l'envie me le vend bien cher. Tout ce » que j'acquiers en crédit, je le perds en tran- » quillité ».

Comme madame la dauphine avoit conservé ses préventions, et que madame de Rochefort étoit sa seconde dame d'atours, madame de Maintenon avoit beaucoup de loisir et obtenoit quelquefois d'aller passer quelques jours à Maintenon. « On me croit dans la plus belle place » du monde, et je n'ai pas, disoit-elle, de plus » grand plaisir que de m'en éloigner ». Elle éprouvoit un étonnement douloureux de se voir l'objet de la haine, quand elle pouvoit s'honorer, aux yeux du ciel même, de l'usage qu'elle avoit fait de cette faveur qu'elle ne devoit qu'à l'estime parfaite du roi, et qui étoit venue la chercher sans qu'elle l'eût ni prévue, ni désirée.

C'est quelques temps avant son mariage qu'on voit, par ses lettres, qu'elle commençoit à éprouver l'ennui des grands appartemens et la lassitude des fêtes qui se répétoient sans cesse et à Versailles et dans les différens voyages de la cour. Elle restoit souvent renfermée chez elle pendant que la cour étoit au bal ou à la comédie. « Je ne veux pas, dit-elle, que ma-
» demoiselle de Poitiers puisse dire de moi
» comme de madame d'Heudicourt (1) : Beau
» visage de fête ! j'ai passé mon hiver à lutter
» dans ma chambre, contre les migraines et
» l'ennui des grands salons ». Le goût des conversations libres avec le roi et ses amis, l'amour du repos, des lectures intéressantes pour sa raison, ne lui laissoient que l'ennui pour tout le reste. Mais c'est dans ce temps qu'elle

---

(1). Une maladie lui avoit enlevé sa beauté de très-bonne heure.

trouva un objet d'intérêt digne d'elle, qui paroît avoir été la passion dominante de son cœur, et le devint de toute sa vie.

Madame de Monchevreuil avoit recueilli à Ruel madame Brinon, religieuse d'un couvent ruiné, qui se trouvoit avoir autant de talent que de goût pour l'éducation de la jeunesse. Elle lui avoit abandonné une ancienne étable, qu'on avoit réparée et arrangée pour y placer ses pensionnaires. Ce fut cette étable qui fut le berceau de Saint-Cyr. Madame Brinon fut bientôt recommandée à madame de Maintenon, qui alla visiter son école, et fut si satisfaite de sa conversation, de ses principes et de l'ordre qu'elle avoit établi, qu'elle lui envoya les pensionnaires que sa bienfaisance lui avoit fait adopter; elle y faisoit des courses fréquentes. « Que j'ai d'impatience, lui écrivoit-elle dans » un voyage de la cour, que j'ai d'impatience » de me retrouver dans cette étable que j'aime » tant »! Bientôt l'étable se trouva trop petite pour le nombre des pensionnaires. Madame de Maintenon demanda au roi, qui ne connoissoit encore rien de cette bienfaisance particulière, une maison pour y établir ces jeunes personnes. Touché d'un projet si humain, il voulut s'y associer; il lui donna Noisy, qui étoit renfermé

Berceau de Saint-Cyr.

dans l'enceinte du parc de Versailles, et lui dit qu'il se chargeoit de payer la pension de cent demoiselles. Madame de Maintenon fut au comble de la joie. « Les voyages de Noisy, » dit-elle à son frère, sont plus fréquens que » jamais ; les révérences y sont plus réglées, les » fontanges tout à fait établies, et les prome- » nades du soir commencées. Jugez de mon » bonheur, quand je reviens le long de l'ave- » nue, suivie de cent demoiselles ! je m'amuse » à pourvoir à tous leurs besoins ». Et dans les voyages de la cour, en parlant de la vie agréable qu'elle y mène : « Tout cela ne me console point, » dit-elle, d'être éloignée de Noisy, c'est le lieu » de délices pour moi ».

1684.

Toutes les classes étoient confondues à Noisy ; mais la misère des filles de gentilshommes, dont elle entendoit souvent parler à leurs pères, cette misère qui ne laissoit pas aux familles nobles les mêmes ressources d'industrie qu'aux autres classes de la société, la touchoit plus particulièrement, en lui rappelant les malheurs de sa famille et ceux de son enfance. Il lui sembloit que c'étoit une ingratitude de l'état que de laisser dans l'indigence les enfans de ceux qui avoient fait de si grands sacrifices pour le service public. Elle conçut l'idée de créer une maison qui ne fût consacrée qu'à l'éducation des filles de la noblesse. Sa tendre compassion la mit, cette seule fois, au-dessus de la loi qu'elle s'étoit imposée, de ne rien demander au roi de ce qui étoit une portion de la fortune publique. Elle lui représenta avec toute la chaleur de son humanité, que les filles de ceux qui avoient versé leur sang pour l'état et pour lui, étoient souvent réduites à la mendicité, exposées à tous les dangers de la corruption; et qu'en les arrachant à l'indigence par une bonne éducation, il perpétueroit l'honneur et la vertu dans les familles, et attacheroit tous les pères à l'état par un nouveau lien. Louis XIV avoit l'âme la plus accessible à la pitié; il l'avoit grande et généreuse. Touché du tableau de la misère où étoient quelquefois réduits les enfans de ceux qui tous les jours versoient leur sang pour l'état et pour lui, non-seulement il adopta le projet de madame de Maintenon; il le fit exécuter avec la grandeur qu'il mettoit à tous ses établissemens, sur un terrain qui étoit aussi dans l'enceinte du parc de Versailles. Saint-Cyr s'éleva en moins d'un an; on y vit jusqu'à deux mille ouvriers, et le roi s'engagea à y recevoir deux cent cinquante filles de gentilshommes, et à leur donner une dot de 1,000 écus, quand leur éducation seroit finie.

Quand Saint-Cyr fut achevé, toutes les filles nobles qui étoient à Noisy y furent installées; mais ce fut la seule maison en France qui fut consacrée à l'éducation de la noblesse. Les autres classes étoient admises dans toutes les communautés du royaume. Madame de Maintenon correspondoit avec plusieurs des supérieures de ces communautés, et ses conseils prouvent l'intérêt qu'elle prenoit à l'éducation générale.

On peut imaginer qu'après le roi, madame de Maintenon étoit la personne qui attachoit le plus les regards de toute l'Europe, par l'affection constante qu'avoit pour elle, à l'âge de près de cinquante ans, le plus aimable et le plus grand de ses souverains. Elle y jouissoit de la plus grande considération. Aussi le doge, qui étoit dans ce temps à Paris, et qui ne pouvoit se faire présenter à la dame d'atours, étoit-il si curieux de la voir, qu'il passoit sans cesse devant son entresol: « Je ne l'ai vu que de ma » fenêtre, dit-elle à son frère; mais il y passoit » si souvent que nous en étions à nous sourire » d'intelligence ».

Le doge.

Ce fut peu de temps avant son mariage que le prince Eugène et plusieurs seigneurs de la cour, indignés des hauteurs et des refus de Louvois, sortirent de France sans congé, et allèrent offrir leurs services à l'empereur d'Allemagne. Ils entretenoient une correspondance avec leurs amis de Paris. « Le roi, dit madame » de Maintenon à son frère, ayant voulu sa» voir ce qui obligeoit les princes de Conti » d'envoyer incessamment des courriers en » Allemagne, en a fait arrêter un. On a pris » toutes ses lettres, et l'on en a trouvé plu» sieurs pleines de ce vice abominable qui règne » présentement, d'autres pleines de grandes » impiétés et de sentimens d'ingratitude envers » le roi ». Les fils des ducs de la Rochefoucauld et de Villeroi s'y permettoient la satire la plus amère de sa conduite et de son gouvernement. La princesse de Conti écrivoit ces mots à son mari : « Je me promène quelquefois avec le » roi et madame de Maintenon ; jugez com» bien je m'amuse » ! Ces lettres prouvoient aussi que le duc de Vermandois et le prince de Conti, gendre du roi, se livroient à des vices infâmes : quoique Louis XIV se vît traiter pour la première fois de la manière la plus insultante, qu'il fût blessé dans son cœur comme dans son amour-propre, il conserva, en lisant ces lettres, le calme le plus magna-

Plusieurs princes quittent la France sans congé.

nime. Il fit appeler sur-le-champ les pères de ces enfans ingrats : « Connoissez-vous, leur » dit-il, l'écriture de ces lettres » ? L'un et l'autre répondirent qu'elles étoient de leurs fils: « Eh bien ! lisez », dit le roi. Consternés et confondus, à la lecture de ces lettres, ils tombèrent aux pieds du monarque, pour implorer la grâce de leurs enfans. Le roi, même dans ce premier moment de juste indignation, ne leur ôta pas toute espérance. Ils sortirent, demandant de leurs regards à madame de Maintenon le salut de leur famille.

Le roi chassa pour long-temps de sa présence le duc de Vermandois et son gendre le prince de Conti, et ne punit point les autres coupables, car c'est l'être que d'outrager un roi et un bienfaiteur ; il ne les punit, dis-je, que par l'exil.

Le marquis de Liancourt avoit été envoyé à Oleron; ce climat insalubre nuiist bientôt à sa santé. Le roi apprit ce que son père n'osoit lui dire, et permit au marquis de revenir dans une maison de son père, peu éloignée de Paris. Peu de temps après, le roi alla passer quelques jours dans cette campagne. « Avant que de la » quitter, je veux, dit-il à M. de la Roche- » foucauld, payer l'accueil que vous m'avez

» fait, en pardonnant à votre fils : qu'il vienne
» l'apprendre de ma bouche ». Le duc ému
s'écria que son fils s'efforceroit de mériter un
tel excès de bonté. Le marquis vint arroser
bientôt des plus douces larmes les genoux du
roi et lui jurer un dévoûment entier, comme
une éternelle reconnoissance. Il tint parole ; et il
faut admirer l'âme de Louis, de n'avoir paru
conserver aucun souvenir de cet outrage, d'avoir ôté aux coupables, par ses manières nobles
et affectueuses, le sentiment de honte qu'ils
auroient pu en conserver. Louis XIV, dans
cette circonstance, se conduisit en homme qui
sait se juger et s'apprécier, qui sent que sa
gloire est aussi indépendante des satires indiscrètes de quelques jeunes gens, que des fausses
louanges des adulateurs.

On ne peut regarder madame de Maintenon
comme étrangère à une si noble conduite,
puisqu'elle ne sentit jamais que le besoin de
pardonner les outrages dont elle fut souvent
l'objet, et que jamais elle ne fit usage de son
pouvoir sur le roi, que pour le porter à tout ce
qui étoit grand et généreux.

Le roi avoit reçu la princesse de Conti avec
un regard si foudroyant, qu'elle en étoit tombée évanouie. Elle alla conjurer madame de

Maintenon d'obtenir son pardon; après lui avoir représenté sa faute, madame de Maintenon dit au roi que la lettre de cette princesse n'exprimoit qu'un ennui dont sa jeunesse étoit l'excuse : mais elle avoit blessé profondément le cœur de son père; il consentit à la voir, mais elle ne vit dans ses regards qu'un père irrité. Malgré une si grande faute, cette jeune personne aimoit le roi. Accoutumée à sa tendresse, elle ne put supporter son indignation, et tomba dangereusement malade. Madame de Maintenon l'aimoit; au moment que le courrier fut saisi, elle écrivoit à son frère : « Cette princesse se tourne tout à fait » au bien ». Madame de Maintenon resta auprès de son lit, et lui rendit les soins de la mère la plus tendre; ce qui fit dire au grand Condé : « Courage, Madame, ceci vous mé» ritera peut-être l'amitié du roi ». La princesse demandoit avec instance de voir un moment son père, et disoit qu'elle mourroit contente s'il vouloit lui pardonner avec un peu de tendresse. Madame de Maintenon alla conjurer elle-même le roi de venir auprès de sa fille; touché de ses larmes, il lui promit de ne se souvenir que de sa tendresse pour elle, et d'oublier tout le reste. Comme le chagrin étoit la cause de sa maladie, la joie d'avoir obtenu son pardon la rétablit en peu de temps.

Cependant le roi étoit libre, il aimoit madame de Maintenon autant qu'il pouvoit aimer. Il ne pouvoit plus se séparer d'elle un seul jour, presqu'un seul moment. Partout où elle n'étoit pas, il ne trouvoit qu'un vide insupportable. Comment ne se seroient-ils pas aimés avec tendresse, ceux qui, depuis dix ans, s'offroient tous les jours aux regards l'un de l'autre, plus dignes de leur mutuelle affection, dont l'un pouvoit tout faire pour ce qu'il aimoit, tandis que l'autre ne montroit que modestie, reconnoissance et modération ? Cette femme qui s'étoit toujours défendu d'aimer et d'être aimée, l'étoit par Louis le Grand, et c'étoit lui qui étoit intimidé devant elle. L'estime profonde qu'elle lui avoit inspirée en contenant tous ses sentimens, multiplioit ces expressions muettes de soins, d'égards, bien plus persuasifs qu'aucun langage, dans leurs démonstrations. On ne trouve qu'une lettre du roi dans les papiers de madame de Maintenon ; son amour, ou si l'on veut quelque chose de mieux encore, ne s'y montre que sous le voile de l'amitié. La voici :

Le roi ne peut plus vivre sans madame de Maintenon.

« Je profite de l'occasion du départ de Mon-
» chevreuil, pour vous assurer d'une vérité
» qui me plaît trop pour me lasser de vous la
» dire : c'est que je vous chéris toujours, et
» que je vous considère à un point que je
» ne puis vous exprimer, et qu'enfin, quel-
» qu'amitié que vous ayez pour moi, j'en ai
» encore plus pour vous, étant de tout mon
» cœur tout à fait à vous.

» Louis ».

On ne peut douter aussi que le roi ne fût l'objet de toutes les préférences du cœur de madame de Maintenon; et dans ses lettres à son frère, elle exprime avec simplicité le sentiment tendre qui l'attache à ce prince; elle se loue sans cesse de ses bontés. « Nous serons » si peu avec le roi »! dit-elle dans un moment où ce prince devoit se rendre à l'armée. Un autre jour que le cheval du roi s'abattit à la chasse, madame de Maintenon laissa voir son saisissement aux yeux de toute la cour; elle pâlit et ne put retenir ses larmes.

Cependant elle étoit sur un grand théâtre, où la vertu des femmes n'avoit pas encore joué le premier rôle, où la sienne étoit souvent méconnue, et quelquefois outragée. Elle dit

un jour à madame de Saint-Géran : « On croit
» donc que je veux la place de madame de
» Montespan ! Ne me défendez point ; le temps
» éclaircira tout ».

Cependant l'idée d'être confondue avec les maîtresses du roi, et d'être pour toute la France un objet de scandale pour la vertu, lui étoit insupportable : dans beaucoup de momens, elle prenoit la résolution de se retirer de la cour ; mais elle s'y trouvoit enchaînée par sa tendre amitié, sa profonde reconnoissance pour son bienfaiteur, pour un roi devenu son plus tendre ami. On ne trouve dans ses lettres, à cette époque, que ces mots.

« Il n'est plus temps de plaire, mais la vertu
» est de tout âge ». Ce qui prouve que le roi avoit déclaré alors tous ses sentimens. Une autre fois : « Mes chaînes n'ont jamais été ni
» plus pesantes, ni plus fortes..... Je le renvoie
» toujours affligé, et jamais désespéré ». Un jour : « Mon cœur est déchiré, le sien ne l'est
» pas moins ». Ceci sans doute se rapporte aux épigrammes, aux chansons, où le roi n'étoit pas plus épargné qu'elle-même. On avoit aussi imaginé des portraits sur des boîtes où madame de Maintenon étoit placée entre le roi et Scarron, d'autres où le roi étoit entr'elle

Les satires.

et madame de la Vallière : celle-ci mettoit la main sur le cœur de Louis, et madame de Maintenon sur sa couronne.

Tant que la satire ne s'étoit portée que sur elle, madame de Maintenon n'avoit eu besoin que de sa générosité naturelle pour la pardonner; mais elle ne conserva pas son indifférence et son dédain contre l'injustice, quand elle vit que l'affection que lui portoit le roi abaissoit ce prince dans l'opinion de quelques-uns de ses sujets; car ce ne peut être qu'à cette occasion qu'elle écrit : « Mon cœur est » déchiré; le sien ne l'est pas moins ». Il paroît cependant, que l'un et l'autre dédaignèrent bientôt ces méchancetés de quelque Français malin et oisif; et l'on étoit généralement persuadé de la pureté de cette liaison. Saint-Simon lui-même dit à ce sujet : « Elle fit connoître » au roi les douceurs d'une amitié pure ». A l'égard de l'ambition, c'étoit (et toutes les lettres de madame de Maintenon le prouvent) une bien grande injustice que celle de lui donner le désir d'une couronne. On ne peut douter qu'elle ne l'eût obtenue si elle l'eût désirée; car son pouvoir sur le cœur de Louis étoit sans bornes. Dans l'année de son mariage, elle écrit à son frère : « Comment vous parlerois-je de mes pro-

» jets ? je n'en ai aucun ». Eh ! quel projet pouvoit-elle donc former ? elle ne vouloit pas succéder à la place de madame de Montespan ; et, si nous faisons abstraction des principes qui l'en écartoient, la place qu'occupoit madame de Maintenon, de première, d'unique amie du roi, l'élevoit bien au-dessus de celle d'aucune de ses maîtresses. La pensée d'épouser le roi a pu s'offrir à son imagination dans quelques instans, mais elle étoit assurément trop délicate et trop fière pour proposer elle-même un tel mariage. C'est aussi dans cette année de son mariage avec le roi, qu'elle écrit à M. de Villette : « La cour n'a jamais été si occupée de » plaisirs. La paix va nous en donner jusqu'au » dégoût ; l'unique où j'aspire est de pouvoir » jouir de mon bonheur avec vous ». Dans cette année, on la voit surtout occupée de Noisy et de Saint-Cyr, présider aux arrangemens intérieurs de cette maison, et préparer l'appartement qu'elle avoit voulu s'y réserver si elle se retiroit de la cour. Le monde, je le sais, veut toujours attribuer au calcul et à l'intrigue une élévation extraordinaire ; mais madame de Maintenon n'a eu toute sa vie d'autre politique que celle de ne faire aucune faute aux yeux de Dieu, comme aux yeux des hommes.

1685.

Son âme élevée et pure auroit dédaigné d'autre soutien que celui de ses nobles et vertueux penchans. Et n'est-ce pas nier le pouvoir de la vertu sur nos cœurs, n'est-ce pas même l'outrager, que de lui en accorder moins qu'à l'intrigue et à l'artifice ? J'en appelle cependant ici au cœur de la jeunesse, quand elle a connu ce sentiment pur de l'amour, qui pourroit faire oublier le ciel parce qu'il le place sur la terre; n'est-ce pas à la vertu, ou à son image, qu'elle a rendu ce culte sacré du cœur ? et ce culte n'a-t-il pas cessé quand l'objet en a été flétri, et que, comme Blanche (1), on s'est écrié :

Guiscard est donc semblable au reste des mortels !

Madame des Ursins, contemporaine de madame de Maintenon, étoit belle, aimable, spirituelle; mais c'étoit par l'intrigue qu'elle avoit subjugué Philippe V, car l'intrigue a aussi ses succès; mais ses succès peuvent-ils être enviés ? ses succès sont-ils même durables ? *L'âme n'a point de secret,* a dit un philosophe chinois, *que la conduite ne révèle :* aussi le pouvoir de madame des Ursins, qui n'avoit aucune base

---

(1) Dans la tragédie de Saurin.

solide dans l'affection et dans l'estime de Philippe, ce pouvoir s'anéantit avec sa présence. Madame de Maintenon, au contraire, ne pouvoit s'éloigner du roi, pour peu de jours, sans lui faire éprouver toutes les privations du cœur et de la raison : leurs âmes s'étoient confondues l'une dans l'autre par l'habitude d'une si mutuelle confiance, qu'elles ne pouvoient plus être séparées sans les plus douloureux déchiremens. Un jour, à cette époque, madame de Maintenon, probablement fatiguée des chansons et des épigrammes dont elle étoit l'objet, pria le roi de lui permettre d'aller se délasser quelques jours à Maintenon. « Madame, vous le pouvez, » lui dit le roi aux yeux de toute la cour; » je me suis fait une loi de ne vous gêner en » rien; mais songez, je vous prie, combien » vous m'affligerez si vous me quittez un seul » jour ».

Madame de Maintenon resta; elle renonça même, dès ce moment, à des projets de retraite, dont l'idée seule affligeoit le roi.

Que ceux qui ne peuvent être convaincus que madame de Maintenon ne connoissoit d'habileté qu'une conduite estimable, entendent au moins ce qu'elle dit de son élévation à ses amies de Saint-Cyr :

Ce qu'elle dit elle-même de son élévation.

« Il falloit que Dieu eût donné de grandes
» lumières à l'abbé Gobelin, pour qu'il prît
» sur lui de décider, avec toute l'autorité
» d'un apôtre, que je devois rester à la cour,
» malgré toutes mes répugnances, les fortes
» envies qu'il me sembloit que Dieu me don-
» noit de m'en retirer, et les dangers que je
» pouvois y courir. J'exposai tout à ce saint
» homme, qui persista toujours à m'ordonner
» d'y demeurer.

» J'ai fait une fortune étonnante, mais ce
» n'est pas mon ouvrage : je suis où vous me
» voyez, sans y avoir tendu, sans l'avoir dé-
» siré, sans l'avoir prévu. Je ne le dis qu'à
» vous, car le monde ne le croira pas ; je sus
» ce qu'il en pensoit, dès le moment de mon
» élévation. Un jour le maréchal de Créqui
» prit à part l'abbé Têtu, et lui dit : *Or çà,*
» *Monsieur, parlons de cette fortune-là.*
» *Il faut que cette femme ait bien de l'es-*
» *prit pour avoir imaginé, au coin de son*
» *feu, un projet si brillant et si bien con-*
» *duit.* L'abbé Têtu m'avoit connue dans
» tous les temps. Il savoit que j'étois fort
» éloignée de former le projet, non pas d'être
» où je suis, mais un simple projet de for-
» tune. Il savoit que je suis incapable d'intri-

» gue, et très-bornée dans mes vues. Il vouloit
» persuader au maréchal que ce n'étoit pas
» moi qui avois conduit ma fortune; que, si
» je m'en étois mêlée, elle n'auroit pas marché
» si bien; que je n'avois fait que m'abandonner
» aux évènemens et à la Providence. Il lui en
» détailloit les preuves, en lui montrant les
» progrès. Mais le maréchal prenoit pour une
» profonde habileté ce que l'abbé lui montroit
» être une imprudence, si j'avois eu un projet.
» Il admiroit ma magnanimité, la profondeur
» de mes desseins, l'adresse avec laquelle j'a-
» vois abusé tous mes amis.... Oh non ! assu-
» rément, je ne me suis pas mise où je suis;
» mais voilà comme les hommes jugent »!

Vers le temps de son mariage, madame de Maintenon, souvent mortifiée par la conduite de son frère, l'engage à vivre plus constamment encore dans son gouvernement : « Ne vaut-il
» pas mieux, lui dit-elle, correspondre en-
» semble avec liberté, que de vivre si près
» l'un de l'autre sans se voir »? Elle ne passoit jamais un mois sans lui écrire. Elle fut aussi obligée, pour se soustraire à l'importunité de plusieurs de ses parens, de ne les voir que lorsqu'ils auroient besoin de ses services; elle en avoit rendu à tous de signalés; elle

voulut mettre un terme à leurs prétentions. « Ma tendresse en souffrira, dit-elle à son » frère, j'en essuierai des murmures, mais » ils sont moins fâcheux que les affaires qu'on » me faisoit..... Je n'ai pu me conserver l'a- » mitié de madame de la Fayette, elle la met- » toit à trop haut prix ».

Dans toutes les situations, madame de Maintenon avoit été au-delà de ses devoirs, comme je crois l'avoir déjà montré. Elle avoit été plusieurs années la garde-malade la plus assidue, comme la plus aimable, de son mari, et nous l'avons vue la gouvernante la plus tendre de ses élèves ; mais cette parfaite conduite prenoit sa source dans une profonde moralité, comme dans la plus parfaite bonté. Madame de Maintenon détestoit la contrainte. Son frère l'ayant consultée dans ce temps sur un objet particulier : « Faites ce que vous voulez, » lui dit-elle ; mon étoile me condamne à » vivre dans la contrainte, mais mon humeur » est de me contraindre le moins que je puis, » et de ne jamais contraindre les autres. Il » ne faut se gêner que pour ses devoirs ». Aussi savoit-elle faire un trop doux et trop utile usage de son temps, pour en abandonner une partie au désœuvrement des autres. Elle fut toujours ordonnée dans sa vie ; l'intérieur de sa maison offroit aussi l'image de l'activité, de l'ordre et de la tranquillité ; et pour achever de la faire connoître, elle n'eut jamais que l'expression vraie de ses sentimens. Elle fut toujours remplie de grâces et d'indulgence pour ses amis, de bonté et d'onction pour les malheureux dignes de ses secours, mais froide et sèche, même avec ceux qu'elle n'estimoit pas. Sa devise, et elle l'a parfaitement justifié, avoit pour corps un niveau, et pour âme le mot *rectè* (droit) ; une des plus grandes peines qu'elle souffrit dans son élévation, tint à la nécessité de contenir la vive explosion d'indignation qu'excitoit en elle l'avidité, l'adulation et tous les vices des courtisans.

Madame de Maintenon eut la beauté de tous les âges ; quoiqu'elle eût près de cinquante ans quand elle épousa le roi, elle étoit très-belle encore. Elle avoit conservé cette taille élégante, noble, dont tous les mouvemens étoient pleins de grâces ; et la beauté de ses traits étoit encore embellie par la beauté de son âme, la pureté de sa vie et la vivacité de son esprit. 1685.

Louis XIV, qui sûrement la jugeoit digne Son mariage.

d'occuper le trône, mais qui sans doute n'osoit y placer la veuve de Scarron, craignoit aussi de ne pas lui proposer une place digne de ses vertus, en lui proposant un mariage secret. Cependant La Beaumelle nous dit que, lorsque le père Lachaise vint lui en faire la proposition de la part du roi, elle parut aussi charmée que surprise, et qu'elle le chargea de répondre au roi qu'elle étoit toute à lui.

Eh! comment n'eût-elle pas été contente d'être l'épouse, même en secret, d'un grand roi, qu'elle avoit tant de raison d'aimer et d'estimer? Sa vie lui alloit être dévouée par devoir comme par inclination, et la religion alloit consacrer le premier sentiment de son cœur. Pouvons-nous supposer que celle qui avoit trouvé la place de dame d'honneur de la dauphine au-dessus d'elle, ait jamais pu ambitionner celle de reine? Toute sa vie, avant et après son mariage, dément un semblable soupçon. Quand ce lien sacré est formé, elle a plus que jamais horreur de la cour, de ses assujétissemens, des hommages des courtisans; elle n'y prend aucun rang, et toutes les duchesses passent devant elle (1). Elle rougit quand des

---

(1) Elle avoit un air de peine, dit Saint-Simon,

paysans l'appellent Majesté, et dit : « Il faut » donc que tout ce que je vois soit flatteur »! Elle punit par un court exil madame d'Heudicourt, son amie, pour avoir eu l'indiscrétion de lui dire un jour de chasse : *Nos maris ne reviendront pas de sitôt.* Enfin, elle est si religieusement fidèle au secret, exigé sans doute, qu'elle anéantit les titres qui pouvoient constater son élévation.

On a cru, sur une phrase de madame de Maintenon à madame du Perron, dans le temps de la campagne de Flandre, que, si cette campagne eût été heureuse, le roi vouloit faire couronner madame de Maintenon ; mais aucun historien ne lui reproche d'avoir formé ce vœu. Voici cette phrase : « Après le siége de » Lille, nos princes ont échappé à un mal- » heur plus grand pour eux que la mort ». Je crois que lorsqu'on aura lu la vie et les lettres de madame de Maintenon, on sera bien persuadé qu'un pareil honneur ne lui eût paru qu'un assujétissement de plus. Je pense aussi comme La Beaumelle, qu'elle étoit trop attachée à la gloire du roi pour former

---

quand les duchesses se refusoient à prendre le pas sur elle.

le vœu qu'il fit reine la veuve Scarron; car, sans doute, mademoiselle d'Aubigné étoit faite pour occuper avec honneur un trône.

Louis XIV fut moins discret, et se conduisit comme un homme qui vouloit bien qu'on crût qu'il avoit épousé madame de Maintenon. Il témoigna un jour beaucoup d'humeur à Monsieur, qui l'avoit surpris dans un grand négligé : « A la manière dont je vis avec ma- » dame, lui dit-il, vous devez savoir ce qu'elle » est pour moi ». Et un autre jour que la duchesse de Bourgogne s'étoit assise en badinant dans le fauteuil particulier qu'occupoit madame de Maintenon : « Otez-vous donc, » lui dit le roi, ôtez-vous donc ; vous ne » voyez pas que vous occupez la place de » madame » ?

Quand Louis XIV la fit peindre par Mignard, celui-ci demanda s'il falloit la couvrir d'un manteau d'hermine, qui étoit un attribut de la royauté? « Oui, oui, dit Louis XIV, en regardant madame de Maintenon, Sainte » Françoise le mérite bien ». C'est de ce portrait que parle madame de Coulange à madame de Sévigné : « Mignard l'a peinte sans » fadeur, sans incarnat, sans air de jeunesse; » et sans toutes ces perfections, il nous fait

» voir des yeux animés, une grâce parfaite,
» point d'atours, un visage beau de sa propre
» beauté, une physionomie au-dessus de tout
» ce qu'on peut dire ».

Ce portrait servoit de pendant à un portrait de Louis XIV, peint aussi par Mignard, et sur lequel mademoiselle Bernard fit ces vers, qui s'adressent à l'artiste :

Oui, votre art, je l'avoue, est au-dessus du mien.
J'ai loué mille fois notre invincible maître ;
Mais vous, en deux portraits vous le faites connoître :
    On voit aisément dans le sien
    Sa valeur, son cœur magnanime ;
Dans l'autre on voit son goût à placer son estime.
    Ah ! Mignard, que vous peignez bien !

C'est à Marly, où ils se rendirent après leur mariage, que le roi, demandant à madame de Maintenon l'opéra qu'elle désiroit, elle choisit *Atys*, et que le roi lui répondit : *Atys est trop heureux*.

Sans doute la cour de Louis XIV devoit présenter, après le mariage du roi, avec une femme de cinquante ans, tous les dehors de la plus parfaite décence ; mais la satiété des plaisirs que le roi éprouvoit, depuis que madame de Maintenon lui avoit fait connoître

ceux d'un libre et doux épanchement, n'amenoit-elle pas naturellement un changement favorable aux mœurs? Ceux qui avoient été témoins de sa liaison avec madame de Montespan, étoient-ils justes, en condamnant la teinte un peu sérieuse des plaisirs de deux personnes, arrivées à cette époque de la vie où les communications intimes de l'esprit et du cœur, deviennent les premiers biens ou les plus douces consolations? Je vois cependant que le roi conserva, dans l'âge avancé, son goût pour la chasse, pour ses jardins et ses bâtimens, pour les fêtes même; et les belles productions des arts embellirent sa cour jusqu'à ses derniers momens. Il étoit encore si ravi, même dans sa vieillesse, de la beauté des airs de Lully, qu'il chantoit ses propres louanges, dit madame de Maintenon, comme si c'eût été celles d'un autre, et uniquement par goût pour la beauté de la musique; et quand madame de Maintenon, au déclin de sa vie, montra le désir qu'on retouchât les vers de Quinault, qui ne respiroient, selon elle, qu'une volupté dangereuse, le roi disoit aussitôt : « Mais cela a toujours été ainsi; la
» reine, ma mère, qui étoit pieuse, et la
» reine qui communioit trois fois la semaine,

» ont entendu tout cela comme moi ». Il craignoit, en établissant une nouveauté, d'ennuyer les courtisans et de déplaire au public, « de l'opinion duquel, dit madame de Main- » tenon, un roi dépend encore plus que le » sujet ».

Mais si madame de Maintenon craignoit pour toute la jeunesse de la cour des plaisirs qui pouvoient porter le trouble dans l'âme, elle prit toujours soin de rassembler autour d'elle ceux qui étoient aimables et innocens.

J'ai dit que madame de Maintenon avoit de l'antipathie pour la laideur, et c'est dire qu'elle étoit excessivement touchée de la beauté et des grâces. Eh! comment n'auroit-elle pas apprécié des avantages qui avoient embelli toutes ses vertus, et auxquels elle devoit une partie de l'empire si flatteur qu'elle avoit obtenu? comment ne pas s'avouer que c'est à ces grâces de l'esprit et du corps, dont les hommes sont si touchés, qu'on doit cet intérêt prompt, rapide et presque général, que le mérite qui n'en est point orné est obligé d'attendre si long-temps? *La vertu, dit un ancien, n'a pas besoin de décoration; le corps est orné par sa présence.* Oui, mais, je le crains, c'est aux yeux de peu de ses semblables; sans doute, c'est pour la vertu une bien aimable décoration que la beauté et les grâces. Il semble que ce n'est qu'alors qu'elle se montre avec tout son ascendant et tout son charme. C'est au désir qu'eut madame de Maintenon de développer toutes les grâces de l'esprit et du corps de ses élèves, que nous devons *Esther* et *Athalie*. Madame de Sévigné nous parle avec enthousiasme de l'enchantement de toute la cour à la représentation de ces deux pièces. Que les chœurs d'Esther devoient porter en effet d'émotions douces dans le cœur, chantés par ces voix pures et virginales, instruites par le grand Racine! Aussi madame de Maintenon craignit-elle bientôt que ces jeunes personnes ne partageassent l'émotion qu'elles faisoient naître; elle craignit l'ivresse des succès, le danger des rivalités. On disoit à madame de Maintenon, dit madame de Caylus, qu'elle ne devoit pas montrer sur un théâtre des filles rassemblées de toutes les parties du royaume, et l'on trouva mauvais qu'elle les fît voir à toute la cour. Elle fut touchée de ces reproches, et se contenta de faire venir quelquefois les actrices dans sa chambre pour y jouer, et, depuis, remplaça ces représentations par des délassemens, des récréations qui ne lui firent pas craindre les mêmes inconvéniens.

Elle conserva dans sa grandeur une telle modestie, que rien ne parut au-dehors du changement de son état, et que si elle n'eût pas occupé la tribune de la reine, on n'auroit pas même soupçonné son mariage. Ses joies, si elle en ressentit, restèrent au fond de son cœur, et elle ne fit usage de sa grandeur que pour répandre un plus grand nombre de bienfaits. Elle resta la même pour les personnes de sa société, la même pour les amis de sa jeunesse; et la constance de ses affections ne frappe pas moins dans tout le cours de sa vie, que la constante uniformité de ses vertus.

Sa modestie dans son élévation.

Frappée elle-même de son étonnante destinée, elle ne parut occupée qu'à en affoiblir l'idée. « Et vous aussi, dit-elle à l'abbé Gobe-
» lin, vous me rendez ma faveur embarras-
» sante jusque dans le confessionnal. Je ne suis
» pas une plus grande dame que je ne l'étois
» dans la rue des Tournelles, où vous me
» disiez fort bien mes vérités. Je vous prie de
» parler sans égards, sans crainte, et surtout
» sans respect ». Et ne pouvant obtenir de

lui qu'il se dépouillât d'un respect qui lui sembloit si contraire à la nature sacrée de ses fonctions, elle le quitta quelque temps après.

D'après une telle modestie, on ne peut douter que ce ne fût par l'ordre du roi qui, s'il ne vouloit pas la déclarer reine, ne vouloit pas non plus qu'on pût la regarder comme maîtresse, qu'elle entra un jour aux Carmélites, ce qui étoit un privilége de la royauté. La supérieure lui disant : Madame, vous savez nos usages. — Ouvrez toujours, ma mère, lui dit-elle, ouvrez.

<small>Maladie du roi.</small> Louis XIV étoit encore dans les plus beaux jours de sa gloire quand il épousa madame de Maintenon. Il avoit ou désarmé, ou vaincu, ou soumis tous ses ennemis, et pouvoit se regarder comme l'arbitre de l'Europe ; c'est au milieu de tant de gloire, objet de l'idolâtrie de la France, qu'il se sent frappé d'un mal qui menace sa vie. Une opération douloureuse, mais incertaine, peut le sauver ; il veut la subir ; il ne met que son confesseur, son ministre et madame de Maintenon dans sa confidence. Au milieu de ses cruelles douleurs, il ne laisse pas échapper un cri ; mais madame de Maintenon sembloit ressentir toutes ses souffrances ; enfin, le terme des tourmens arrive, elle s'approche :

« Ah ! Sire, vous avez bien souffert. Oui, ré-
» pondit le roi, surtout à cause de vous ».
On n'a jamais montré plus de courage, dit
madame de Maintenon. « Le malheur de ses
» peuples, s'ils venoient à le perdre, la crainte
» que Monseigneur ne fût mal conseillé, la
» disgrâce qu'il craignoit pour ses meilleurs
» amis, étoient ses seules inquiétudes ; il a
» tremblé pour la France, et n'a pas craint
» un moment pour sa vie ».

Quand la cour et le peuple apprirent le
danger que le roi avoit couru, avec l'espérance
de le conserver, leur joie resta encore troublée par leurs premières craintes : hommes,
femmes, enfans de tous les états, se portèrent
en foule dans les temples pour demander au
Ciel sa convalescence; cette convalescence dura
plus d'un mois; on parla de nouveaux coups
de ciseaux : « Il me semble, dit madame de
» Maintenon, que je les reçois quand j'en en-
» tends parler ; je vais donc être un mois dé-
» chirée et déchiquetée ». Elle rendit au roi
les soins les plus assidus et les plus tendres,
et lui auroit persuadé, s'il ne l'eût été déjà,
qu'elle n'étoit attachée qu'à sa seule personne.
Il avoit un fort beau cabinet de médailles où
il passoit, dans ce temps, une heure tous les

jours avec le père Lachaise, qui s'y connoissoit fort bien. Un jour qu'il s'arrêta long-temps sur une figure d'Auguste, madame de Maintenon lui dit : « C'est trop se regarder ».

On avoit engagé madame de Montespan à s'éloigner pour quelques jours, et quand elle apprit le danger que le roi avoit couru, elle éclata en larmes et en sanglots. « Le roi, dit » madame de Maintenon, en a été très-touché ». Elle lui écrivit elle-même que ce prince la prioit de revenir. Boileau et Racine furent aussi appelés pour distraire le roi par quelques morceaux de leur histoire. Le roi invita à cette lecture madame de Montespan, et lui dit lorsqu'elle entra : « Il est bien juste, Madame, » que vous assistiez à la lecture d'un ouvrage » dont vous-même avez tracé le plan ».

Madame de Maintenon, pour la première fois de sa vie, ne se leva point à son approche, et cet acte de supériorité est si peu d'accord avec sa politesse naturelle et sa modestie ordinaire, qu'on doit croire qu'elle en avoit reçu l'ordre exprès du roi.

Quand ce monarque fut tout à fait rétabli, et qu'il parut pour la première fois dans sa chapelle, où toute sa cour étoit rassemblée, Bourdaloue monta en chaire, et s'adressa au roi lui-même pour lui peindre les craintes et l'amour que les Français, cette nation si aimable et si sensible, avoient fait éclater dans cette circonstance. Tout l'auditoire fondoit en larmes, et Bourdaloue en répandoit lui-même: c'étoit, dit madame de Maintenon, son cœur qui parloit, et qui parloit à tous les cœurs.

Et quand, peu de jours après, ce prince se rendit à Notre-Dame pour rendre grâce à Dieu de sa guérison, le peuple en foule l'environna de ses acclamations et de son amour; tous vouloient le voir, tous se pressoient autour de lui, versant des larmes de joie et jetant des cris de reconnoissance vers le Ciel qui le leur avoit rendu. Je vous ai connus, je vous ai partagés, transports d'un peuple entier; je vous ai entendus, cris d'espérance (1) et d'amour, partant de mille voix émues par un même sentiment, pour aller chercher, attendrir, et remplir d'une félicité sans bornes l'arbitre de nos destinées. O puissance céleste! il me sembloit que, dans ce moment, vous aviez abandonné aux mortels le droit de donner cette récompense sans mesure, que

---

(1) Quand Louis XIV vint à Paris, au commencement de son règne, rétablir le parlement.

vous réservez à la vertu dans le Ciel. Aussi Louis XIV, pressé par la foule du peuple, ému par les transports de son amour, fit-il écarter sa garde, et ne voulut-il être accompagné, en sortant de Notre-Dame, que par ce bon peuple qui ne cessoit de bénir le Ciel de lui avoir rendu son roi.

 Les momens d'une semblable jouissance ne peuvent être le partage que d'un héros qui a sauvé la patrie, ou d'un souverain qui fait le bonheur de son peuple. Eh! qui pourroit les leur envier quand ils sont mérités? N'est-il pas juste que l'auteur du bonheur d'une nation entende quelquefois pour sa récompense, la voix de cette nation toute entière, sensible et reconnoissante? Oh! que cet écho d'amour doit porter de célestes joies dans l'âme de celui qui en est digne! Que cet écho doit avoir de longs et de doux retentissemens dans le cœur de ceux qui l'ont entendu? Aussi madame de Maintenon dit-elle alors qu'elle n'avoit jamais vu le roi plus heureux que depuis qu'il a été témoin de l'amour de son peuple, et la joie qu'elle en éprouve elle-même, se portoit surtout sur l'espérance qu'il s'occuperoit toujours davantage du bonheur d'une nation si sensible et si aimante.

Mais devons-nous attribuer l'ivresse de cette nation pour Louis XIV à la gloire seule de son règne, aux grands hommes qu'il savoit si bien choisir et qui en relevoient encore l'éclat? Il me semble qu'il faut faire entrer pour beaucoup dans cet amour les qualités adorables de ce prince, faites pour enivrer tout ce qui l'approchoit. A cette nature majestueuse qui sembloit l'appeler à occuper un trône, Louis joignoit les manières les plus nobles et les plus affectueuses et le langage le plus aimable. Sans doute les mots pleins d'âme de son aïeul Henri IV ne sortiront jamais de nos cœurs ; mais je ne crois pas qu'on puisse citer d'aucun souverain un plus grand nombre de ces mots justes, honorables et glorieux, qui si souvent sont sortis de la bouche de ce prince, naturellement sensible au mérite et reconnoissant des services qu'on lui rendoit. Ces paroles, qui pour des cœurs français sont la plus touchante récompense des plus grands services, appellent le dévoûment généreux de toute leur existence à la gloire et à la destinée de leur souverain.

C'est vers le temps de son mariage, ou peu après, que parut cette révocation de l'édit de Nantes, qui a couvert la France de tant de

Révocation de l'édit de Nantes.

Conduite de madame de Maintenon.

larmes, et l'a appauvrie de trois millions d'habitans industrieux, qui allèrent enrichir les nations étrangères, et y porter la haine d'un gouvernement devenu pour eux injuste et oppresseur. Les causes de cette triste et honteuse époque, qui fut le premier degré de la décadence du siècle de Louis XIV, ont été développées par beaucoup d'historiens qui, presque tous, ont absous la mémoire du prince et de madame de Maintenon, de cruautés qu'ils ont ignorées, pour en faire retomber la juste horreur sur quelques prêtres fanatiques, sur l'inflexible et barbare Louvois, qui plus d'une fois porta l'insolence jusqu'à faire parvenir dans les provinces des ordres de rigueur, contraires aux vues de tolérance qui animoient son maître et son roi.

Madame de Maintenon partagea d'abord l'espérance qu'avoit conçue Louis XIV, de ne plus régner que sur un peuple réuni dans un même culte. Elle crut, comme c'étoit en effet l'intention du roi (1), qu'on n'y emploieroit que les moyens d'encouragemens et de privations relatives à l'état civil. Louvois et le père Lachaise assuroient qu'il n'y auroit pas une

---

(1) Voyez les *Recherches* de Rulhières sur cet objet.

goutte de sang répandue pour obtenir cette victoire. Le ministre venoit dire au roi que des villes entières se convertissoient à la seule vue de ses troupes. Madame de Maintenon n'entendoit aussi parler autour d'elle que de la multitude de conversions. « Tout le monde » se convertit, dit-elle, et il sera bientôt ridi- » cule d'être huguenot ». Mais quand les violences s'approchèrent de Paris et qu'elle en fut instruite, elle représenta au roi (c'étoit avant son mariage) que ces violences alloient aigrir les esprits qu'il vouloit soumettre. Elle lui dit que le crime seul méritoit des châtimens, et qu'on ne devoit à l'erreur que de l'indulgence. « Ce que vous me dites, Madame, me » fait de la peine, lui dit le roi; ne seroit-ce point » un reste d'attachement pour votre ancienne » religion qui vous feroit parler ainsi » ?

Dès ce moment elle fut placée entre la pitié pour ses anciens frères et la crainte d'être accusée d'hérésie, et c'étoit un tort sans excuse auprès du roi.

Ce monarque, qui avoit naturellement un esprit si juste et une âme si élevée, n'avoit de la religion qu'une foi peu éclairée, et un sentiment d'intolérance qu'il tenoit de sa mère, qui étoit espagnole et qui avoit certainement apporté en France l'idée d'une doctrine uniforme dans une nation, en assurant que la tranquillité de l'état devenoit le premier devoir du souverain, comme son premier intérêt, et qu'on devoit regarder comme ennemis du trône ceux qui n'adhéroient pas à la doctrine générale.

Madame de Maintenon, bien persuadée, et je crois avec raison, qu'elle parleroit inutilement en faveur de ses anciens frères, renferma pour quelque temps son humanité dans son cœur. Elle avoit un éloignement naturel pour se mêler des affaires de l'état; et quoiqu'elle fût devenue une sincère catholique, elle étoit un peu suspecte à Louis XIV, par les accusations de Ruvigny, député des protestans à la cour, qui indigné de n'avoir pu l'engager dans un rôle plus actif en faveur de sa secte, s'en vengea en répétant sans cesse qu'elle abandonnoit sa propre cause, en désertant celle des protestans. « Ruvigny est intraitable, dit-elle;
» il veut absolument que je sois calviniste, et
» que je l'aye toujours été. Il est aussi entêté
» de sa religion qu'un ministre ».

Mais ce silence, que sa situation lui inspiroit auprès du roi, elle ne le garda pas avec son frère; elle n'apprit qu'avec douleur et indignation, qu'il se conduisoit avec la plus grande dureté envers les protestans. Après lui avoir dit que cette conduite est indigne d'un homme de qualité, elle cherche à éveiller dans le cœur de son frère cette tendre humanité qui étoit dans le sien propre. « Ayez pitié, » lui dit-elle, de gens plus malheureux que » coupables. Ils sont dans les erreurs où nous » avons été nous mêmes, *et dont la violence* » *ne nous auroit jamais tirés.* Henri IV a » professé leur religion. Il faut attirer les » hommes par la douceur : c'est à vous à con- » tenir tout le monde dans l'obéissance, et » aux évêques à convertir par l'exemple et la » doctrine ».

Voilà madame de Maintenon dans tout son naturel, dans toute sa bonté, dans toute son humanité.

Nous pouvons juger de l'antipathie du roi pour tout ce qu'il regardoit comme hérétique, par ce que madame de Maintenon écrit à M. de Villette, celui avec lequel elle avoit passé sa première enfance, et qu'elle aimoit comme un frère. Il étoit dans la marine un officier très-distingué. « Le roi, lui dit-elle, vous estime 1684. » autant qu'il peut estimer un hérétique; on » ne peut avoir ici le moindre commerce avec » ses parens huguenots, ni dîner avec eux,

» ni les servir, sans déplaire. Voilà l'état des
» choses; désespérant pour vous et pour moi,
» je ne puis dire ce que je sais, je vous renvoie
» à la vallée de Josaphat ».

Cette situation délicate de madame de Maintenon lui fit croire, et peut-être avec quelques fondemens, que son silence n'étoit pas aux yeux de Louis, un assez sûr garant de son catholicisme; elle dit, et je l'avoue avec peine: « Ma situation m'oblige à approuver des choses » bien contraires à mes sentimens ».

Il me semble que c'est un crime de l'intolérance d'avoir souillé par un tel mensonge une telle vertu; car la tyrannie justifie et commande même souvent la dissimulation, mais elle ne peut jamais autoriser la fausseté. C'est la seule véritable tache que je trouve dans sa longue vie; et quoiqu'on doive la rejeter en grande partie sur l'intolérance du malheureux Louis, je n'ai pu lire ces lignes d'une main qui n'en a tracé que d'honorables, sans sentir cette peine que l'âme éprouve lorsqu'on découvre, dans un ami profondément estimé et tendrement chéri, une raison de l'estimer moins.

« L'air de la cour, disoit madame de Main-
» tenon, ternit la vertu la plus pure ». Mais
je serois tentée de dire aux personnes par-

tées à juger avec trop de sévérité cette faute atténuée par la situation, ces admirables paroles du législateur de l'évangile : « Que celles » de nous qui se trouvent sans faute, lui jettent » la première pierre ».

Le désir d'effacer les impressions de Ruvigny, sans doute aussi celui d'offrir au roi, dans sa famille qui étoit protestante, des sujets catholiques dignes de ses grâces, et surtout le besoin qu'elle montre partout de faire du bien à ses parens, furent les motifs qui lui firent mettre tant d'activité à leur conversion. Les petits-enfans de madame de Villette étoient, après leur père, les plus près de son cœur; elle avoit vu toute cette famille à son passage à Barège, et avoit pris beaucoup d'affection pour tous, mais surtout pour une de ses nièces, qui fut depuis madame de Caylus. M. de Villette avoit épousé une femme catholique; madame de Maintenon, pour ne pas la compromettre auprès de son mari, chargea madame de Caumont, une de leurs communes parentes, catholique convertie, d'enlever cette petite fille pendant l'absence de M. et de madame de Villette. Il faut placer madame de Maintenon dans son siècle et dans sa situation, pour l'absoudre d'avoir pensé, ainsi que les Bossuet et les

Bourdaloue, qu'une religion sainte justifioit et autorisoit la violation du devoir le plus sacré de la nature. La conversion de la petite fille ne fut pas difficile, et madame de Maintenon ne paroît s'être occupée que de ce qui pouvoit lui faire goûter ce changement de situation. Madame de Caylus nous dit elle-même qu'après avoir été à la messe du roi, entendre la belle musique de sa chapelle, elle trouva cela si beau, qu'elle consentit à se faire catholique, à la condition qu'on la meneroit tous les jours à sa chapelle; ce qu'on lui promit. Madame de Maintenon, dès le lendemain, écrivit au père et à la mère de madame de Caylus, pour leur offrir des excuses de sa conduite, et leur promettre le bonheur de leur fille. « Ne la » plaignez pas, dit-elle à madame de Villette, » elle se trouve fort heureuse ici, et j'espère » que votre mari consentira à me la laisser » jusqu'à ce qu'elle puisse dire sa volonté ». M. de Villette conserva long-temps du ressentiment de cet acte d'autorité. Bientôt l'abjuration de son fils, le jeune marquis de Murçai, qui étoit à Paris, et que madame de Maintenon avoit travaillé, de tout son pouvoir de persuasion, à convertir, réveilla toute sa colère sur l'enlèvement de sa fille, colère qu'il exprima avec amertume. C'est de la bouche de madame de Maintenon qu'il faut entendre sa justification ou ses excuses.

« Je reçois vos deux lettres, et je vois avec
» douleur que la moins douce est la dernière.
» Je ne m'en plains point; avec tout autre que
» vous j'essuierois de plus grandes aigreurs.
» Vous êtes trop juste pour douter du motif
» qui m'a fait agir; la gloire de Dieu est sans
» doute le premier; mais s'il eût été le seul,
» d'autres âmes étoient aussi précieuses pour
» lui, et moins coûteuses pour moi, que celles
» de vos enfans. C'est mon amitié pour vous
» qui m'a fait désirer avec ardeur de vous faire
» du bien, malgré vous, dans ce que vous avez
» de plus cher. Mais je me suis servie de votre
» absence ! Et n'étoit-ce le seul moment où je
» pouvois réussir? J'ai fait enlever votre fille
» par l'impatience de l'avoir et de l'élever à
» mon gré. J'ai trompé, j'ai affligé madame
» votre femme pour qu'elle ne fût jamais soup-
» çonnée par vous, comme elle l'auroit été si
» je me fusse servie d'un autre moyen pour
» enlever ma nièce. Voilà, mon cher cousin,
» mes intentions; le moyen est violent, mais
» le motif est plein de bonté. Vous ne sauriez
» désapprouver cet acte d'autorité, non plus

» que je ne désapprouve votre affliction. Rece-
» vez donc avec tendresse la plus grande marque
» que je puisse vous donner de la mienne.
» J'attriste l'homme que j'aime et que j'estime
» le plus, pour servir des enfans que je ne puis
» jamais aimer autant que lui, et qui me per-
» dront avant que je sache s'ils seront ingrats
» ou reconnoissans. La lettre que vous avez
» écrite à votre fils (1) a fait pleurer tous les
» gens d'honneur et de sens à qui je l'ai mon-
» trée. Elle est d'un caractère si tendre et si
» ferme, qu'elle surpasse encore l'idée que
» j'avois de vous. Mais pour parler comme
» vous, ne traitons jamais de controverse;
» gouvernons nos enfans de concert, afin que
» nos instructions soient conformes. Votre fils
» a de l'esprit et du sens; il est doux, bien né,
» hardi, ambitieux; je ne lui trouve d'autre
» défaut qu'une grande présomption : je l'ai
» poussé là-dessus, et il s'est corrigé si promp-
» tement que je le vois et ne puis le croire.
» Je pensai l'affliger en lui proposant l'acadé-
» mie, croyant qu'il auroit de la peine à de-
» venir écolier, après avoir été officier sur sa

---

(1) C'est ce jeune marquis de Murçai qui, à douze
ans, se montra un héros au siége de Messine.

» bonne foi; cependant c'est où je vis sa raison
» prématurée. Nous eûmes aussi un petit dé-
» mêlé sur ce que j'exigeai qu'il ne sortît que
» pour venir à la cour. Je sais qu'il ne peut
» plaire au roi que par une extrême sagesse.
» M. de Forbin me l'amène toutes les semaines.
» Une telle société lui est plus utile et même
» plus honorable que d'être avec ces princes
» du sang. Nous le laisserons à l'Académie tant
» que vous le jugerez à propos. Votre fille est
» plus appliquée à se corriger et à plaire. Je
» vous conjure, mon cher cousin, laissez-la
» moi; je lui donnerai de la raison et des grâces;
» la nature a déjà fait tout cela, il ne faut que
» le faire sortir. Jugez vous-même si je dois
» vous la rendre, après vous avoir fait violence
» pour vous l'ôter : donnez-moi plutôt les autres
» par amitié pour elle. (Elle les eut tous dans
» la suite.) Réconciliez-vous avec madame de
» Caumont (celle qui avoit enlevé sa fille);
» pardonnez-lui pour l'amour de moi, pour
» l'amour de vos enfans, pour l'amour de vous-
» même, une chose qu'il étoit difficile qu'elle
» refusât à la religion qu'elle venoit d'embras-
» ser, à notre amitié, et si vous voulez, à mon
» crédit : elle a cru rendre un grand service à
» vos enfans; elle vous aime tendrement; faites

» tout de bonne grâce. M. le maréchal d'Estrées
» m'a dit beaucoup de bien de vous; je lui dis
» qu'il ne m'apprenoit rien de nouveau, et
» qu'il me feroit plus de plaisir de le dire au roi.

» Je ne conçois pas que vous n'ayez pas
» reçu ma lettre sur l'abjuration de votre fils;
» je vous l'écrivis le jour même ».

J'ai rapporté cette lettre en entier, parce qu'elle explique parfaitement les sentimens qui animoient madame de Maintenon, dans le zèle qu'elle montroit pour faire adopter à sa famille la religion qu'elle-même avoit adoptée. Je n'ai pas besoin de la commenter; on voit qu'elle part du cœur, et il me semble qu'elle doit émouvoir celui du lecteur. Comment M. de Villette n'eût-il pas été adouci par des raisons exprimées dans un langage si touchant, où la parente, et la parente la plus tendre, se montre seule, sans que sa haute faveur s'y fasse jamais sentir? Aussi se réconcilia-t-il, dès ce moment, avec madame de Maintenon; il sentit, comme les détails de sa lettre le prouvent, qu'elle n'avoit travaillé à cette conversion que pour s'occuper avec ardeur des moyens de perfectionner ses enfans, et que ces conquêtes de la religion étoient pour eux les présages les plus sûrs d'une existence désormais honorable.

Quand M. de Villette vint à Paris, peu de temps après, il consentit, à la prière de madame de Maintenon, à avoir quelques conférences avec Bossuet. « M. de Villette, dit-elle à son » frère, a résisté à M. Bossuet, à qui rien ne » résiste » (1). Elle écrit depuis à ce même Villette : « Que nous serions heureux si Dieu » vous touchoit ! tout seroit bien disposé pour » votre élévation, si vous leviez un obstacle » insurmontable ».

C'est avec une activité sans relâche que madame de Maintenon travaille à convertir toute sa famille et à la rendre digne de la faveur du roi. « On ne voit que moi, dit-elle » à son frère, conduisant des huguenots dans » les églises. J'attends Saint-Hermine ; je n'ou- » blierai rien pour le convertir ; j'aurai dans peu » de jours ses sœurs et mademoiselle de Cau- » mont. J'espère que je n'en manquerai pas » un. Mais j'aime Minette (2) ; si vous pouvez » me l'envoyer, *je la convertirai aussi. Il n'y* » *a plus d'autre moyen que la violence.*

---

(1) Il se convertit depuis.
(2) La plus jeune des demoiselles de Saint-Hermine, qui a été depuis madame de Mailly : ils étoient aussi les petits-fils de madame de Villette.

» Obtenez d'elle qu'elle m'écrive qu'elle veut
» se faire catholique; je répondrai à cette lettre
» par une lettre de cachet, avec laquelle vous
» la prendrez chez vous; je trouverai des per-
» sonnes sur la route qui me l'ameneront ici;
» j'ai de l'inclination pour cette petite fille,
» et je ne puis mieux la lui témoigner qu'en
» lui enseignant la vérité : je vous associe à
» cette bonne œuvre ».

Voilà comme se trouve placé ce mot de *violence*, qu'on a tant reproché à madame de Maintenon : c'est pour se faire amener un enfant, qui même doit dire qu'elle veut se faire catholique. Je suis même disposée à croire que cette phrase se trouve là par méprise, par inadvertance; car, avant que d'y arriver, on est tenté de sourire, ce me semble, des expressions qu'inspire à madame de Maintenon l'ardeur de son zèle pour la conversion de sa famille. « *J'espère*, dit-elle, *que je n'en man-*
» *querai pas un. Si vous pouvez me l'en-*
» *voyer, je la convertirai aussi* ». Assurément voilà des dispositions d'âme et d'esprit qui ne s'accordent pas, ce me semble, avec la déclaration *qu'il n'y a plus d'autre moyen que la violence*. Cette phrase étonne; elle blesse, non-seulement parce qu'elle est en contraste

avec les précédentes, mais parce qu'elle l'est surtout avec les sentimens habituels de madame de Maintenon, et démentie par toute sa conduite : car, avec tous ses parens, que l'ardeur de son zèle vouloit convertir, et qu'elle fit venir successivement à Paris, elle leur laissa la plus entière liberté; et c'est sans leur montrer un mouvement d'humeur qu'elle en vit plusieurs résister à ses vœux. Elle se contentoit d'assurer ceux qui n'étoient pas frappés de la vérité, qu'elle seroit toujours à eux quand ils voudroient y revenir. Elle commençoit à les remettre entre les mains d'ecclésiastiques modérés et capables de leur présenter la vérité sous un jour propre à la leur faire adopter. « Voici un de mes parens, dit-elle à l'abbé » Gobelin, je vous charge de le convertir ». Mais la connoissance qu'elle avoit de l'antipathie des religionnaires pour quelques-uns de nos dogmes, et la justesse de son esprit, essentiellement tolérant, parce qu'il étoit très-éclairé, lui fait ajouter :

« Considérez son éducation huguenote, et » ne lui dites que ce qui est nécessaire sur » les indulgences, l'invocation des saints et » autres points qui le choquent si fort ».

Cette tolérance étoit telle, malgré ce désir

ardent de convertir ses parens, qu'ayant auprès d'elle le fils naturel de son frère, qui avoit été élevé dans la religion protestante, et trouvoit nos dogmes et nos mystères au-dessus de sa foible intelligence, elle dit à son frère : « *Charles* » *est un original, il ne sait pas croire du* » *tout* ». Il y a dans cette manière de s'exprimer, sur un tel sujet, un certain caractère de gaîté et d'insouciance qui ne ressemble guère à l'intolérance théologique.

Les Saint-Hermine, dit encore madame de Maintenon à son frère, ont fait la plus belle défense et font la plus belle retraite. Mademoiselle de Murçai dit qu'elle les attend dans la basse-cour de leur terre. « Je serai toujours » prête à les obliger (1). M. de Caumont et » son fils font demain leur abjuration ; si ma- » demoiselle de Caumont pouvoit être ébran- » lée par l'exemple de son père, rien ne » manqueroit à ma joie ».

On ne peut être tenté, ce me semble, de troubler madame de Maintenon dans la joie qu'elle éprouve de ses conquêtes religieuses, qui rendoient ses parens dignes des bienfaits du monarque : c'est ce dont elle étoit toujours

---

(1) Ils se convertirent depuis.

occupée. Elle plaçoit les filles à Saint-Cyr, d'où elle pouvoit les surveiller, et il ne lui échappoit rien de ce qui pouvoit conduire les hommes à l'honneur, à la vertu, et à l'existence la plus honorable.

Toutes les avenues du trône étoient fermées par Louvois et par quelques membres du clergé, aux cris des protestans opprimés. Le roi et madame de Maintenon croyoient, quand on révoqua l'édit de Nantes, que la France presqu'entière étoit devenue catholique; et que ce qu'il restoit de religionnaires n'étoit qu'une poignée de révoltés, qu'il falloit intimider par la force. Mais la foule des protestans qui fuyoient une patrie justement abhorrée, puisqu'étant de fidèles sujets, ils avoient non-seulement perdu la protection des lois, mais qu'ils en éprouvoient toutes les rigueurs; cette désertion nombreuse apprit bientôt au roi à quel point il avoit été trompé. Ce prince qui n'avoit jamais violé la vérité, n'avoit pu penser qu'on pût la lui céler à lui-même, et surtout dans une occasion de cette importance. Fagon, protestant converti, Fagon qu'on voit toujours venir au secours des opprimés, fut le premier qui lui fit une peinture vive et énergique de tous les genres d'oppression qu'avoient soufferts ses sujets religionnaires. Madame de Maintenon en fut très-attendrie, et le roi, qui pouvoit à peine le croire, s'en montra fort touché. « Si, dit-il, ils ont souffert » dans leurs biens et dans leurs personnes; » j'espère que Dieu ne me punira pas des vio- » lences que je n'ai pas ordonnées ». Mais à qui les peuples auront-ils recours, si les rois ne sont pas responsables du mal que l'on fait en leur nom sous leurs yeux?

Ainsi madame de Maintenon se trouva libre, dès ce moment, de mettre au-dehors l'humanité profonde de son âme et la douceur de ses sentimens religieux. Les soupçons que le roi avoit pu concevoir sur son catholicisme avoient été écartés par son zèle pour le faire embrasser à sa famille. Elle apprit bientôt, ainsi que le roi, qu'un grand nombre de prétendus convertis, n'ayant plus à craindre la persécution, revenoient au culte de leurs pères; et sa religion pure, sa parfaite moralité lui donnoit horreur d'une telle imposture: non-seulement elle suspendit son zèle pour les conversions, elle arrêta même celui de M. de Villette qui, ayant embrassé le catholicisme, travailloit de tout son pouvoir à obtenir l'abjuration d'un de ses parens, le chevalier de Saint-Hermine.

« Vous êtes converti, lui dit-elle, ne vous
» mêlez point de convertir les autres; je n'aime
» point à me charger devant Dieu, ni devant
» le roi, de toutes ces conversions-là. La fer-
» meté du chevalier de Saint-Hermine est dé-
» plorable, sans doute, mais son état n'a rien
» de honteux; celui de ceux qui abjurent sans
» être persuadés est infâme ».

Quand on lit les lettres de madame de Maintenon avec attention, et surtout avec impartialité, il est impossible de n'être pas frappé de l'esprit juste, droit, et j'ose dire vraiment philosophique qui s'y montre partout; de ne pas la voir souvent au-delà de son siècle par sa raison naturelle, et de ne pas apercevoir surtout sa supériorité sur les personnes qui l'entourent. Quand je la place par mon imagination hors de son temps et du lieu qu'elle habite, je ne puis la croire susceptible d'un seul préjugé, ni d'une seule erreur de l'esprit; excepté de celles que peut commettre le génie lui-même, quand il entre sans expérience dans le fond des affaires humaines.

Ses lumières, autant que l'heureux succès de la mission de Fénélon, lui persuadoient que ce n'étoit que par la douceur et l'exemple des vertus qu'on pouvoit amener les religion-

naires à la foi catholique. « Ne seroit-il pas néces-
» saire, dit-elle plus tard à l'abbé de la
» Châtre et à quelques autres ecclésiasti-
» ques, d'aller dans les Cévennes (1)? Nous
» avons dans le clergé tant de gens actifs, sans
» occupations ! Nous voyons tant de listes d'é-
» vêques ! je les voudrois missionnaires aupa-
» ravant. J'en ai parlé au roi, qui a approuvé
» cette idée ».

Que ceux qui l'ont accusée des maux des protestans, quand elle ignoroit ces maux et que sa situation la renfermoit dans le silence ; que les descendans de ces malheureux opprimés n'oublient pas qu'après la mort de Louvois, de ce persécuteur de leurs pères, madame de Maintenon se réunit au vertueux cardinal de Noailles pour obtenir les différentes modifications qui furent apportées à l'édit révocatoire, et qui rendirent, pendant dix-sept ans, le séjour de la France tolérable au moins à ceux des protestans qui, malgré tant de rigueurs, n'avoient pu se déterminer à la quitter.

Nous ne devons pas oublier qu'à une époque où les droits de l'humanité et les lois du christianisme étoient si méconnus, si outragés, Fé-

---

(1) Où les protestans s'étoient réfugiés.

nélon, jeune encore, les défendit seul; chargé par le roi d'aller convertir les protestans de la Saintonge, il déclara qu'il ne vouloit point de soldats à l'appui de sa mission, et qu'il ne parleroit au nom de Dieu et du roi que pour faire chérir l'un et l'autre.

M. de Coaslin, évêque d'Orléans, montra les mêmes sentimens de douceur et de tolérance. Averti qu'un régiment de dragons arrivoit à Orléans, pour loger chez les religionnaires, il manda les chefs, leur dit qu'il ne vouloit pas qu'ils eussent d'autre table que la sienne, fit mettre leurs chevaux dans ses écuries, et leur dit qu'il se chargeoit de leur procurer tout ce qui pouvoit leur être nécessaire. Il les pria ensuite d'ordonner à leurs soldats de ne commettre aucun désordre, surtout de ne point parler aux religionnaires, et de ne point les loger chez eux. Ils quittèrent la ville un mois après, et le roi applaudit à sa conduite. Fénélon et lui eurent le bonheur d'offrir au roi des sujets sincèrement convertis, et à la religion des prosélytes qu'elle ne pouvoit désavouer.

La fille de M. de Villette, qu'on appeloit mademoiselle de Murçai, croissoit tous les jours en grâces. Élevée par madame de Main- *Mariage de Mlle. de Murçai à M. de Caylus.*

tenon, et l'objet de son intérêt et de ses soins, elle devenoit aussi l'objet des vœux d'un grand nombre d'hommes de la cour. Sa jeune et vive imagination, les bontés du roi, l'amitié de sa tante, lui promettoient sans doute un mariage brillant au milieu de cette cour empressée à lui plaire ; et dont les hommages la flattoient. Mademoiselle de Murçai joignoit à une figure très-aimable beaucoup d'esprit et de grâces. Elle avoit charmé toute la cour, dans les représentations d'*Esther* à Saint-Cyr, par sa vive intelligence et le son enchanteur de sa voix. Cependant madame de Maintenon, fidèle aux principes qu'elle avoit adoptés, se refusa aux propositions avantageuses de plusieurs hommes de la cour. M. de Boufflers s'étoit mis sur les rangs, et il est difficile de ne pas éprouver un regret en voyant madame de Maintenon refuser par modestie une alliance avec un homme d'un mérite si rare, et qu'elle-même appelle *un Romain*. Voici la réponse qu'elle lui fit :

« Ma nièce, Monsieur, n'est point un assez
» grand parti pour vous. Je n'en suis pas
» moins touchée de ce que vous voulez bien
» faire pour moi. Je ne vous la donnerai
» point ; mais, dès ce moment, je vous regar-
» derai toujours comme mon propre neveu ».

Ne promettant rien qu'avec l'intention de tenir parole, madame de Maintenon combla de biens M. de Boufflers; et secondée du mérite de ce vertueux citoyen, elle le fit arriver à une fortune très-rapide. Il obtint le gouvernement du Luxembourg, la place de colonel général des dragons, le grade de lieutenant général qu'il n'avoit pas même demandé, et tous les moyens de montrer ces rares talens, cette grande et belle âme, *ce bon et grand cœur* (1) que madame de Maintenon avoit su reconnoître en lui.

Paroissant toujours occupée d'atténuer l'idée d'une faveur dont il sembloit qu'elle fût embarrassée, elle maria sa nièce au comte de Caylus. Le roi fit présent à la mariée, à cette occasion, d'un collier de perles fines de dix mille écus, et donna à son mari une place de menin de Monseigneur.

Un vif désir de plaire, et toutes les grâces qui pouvoient lui en assurer les succès, un esprit vif et animé jetèrent madame de Caylus dans quelques liaisons imprudentes, et dans tous les partis d'opinion religieuse opposée à celle pour laquelle le roi s'étoit déclaré.

---

(1) Expressions de madame de Maintenon.

Séparée de sa tante deux ou trois fois par cette conduite, et par d'autres indiscrétions, madame de Maintenon vint toujours au-devant d'elle, et madame de Caylus, remplie pour elle d'estime et de reconnoissance, sacrifia toujours au besoin de recouvrer son amitié, toutes les opinions des partis, dans lesquels l'avoit jetée sa vivacité. Dans son âge mûr, elle devint l'amie et la confidente de madame de Maintenon, et se montra digne de cette confiance. Sa vie, à la juger extérieurement, semble une suite peu interrompue de plaisirs et de succès. Cependant, en parlant à sa tante des maux de cette vie : « Pour moi, dit-elle, j'en ai senti » plus que je n'en ai pu porter ».

Son frère, le marquis de Murçai, épousa une riche héritière; mais madame de Maintenon ne voulut contribuer en rien à la lui faire obtenir; il lui suffisoit de mettre ses parens dans la carrière de l'honneur. C'étoit ensuite à eux à en mériter les récompenses.

Mais si madame de Maintenon ne consulta que sa modération dans son intérêt pour sa famille, elle s'abandonna pour ses amis à toute sa générosité naturelle. Elle combla de biens mademoiselle de Lewestein, qui épousa le marquis de Dangeau. Le marquis de Monchevreuil, son ancien ami, fut aussi le digne objet des grâces du roi, et plus encore de sa parfaite estime ; car c'étoit un grand titre auprès de Louis XIV, que d'avoir beaucoup de mérite. Madame de Maintenon n'oublia pas l'abbé Têtu, aussi son ancien ami. Elle fit obtenir 2,000 liv. de pension à mademoiselle Scudéri, des gratifications considérables à madame Deshoulières, et elle fit donner à Racine et à Despréaux les appointemens d'une place dont jusque-là ils n'avoient eu que les titres.

Il paroît que madame de Maintenon ne goûta pas long-temps le bonheur que peut-être elle s'étoit promis. C'est peu de temps après son mariage, qu'elle écrit : « Je le vois, » il n'est point de dédommagement pour la » perte de la liberté ». Et à différens intervalles : « Le roi me garde à vue et ne sort » pas de ma chambre. Il faut que je me » lève à cinq heures pour vous écrire. Les » mois deviennent des momens, et je vis » d'une rapidité qui m'étouffe ». Comment se seroit-elle trouvée heureuse, lorsqu'elle étoit arrachée à elle-même, à ses goûts de recueillement si chers aux âmes pures et aux esprits réfléchis. Il falloit qu'elle fût sans cesse avec le roi, quelle que fût sa disposition. La place

Sa vie à la cour. Son assujétissement.

qu'elle occupoit, en contraignant les libres épanchemens de son cœur, l'enlevoit souvent à l'amitié. Voyons l'histoire d'une de ses journées, tracée par elle-même.

« Toute ma matinée est remplie par une
» suite de visites de toutes les personnes de
» la cour ; et à table je ne puis demander à
» boire. Je dis quelquefois : c'est bien de l'hon-
» neur, mais je voudrois bien un laquais.
» Là-dessus, tous s'empressent de me servir,
» et tous sont fâchés d'être refusés ; ce qui
» m'est une autre sorte de tourment. Après
» le dîner, Monseigneur vient me voir. Il est
» fort difficile à entretenir, disant fort peu de
» chose, s'ennuyant et se fuyant toujours.
» Quand on a vu les princes, il me semble
» qu'on n'a plus envie de voir que des gens
» qui ne soient point eux. Après le dîner,
» toute la cour continue à m'assiéger. Il faut
» que je me prête à la conversation. Plusieurs
» dames désirent me parler, et veulent que
» je prenne autant d'intérêt à leurs peines,
» que j'en prends aux affaires de l'état ; on
» veut que je parle d'affaires particulières à
» un prince accablé sous le poids des affaires
» publiques. Je suis contrainte, comme vous
» voyez, depuis six heures du matin, et fort

» lasse. Le roi me dit : Vous n'en pouvez
» plus, n'est-ce pas, Madame? couchez-vous.
» Là-dessus, je me déshabille; et voyant que
» mes femmes gênent le roi, je me dépêche
» à m'en trouver mal. Le roi reste à mon
» chevet jusqu'à ce qu'il aille souper. A dix
» heures, tout le monde sort, mais souvent
» les fatigues de la journée m'empêchent de
» dormir ».

Après le tableau d'une pareille vie, qui n'étoit qu'une suite de contradictions de tous les momens, est-on étonné de lui entendre dire qu'on est souvent plus malheureux avec la couronne sur la tête qu'avec les fers aux pieds?

« Ma condition, dit-elle, ne se montre jamais à moi par ce qu'elle a d'éclatant, mais toujours par ce qu'elle a de pénible ».

Le spectacle de la cour qu'elle avoit toujours haïe, parce qu'il lui présentoit le mouvement actif de tant de vices qui n'avoient jamais approché son âme, n'étoit pas le moindre de ses tourmens. Placée au centre de tous les mouvemens des passions et de l'intrigue, elle avoit trop de sagacité pour ne pas les apercevoir à travers les voiles épais dont ils s'enveloppoient. Elle se comparoit à ces personnes qui sont derrière le théâtre, et ne voient que des lampions, des toiles malpropres, tandis que ceux qui sont vis-à-vis admirent un palais enchanté. « Je sens une grande joie, disoit-elle à ses » amies de Saint-Cyr, quand je vois fermer » sur moi les portes de cette solitude ». Là, elle respiroit l'air de la vertu, elle n'éprouvoit nulle contrainte, elle n'étoit forcée à aucune dissimulation ; elle s'épanchoit au contraire avec des âmes qui étoient en harmonie avec la sienne. Quand elle pouvoit disposer de quelques heures, elle alloit se recueillir dans la retraite qu'elle s'y étoit préparée, ou bien elle s'occupoit de ses élèves qu'elle aimoit avec passion. Le bien qu'elle leur avoit fait, celui qu'elle leur préparoit dans l'avenir, étoient son sentiment le plus doux ; elle les voyoit arrachées aux séductions de leur âge, aux dangers de l'indigence dont elle étoit sortie avec tant de gloire. « Rien, » dit-elle, ne m'est si cher que mes enfans de » Saint-Cyr ; j'aime jusqu'à leur poussière, et » je serois volontiers leur servante, pourvu » que je leur apprisse à s'en passer »... « Puisse » cette maison, dit-elle un autre jour, durer » autant que la France, et la France au- » tant que le monde » ! Hélas ! cette maison qui lui étoit si chère a péri, et sans doute le tombeau de sa bienfaitrice aura été profané par les sauvages, qui n'ont pas même respecté celui de notre cher Henri IV. Mais le souvenir de Saint Cyr et de sa bienfaitrice ne périra jamais.

Une personne aussi distinguée que madame de Maintenon, placée de bonne heure dans la société la plus aimable et la plus spirituelle, accoutumée dès long-temps à recueillir tout ce que les communications libres de l'amitié et tout ce que le mouvement du monde offroient à sa pensée, ne pouvoit trouver que le vide et l'ennui au milieu de ces grands salons de Versailles et de Marly, qui rassembloient une foule d'hommes et de femmes, presque tous au moins indifférens l'un à l'autre, et ne s'adressant que des propos insignifians et misérables. Les princes qui étoient à leur tête, condamnés la plupart à l'oisiveté ou aux gênes de la représentation, n'ont ni l'âme ni l'esprit aussi animés que les autres hommes, qui presque tous ont un but et un objet à poursuivre. Les jouissances sont trop tôt épuisées pour eux. Nos princes n'ont plus rien de nouveau à voir; ils ont tout vu dès leur enfance. « Dès le berceau, disoit madame de Maintenon, » on leur prépare leur ennui ». Elle écrivoit à madame de Villette, pendant un voyage de Fontainebleau : « Vous devriez bien nous don-

Les grands salons.

1688.

» ner des nouvelles, et nous aurions besoin
» qu'elles fussent divertissantes, car je vous
» assure que nous mourons d'ennui ». Et dans
un voyage de Marly, elle écrit au cardinal de
Noailles :

« Je succombe à l'ennui, à la tristesse de
» n'entendre rien de raisonnable. Le chapitre
» des pois dure toujours : le plaisir d'en man-
» ger, celui d'en avoir mangé, et l'impatience
» d'en manger encore, sont les trois points
» que nos princes traitent depuis quelques
» jours. Vous avez d'étranges brebis, Mon-
» seigneur ».

Ce qui l'excédoit le plus étoit les visites, les
hommages que les princes se croyoient obligés
de lui rendre. Un jour elle en avoit vu quatre
tous à la fois : « Je viens, dit-elle, d'être tirée,
» non à quatre chevaux, mais à quatre princes ».
Un autre jour, elle parloit à madame de Glapion de l'ennui qu'ils lui causoient : « Cepen-
» dant, dit madame de Glapion, à les en croire,
» comme leur reprochoit M. de Cambrai, *leur*
» *vision est béatifique* ». « Oui, dit madame
» de Maintenon en souriant, ils croient qu'elle
» tient lieu de tout ».

Sa chambre. Nous ne devons pas imaginer, ce me semble, que madame de Maintenon éprouvât dans son appartement particulier, qui étoit le lieu du rendez-vous de toute la famille royale et de tous les hommes de la cour, rien de semblable à ce qu'elle éprouvoit dans les grands salons de Fontainebleau ou de Marly. Là, elle n'avoit et ne prenoit aucun rang; elle n'étoit qu'une personne de la cour. Il falloit qu'elle se résignât à entendre des choses insignifiantes, sans se permettre d'en faire naître d'intéressantes; mais dans sa chambre, elle régnoit, pour ainsi dire, par le respect que le roi lui témoignoit, et qui donnoit l'exemple à toute la cour.

Le roi se rendoit chez elle après son dîner, et il y étoit suivi de tous ses courtisans, et des princes et princesses de la famille royale. Il la quittoit dans l'après-dînée pour aller se promener dans ses beaux jardins, chasser, jouer au billard ou visiter ses bâtimens; mais toute la cour restoit et attendoit le retour du roi. Quand un ministre arrivoit, la cour se retiroit et le roi travailloit avec lui auprès de madame de Maintenon, qui filoit, ou faisoit de la tapisserie de son côté. Elle avoit conservé son goût pour le travail des mains; elle dit qu'étant un jour occupée à compter des pelotons avec une activité qui la fatiguoit sans la rebuter, le roi lui dit en riant : « Madame,

» vous êtes aussi occupée de vos pelotons que
» nous le sommes des affaires de l'Europe ».

Regardons un moment dans cette chambre, et voyons les différentes personnes qui s'y rassembloient le plus souvent.

A leur tête étoit le roi, dont les manières les plus nobles, la politesse la plus rare embellissoient l'esprit le plus juste et le sens le plus parfait : doué d'un goût exquis, il ne disoit rien qui ne convînt aux choses et aux personnes ; jamais pressé de parler, il aimoit à jouir de l'esprit des autres et paroissoit tout sentir. « S'il » plaisantoit ou contoit, c'étoit, dit Madame » de Caylus, avec des grâces infinies, un » tour noble et fin, que je n'ai vu qu'à lui ».

Les trois filles du roi étoient, par leurs grâces et par leur beauté, les plus beaux ornemens de sa cour. La fille de madame de la Vallière étoit aussi aimable que belle ; elle avoit, dit madame de Caylus, la taille et l'air du roi son père, beaucoup de la tendresse du cœur de sa mère, mais sans en avoir la constance.

La seconde étoit mademoiselle de Nantes, que madame de Maintenon avoit élevée, qui épousa M. le duc de Bourbon, petit-fils du grand Condé, et qui est connue sous le nom

de madame la duchesse. Tous les contemporains en parlent, comme de la plus séduisante personne qu'il y ait jamais eu, belle, comme Vénus même, et possédant éminemment cette grâce *plus belle encore que la beauté.* Son esprit vif, naturel, piquant et malin, se répandoit souvent en épigrammes, en chansons et en railleries plaisantes; elle appeloit ses belles-sœurs, la duchesse du Maine et sa sœur qui avoit épousé l'aîné des princes de Conti, et qui toutes deux étoient d'une très-petite taille, *les poupées du sang.* Elle n'épargnoit personne, pas même le roi son père. Un jour, il apprit que, dans un soupé, à Paris, la duchesse sa fille l'avoit chansonné lui et toute sa cour. « Vous n'imaginez pas, dit madame de Main-
» tenon, combien toutes ses malices nous don-
» nent de chagrins. Le roi n'a pas voulu lui
» parler; je l'ai fait pour lui; je n'en ai eu que
» des insultes, ou ce qui en approche (1),
» et rien n'est plus sensible de la part des

---

(1) Elle lui fit à peu près la réponse de Célimène à Arsinoé : Et ce n'est pas le temps, Madame, comme on sait, d'être prude à vingt ans. Le roi la punit sévèrement de cette réponse, dont elle eut l'imprudence de se vanter.

» personnes qu'on aime. Le roi ne souffrira
» pas tous ces désordres (car il paroît qu'on
» ne se bornoit pas à des chansons dans ces
» parties secrètes), et je crains bien moins
» aujourd'hui l'amour du père que sa sé-
» vérité ».

Ces deux filles aînées du roi sembloient aussi avoir succédé à la rivalité de leur mère; on ne voit qu'avec surprise les scènes violentes qui se passoient entre ces deux sœurs, et les expressions injurieuses qui sortoient de la bouche de ces femmes si belles, si bien élevées, scènes qui se passoient presque sous les yeux du roi leur père, de ce prince à qui jamais il n'étoit arrivé, au milieu des plus grandes contradictions, de dire même une chose désobligeante à qui que ce fût. Il employa tour à tour la tendresse et l'autorité, pour les obliger au moins à se conduire décemment sous ses yeux et ceux de la cour; et dans cette occasion, où il eut besoin de leur en imposer, il dit qu'il lui étoit plus facile de gouverner son royaume que sa famille.

Mademoiselle de Blois, dernière fille du roi et de madame de Montespan, épousa plus tard le duc d'Orléans; elle avoit aussi de la beauté, mais sans grâce, et de l'esprit sans attrait. L'orgueil du rang étoit son sentiment dominant; lorsque madame de Caylus lui dit en badinant que le duc d'Orléans, son époux futur, étoit amoureux de la duchesse sa sœur, elle répondit avec un ton de lendore : « Je ne me » soucie pas qu'il m'aime; je me soucie qu'il » m'épouse ».

Le duc du Maine paroît avoir été préféré par le roi à tous ses autres enfans. Son esprit, dit madame de Stahl, étoit fin et cultivé, sa conversation solide et enjouée, ses manières noblement familières et polies, son caractère noble et sérieux (1). Doué de tout ce qui rend aimable dans la société, il ne s'y prêtoit qu'avec répugnance. Ce n'étoit que pour le roi et madame de Maintenon qu'il s'arrachoit à ses goûts d'étude et de solitude. Il venoit aussi se consoler auprès d'eux de n'avoir pu trouver le bonheur auprès de la princesse qu'on lui avoit donnée dans cette espérance.

Les personnes de la cour que madame de Maintenon voyoit le plus souvent, étoient le maréchal de Villeroi, les ducs de Beauvilliers et de Chevreuse, dont les vertus aimables et

---

(1) Ce prince est encore un des objets de l'injustice et de l'esprit malin et caustique de Saint-Simon.

l'esprit solide nous sont garantis par l'amitié que Fénélon porta à l'un et à l'autre. Leurs femmes étoient dignes d'eux, et c'étoient celles de la cour avec lesquelles madame de Maintenon étoit le plus liée. Ses amies particulières étoient madame de Caylus, madame de Dangeau, autrefois mademoiselle de Léwestein, belle comme un ange, faîte comme une nymphe, et d'un esprit aussi doux que sage. Madame d'Heudicourt, autrefois mademoiselle de Pons, son amie de tous les temps, vivoit beaucoup dans l'intérieur de madame de Maintenon. Elle avoit un naturel très-piquant, joint à une imagination vive et originale, qui la rendoit fort amusante. Madame de Maintenon disoit que, quoiqu'elle ne pût s'empêcher de rire dès que madame d'Heudicourt ouvroit la bouche, elle ne se souvenoit pas cependant de lui avoir jamais entendu dire un mot qu'elle eût voulu avoir dit elle-même.

Comme madame de Maintenon ne dînoit pas ordinairement avec le roi à Versailles, elle donnoit quelquefois à dîner à ses amis particuliers. Elle alloit faire des promenades avec ses amies dans les différentes maisons royales. Elle écrit au duc de Noailles : « Je fus assez hardie, » l'autre jour, pour me promener à Choisy (où

» le roi chassoit) avec mesdames de Dangeau et
» d'Heudicourt. A peine eûmes-nous fait vingt
» pas que nous voilà au milieu de la chasse.
» Nous ordonnâmes au cocher de l'éviter; mais
» mon étoile fut plus forte que mes ordres,
» et nous ne pûmes dire quatre paroles sans
» être interrompues par la joie et par l'ardeur
» des chasseurs. La meute augmente tous les
» jours, et je suis véritablement aux abois. La
» figure des cerfs m'a toujours fort touchée
» en me l'appliquant, et j'en ai une tendresse
» pour eux qui me met dans leurs intérêts
» contre celui des chasseurs ».

Dans cette chambre de madame de Maintenon se trouvoit sans cesse tout ce que ce siècle, si fécond en grands hommes, avoit de plus distingué : ces généraux si renommés, ces prélats si illustres, ces grands ministres, ces magistrats si respectables. Racine et Boileau venoient se mêler à tant de renommée, et leur génie n'étoit pas une des moindres distinctions au milieu de cette cour si remplie de goût et de lumières.

Il étoit impossible que de ce mélange, où le beau et le bon dominoient, elle ne recueillît pas beaucoup de jouissances pour sa raison. Aussi ne parle-t-elle que de la fatigue qu'elle éprouvoit souvent des joies trop bruyantes de la jeunesse et des contradictions que lui donnoient les personnes qui vouloient saisir ces momens pour lui parler d'affaires particulières.

Mais après avoir parlé de la vie extérieure de madame de Maintenon, je dois descendre dans son âme, où se trouve sa véritable existence.

Ses peines. — Madame de Maintenon avoit été attachée de bonne heure à la gloire du roi, dont elle étoit enivrée comme tout le reste du monde. Comment, avec l'âme la plus élevée, la plus remplie d'une tendre humanité, avec l'esprit le plus juste et le plus éclairé, n'eût-elle pas été attachée au bonheur de la France et du peuple ? Cette indifférence sur les désordres et les malheurs des sociétés, ne peut être, ce me semble, que le résultat de la frivolité ou de l'égoïsme. Quand madame de Maintenon devint la compagne de Louis, lorsqu'elle connut mieux encore et les maux du peuple et les remèdes qu'on pouvoit y apporter, le besoin de le soulager, celui de la gloire du roi et du bien de l'état, devint pour elle une véritable passion. « Vous m'avez rendu la meilleure » citoyenne du monde, lui écrit madame de » Villette, depuis que vous m'avez prouvé que

» votre santé dépend des évènemens publics.
» Que vous seriez heureuse, Madame, si vous
» viviez avec des personnes qui vous ressem-
» blent »! Madame de Maintenon regardoit
constamment le roi comme responsable du bonheur de la nation dont il étoit le chef. Peut-être les devoirs d'un souverain leur sont-ils trop souvent présentés comme une tâche qui les oblige tous les jours à un travail de quelques heures. Cette idée rapetisse son objet et n'échauffe point l'âme; éloignés, par leur situation, de la vue des malheureux, les princes ne voient point leurs larmes, ils n'entendent point les gémissemens de l'infortune : on voit peu de gouverneurs mener, comme Montausier, leurs élèves dans la cabane du pauvre. Les courtisans et les ministres laissent aussi ignorer trop souvent aux souverains les maux qu'il faudroit réparer ou prévenir. Mais madame de Maintenon avoit été placée dans des situations qui avoient développé en elle la plus profonde sensibilité, et il paroît qu'elle souffrit toujours de ne pas trouver dans le roi cette chaleur d'âme qui l'attachoit si fortement elle-même au bonheur du peuple. « Je voudrois,
» dit-elle un jour à ses amies de Saint-Cyr,
» je voudrois mourir avant le roi; j'irois à

» Dieu, je me jetterois aux pieds de son trône ;
» je lui offrirois les vœux d'une âme qu'il auroit
» rendue pure ; je le prierois d'accorder au
» roi plus de lumières, plus d'amour pour son
» peuple, plus de connoissances sur l'état des
» provinces, plus d'aversion pour les perfidies
» des courtisans, et plus d'horreur pour l'abus
» qu'on fait de son autorité. Dieu exauceroit
» mes prières, et ma félicité en seroit aug-
» mentée ».

Il me semble qu'en l'entendant parler ainsi de son aversion, de son horreur pour ceux qui abusoient de l'autorité du roi et trompoient sa probité, on sent cet accent d'indignation d'une âme vertueuse, qui ne peut pardonner aux hommes pervers de tromper celui qui est chargé du bonheur de tout un peuple. Toute sa vie elle conserva cette sainte indignation qui, si elle pouvoit s'étendre et se cultiver, comme les autres facultés de l'homme, sauveroit le monde de sa destruction morale ; et un des caractères qui frappent le plus dans madame de Maintenon, c'est de lui voir les mêmes sentimens ardens contre les vices et le même amour pour le bien, jusque dans sa vieillesse la plus avancée. Voici ce qu'elle écrivoit, de Fontainebleau, à madame de Glapion,

à soixante-dix ans : « Vous mourriez de plaisir
» d'être dans votre retraite, si vous voyiez ce
» que nous voyons ici; nous y voyons des
» envies sans sujet; des rages, des trahisons
» sans ressentiment; des bassesses qu'on couvre
» du nom de grandeur d'âme.... Je m'arrête,
» je n'y puis penser sans emportement ».

Mais son indignation si juste et si vraie n'est pas la seule chose qui me frappe. Dans ces paroles sur le désir de mourir avant le roi : *J'irois à Dieu*, dit-elle, elle se place dans le ciel, elle est avec Dieu, elle est près de Dieu; elle l'implore pour le roi : *Il exauceroit ma prière, et ma félicité en seroit augmentée*. Toute sa vie elle montra cette touchante confiance dans son éternel bonheur, et on la voit toujours en marche pour le ciel. J'ai déjà dit que jamais les terreurs de la religion n'approchèrent de l'âme de madame de Maintenon. Un jour que mademoiselle d'Aumale lui disoit que quelquefois elle craignoit d'être damnée : « Ah ! bon Dieu ! s'écria madame de » Maintenon, je n'ai jamais eu une telle pensée » ! Ainsi sa religion n'étoit qu'un sentiment de bonheur dans le temps et d'espérance dans l'éternité. Quel plus sûr garant pouvons-nous avoir de la beauté de son âme et de la pureté de sa vie !

Comme elle demandoit peu de grâces au roi pour ses amis, elle étoit très-sensible aux refus. « Dans les commencemens de ma faveur, je » me fâchois quelquefois quand le roi me refu- » soit ce que je lui demandois ». Depuis, elle pensa que ce seroit une sorte de tyrannie que de montrer de l'humeur; « car, dit-elle un jour » à mademoiselle d'Aumale, si je voulois me » fâcher, j'obtiendrois tout..... Quelquefois je » pleurois seule, le roi entroit et ne me voyoit » qu'un visage calme. Je suis née aussi fort » impatiente, et le roi ne s'en est jamais aperçu ». Mais son âme, qui se contenoit devant lui, pour ne pas l'éloigner d'elle, laissoit échapper aux yeux de l'amitié toute sa sensibilité.

« Que les hommes sont tyranniques! s'écria- » t-elle un jour, il n'en est pas de meilleur que » le roi; le roi est extrêmement doux, mais il » faut souffrir de tous. Nos princes ne savent » pas s'aviser de faire plaisir ».

Sans doute la douleur la rendoit un moment injuste. Louis XIV ne pouvoit être accusé de n'avoir pas été souvent au-devant des besoins et même des vœux de ceux qu'il aimoit. Sa conduite envers le maréchal de Villeroi son ami, au moment où, à Ramillies, il a dégradé la gloire de ses armes, est un modèle de tout ce que l'amitié peut inspirer de plus délicat, de plus généreux, de plus aimable. On ne peut aussi le blâmer, ce me semble, de s'être réservé la force de résister quelquefois aux vœux d'une femme pour laquelle il avoit une si parfaite estime, et qui jamais ne demandoit rien pour elle-même. Un mari, un mari roi veut avoir un sentiment de sa volonté, indépendant même de la femme qui lui est la plus chère.

L'âme des princes, qui épuisent de bonne heure toutes les jouissances, doit se trouver plus languissante encore dans l'âge mûr, que celle des hommes à qui la médiocrité de leur état a laissé une partie de leurs désirs. Madame de Maintenon, au contraire, conserva jusqu'à la fin de sa vie la sensibilité la plus vive. A quatre-vingts ans elle étoit en extase, dit mademoiselle d'Aumale, et versoit des larmes d'admiration, en entendant chanter et même réciter les chœurs de Racine. C'est à cette jeunesse d'âme, partage heureux de ceux dont les goûts ont toujours été purs, qu'elle dut tous les moyens de distraire le roi et de l'arracher souvent à cette langueur sous laquelle la lassitude des affaires ou bien le retour des mêmes jouissances le faisoient succomber. Dès les commencemens de sa faveur, madame de Maintenon semble avoir mis au rang de ses devoirs le besoin de distraire et d'amuser le roi lorsqu'il venoit la chercher. « Je l'ai vue, disoit mademoiselle d'Aumale (1), » malade, fatiguée, amuser le roi par mille in- » ventions, sans répétition, sans médisance ». Mais il est impossible de s'imposer de semblables devoirs sans en ressentir quelquefois la con- trainte. Quand le sacrifice de soi est de presque tous les momens, on peut cesser de porter sa chaîne avec courage, et succomber sous la fa- tigue de la traîner. Madame de Maintenon aimoit à vivre avec Dieu, avec l'amitié et avec elle-même; le roi ne pouvoit rester seul un moment; c'est ce qui fait dire à madame de Maintenon : « Quel malheur d'avoir à amuser » un homme qui n'est plus amusable » ! Et une autre fois à son frère, dans un semblable mo- ment de lassitude et d'épuisement : « Je n'en » puis plus, je voudrois être morte » ! On con- noît la réponse de M. d'Aubigné, qui me paroît celle d'un homme aussi vain que de peu de sens,

---

(1) Mademoiselle d'Aumale étoit une fille de qua- lité sans beauté, mais remplie d'esprit, et douée de la plus belle âme; elle refusa tous les partis qu'on lui offrit, par attachement pour madame de Maintenon, et se fixa à Saint-Cyr après sa mort.

d'un homme qui ne juge du degré de bonheur que par le degré d'élévation : « Vous avez donc » la parole d'épouser le Père éternel » ?

Cependant, si le roi étoit du nombre des grands, que poursuit un inévitable ennui; si son goût pour la société étoit amorti, quoiqu'il fût de tous les hommes celui qui avoit le plus de besoin de se voir entouré; si son esprit, naturellement calme, ne pouvoit recevoir de mouvement que par celui qui l'environnoit, il paroît, par toutes les circonstances de sa vie, que, jusque dans ses dernières années, son âme ne fut jamais attiédie dans ses rapports d'époux, de père, de frère, d'ami et de roi.

Il est difficile que, dans une si longue union, quelque vertu et quelqu'estime qu'il y ait des deux côtés, il n'y ait pas quelques contradictions momentanées. Les idées sont diverses, les sentimens ne sont pas toujours en harmonie, les volontés se trouvent quelquefois sans accord, surtout quand les goûts sont différens. Mademoiselle d'Aumale ne nous dit point si c'est à l'occasion d'un refus qui blessa le cœur de madame de Maintenon, ou d'un reproche, ou d'un accès d'humeur du roi, qu'elle parut saisie un jour du plus violent désespoir, et s'écria : « Ah ! si je pouvois quitter ce pays-

» ci ! mais je n'en suis plus la maîtresse !
» Pourquoi, mon Dieu, pourquoi m'y avez-
» vous attachée » ? et tout cela, dit mademoiselle d'Aumale, en fondant en larmes et jetant
de grands cris.

<small>Ses consolations.</small>

Mais ces momens de désespoir étoient rares
sans doute; et parmi tant d'assujétissemens et
de peines, elle jouissoit pourtant de la confiance et de l'estime parfaite du roi. Elle se loue
souvent, avec ses amies, de sa bonté, de son
extrême politesse. Elle ne fut jamais ni méconnue de lui, ni attaquée dans son cœur, comme
l'avoient été d'autres femmes; les insinuations
perfides furent écartées; les prétentions furent
calmées; les usurpations de la vanité et ses triomphes n'osèrent approcher d'une femme à qui le
roi montroit des égards et une tendresse constante (1). Elle étoit aimée comme la plus
tendre des mères, par son élève, le duc du
Maine, et adorée de tout ce qui l'approchoit
et qui étoit digne de l'apprécier. Ses vertus
l'élevoient au milieu de ce séjour du vice comme

---

(1) L'homme le plus infidèle, quoique le plus constant, ne donna pas, dit La Beaumelle, pendant trente
ans d'union, un moment d'inquiétude à la femme la
plus jalouse.

une sorte de divinité, puisque Fagon disoit que le seul reproche qu'il eût à faire au christianisme, c'est qu'il ne lui permettoit pas d'élever un temple et des autels à madame de Maintenon.

Enfin elle-même, dans les momens où, libre à Saint-Cyr, elle épanchoit son âme dans celles de ses amies, en repassant avec elles toutes les époques de sa vie, elle reconnoissoit que toujours elle y avoit goûté du bonheur, et que l'intérêt de l'amitié la plus tendre l'avoit toujours suivie; et lorsqu'elle rappeloit son établissement de Saint-Cyr : « Il me semble, dit-
» elle, que j'y suis, comme partout ailleurs,
» respectée et chérie. Voyez quelle chaîne de
» bonheur ! et si, à en juger par les appa-
» rences, la duchesse de Chaulnes n'avoit pas
» raison de s'écrier : *Ah ! bon Dieu, l'heu-*
» *reuse femme* » !

« Je conviens avec reconnoissance, disoit-
» elle un autre jour, que, sans un secours de
» la Providence, je n'aurois pu porter ma
» prospérité.... J'avois bien porté mon adver-
» sité.... ». Puis, comme frappée tout à coup de sa haute destinée : « Adversité » ! répétat-elle en riant et comme se parlant à elle-même, et elle ajouta : « Mais Dieu a trouvé le

» secret, au milieu de cette incompréhensible
» élévation, que les châteaux en Espagne ne
» pouvoient porter plus haut, de me laisser
» une sensibilité qui me fait entrer dans les
» peines des autres, comme si c'étoient mes
» peines, et qui me fait une affliction de toutes
» les afflictions générales et particulières; sen-
» sibilité, ajoutoit-elle en souriant encore, qu'il
» me laisse comme par malice ».

Madame de Maintenon avoit en elle-même un autre avantage. Quoique son esprit fût naturellement sérieux, qu'elle fût même sujette aux accès de mélancolie que produit souvent la fatigue de trop penser et de trop sentir, elle avoit de la gaîté dans l'esprit, et elle la produit souvent dans ses lettres de la manière la plus piquante. Elle goûtoit aussi avec vivacité la gaîté de tout ce qui l'environnoit.

Madame de Glapion supérieure de Saint-Cyr. Mais je dois parler ici d'un bien inestimable que possédoit madame de Maintenon, celui d'un cœur dont elle paroît avoir été le premier objet, et qui étoit digne de tout le sien, le cœur de madame de Glapion, avec qui elle s'entretenoit si souvent à Saint-Cyr, et qui nous a conservé le récit précieux de ces entretiens où elle se mêloit quelquefois avec autant d'esprit que de finesse. Madame de Glapion étoit une élève de Saint-Cyr, qui charma toute la cour, et surprit Racine lui-même par le talent extraordinaire avec lequel elle joua le rôle de Mardochée dans *Esther*. Madame de Maintenon, qui avoit un tact très-prompt sur des qualités qui ne faisoient encore que se montrer dans l'éloignement, distingua cette jeune personne qui prit l'habit des dames de Saint-Louis. Elle l'éleva successivement à tous les emplois de la communauté, et fut si satisfaite de la supériorité d'esprit, de caractère et d'âme, qu'elle montra dans toutes ses fonctions, que plus tard elle ne voulut point d'autre supérieure pour cette maison. Elle sembloit pour ainsi dire formée sur le modèle de sa protectrice : c'étoit presque la même force de raison, la même élévation de sentiment, le même amour pour le bien, la même ardeur pour les devoirs, et cette âme aimante qui distinguoit madame de Maintenon. « Elle seule sait bien » aimer », disoit la reine de Pologne rentrée en France, qui la voyoit quelquefois. Madame de Glapion mêloit aussi à tant de vertu une indignation contre le vice, trop vive peut-être pour l'imperfection humaine. Un jour qu'elle se plaignoit à madame de Maintenon de cette irritation contre le mal qu'elle ne pou-

voit vaincre : « Patience, ma fille, lui dit-
» elle, vos défauts seroient les vertus des au-
» tres ». Et pour la réconcilier encore davantage avec elle-même : « J'ai tous vos dé-
» fauts, lui dit-elle, et beaucoup d'autres que
» vous n'avez pas. Voulez-vous que nous fas-
» sions ensemble notre examen de conscien-
» ce » ? Elle se compare avec elle dans cet
examen, en laissant tout l'avantage à madame
de Glapion. Madame de Maintenon l'aimoit
comme sa fille, et lui donnoit toujours ce
nom dans ses lettres comme dans leurs entretiens. Toujours frustrée jusque-là dans les
espérances qu'elle avoit conçues des supérieures de Saint-Cyr, madame de Maintenon disoit « : Il n'y a que madame de Glapion
» qui ne m'ait pas trompée ».

Une vertu si rare, qui avoit lui dès son
aurore, ne pouvoit plus recevoir d'atteinte
par l'habitude de s'exercer dans la retraite.
La nature seule pouvoit menacer madame de
Maintenon de la privation d'un bien que son
amour pour ses élèves rendoit pour elle bien
plus précieux encore. Aussi madame de Glapion ne donna-t-elle jamais d'autre peine à sa
bienfaitrice que celle de ne pas ménager assez
une santé extrêmement délicate.

J'ai entendu reprocher de la sécheresse aux lettres de madame de Maintenon. On peut y en trouver peut-être, quand elle écrit avec la précipitation d'une personne accablée de la multitude de ses correspondances, ou lorsqu'elle donne des conseils à des personnes qui lui sont à peu près indifférentes ; mais quand son cœur et son estime l'inspirent, on ne peut être plus affectueuse et plus sensible. Combien, dans les lettres à son frère qui si souvent affligeoit son amitié, n'avons-nous pas vu de ces mots qui ne sont inspirés que par le cœur ? Croit-t-on qu'il soit au pouvoir des âmes capables d'affections vraies et profondes, d'en profaner le langage en l'adressant aux indifférens ? un cœur pur peut-il donc s'émouvoir pour ce qui ne lui ressemble pas ? Voici comme madame de Maintenon parle à madame de Glapion malade, et qu'elle ne pouvoit aller voir, parce qu'elle étoit alors malade elle-même : « J'ai été si mal depuis que vous n'êtes
» pas bien, qu'il me semble que ma vie dé-
» pend de la vôtre. Je vous en conjure par
» notre amitié, ne parlez aujourd'hui à per-
» sonne. Je ne puis concilier votre zèle pour
» ma maison, à laquelle vous êtes si nécessaire,
» avec votre mépris pour la vie ; ni les alarmer

» que vous me donnez, avec votre amitié pour
» moi ».

Madame de Glapion adoroit madame de Maintenon, qui quelquefois lui reproche, avec douceur, d'être trop sensible aux absences que les voyages de la cour occasionnoient. Cependant, dans ses voyages à Fontainebleau ou à Marly, elle la console par des lettres pleines d'amitié et de confiance.

Madame de Glapion jouissoit à la cour de la plus grande considération. Le roi, et tout ce qu'il y avoit de plus élevé après lui, rendoient des visites à la supérieure de Saint-Cyr; et à sa mort, on dit dans cette maison: *La gloire d'Israël est tombée.*

Un bien qui ne fut guère moins doux, moins précieux pour madame de Maintenon, c'est celui de la société constante et du tendre attachement de mademoiselle d'Aumale. C'étoit une fille de qualité, élève de Saint-Cyr. Comme elle étoit privée de beauté, mais qu'elle joignoit l'esprit le plus distingué au plus noble caractère, madame de Maintenon ne craignit point pour elle le séjour de la cour. Elle devint son amie, la confidente de ses peines intérieures. L'âme de madame de Maintenon, si souvent contenue, ne craint point de se laisser échapper devant la sienne. Le roi, qui avoit une grande estime, et même de l'amitié pour mademoiselle d'Aumale, lui proposa souvent de la marier ; mais son attachement pour madame de Maintenon lui fit préférer à tout la douceur de vivre auprès d'elle. Elle aimoit aussi madame de Glapion, et accompagnoit presque toujours madame de Maintenon à Saint-Cyr ; mais elle ne s'y fixa qu'après sa mort.

En voyant madame de Maintenon entourée de tant de tendresse, on oublie presque ses peines pour ne sentir que son bonheur. Ce bonheur l'a suivie toute sa vie, et ce fut entre les bras de deux amies, si dignes de son cœur, qu'elle rendit le dernier soupir.

Elle connut dans son élévation un autre bonheur, que nul autre n'a jamais mieux senti, celui de servir un grand nombre de gens de bien, et de soulager une foule de malheureux. Elle y consacroit presque toute sa pension de 4,000 liv. par mois. J'ôte cela à mes pauvres, disoit-elle, quand elle se permettoit la moindre dépense personnelle. Il faut le dire à la gloire de la religion, quand elle dirige une âme remplie de compassion naturelle pour l'humanité souffrante, elle l'élève à un degré de dépouillement et d'abnégation pour ses propres besoins, auquel la philosophie, ou, si l'on veut, la vertu, ne peut guère atteindre. Madame de Maintenon alloit chercher les pauvres, leur porter des habits, de l'argent, et revenoit quelquefois sans coiffe et sans manteau : « Dieu » est bien bon, disoit-elle, de nous récom- » penser de nos charités ; elles sont par elles- » mêmes un si grand plaisir » ! Et une autre fois qu'elle se plaignoit de ne pouvoir assez se dépouiller en les soulageant : « Ah ! que je serois » heureuse, s'écria-t-elle, de devenir pauvre » à force de secourir les pauvres » !

Il seroit bien à désirer, lui dit un jour madame de Glapion, qu'avec une charité si étendue vous fussiez plus riche. « Il ne tient » qu'à moi de l'être », lui dit-elle. En effet, le roi la pressoit souvent d'accepter des dons considérables : Mais, madame, vous n'avez rien ? lui disoit-il ; car elle n'avoit d'assuré que sa terre de Maintenon de 9,000 liv. de rente : elle se refusa toujours à toutes les instances du roi, en lui disant que les revenus de l'état devoient être employés aux besoins du peuple, et non au luxe d'une femme.

Elle n'aimoit pas les voyages de Marly, parce qu'elle n'y pouvoit faire aucun bien.

« J'aime mieux ceux de Fontainebleau, je vais
» voir mes pauvres d'Avon; j'aime leurs mai-
» sons, leurs conversations; un rien les charme
» et les ravit; ils ne m'affligent que par leur
» misère. Le roi prétend que je m'y tue; mais
» si je suis capable de quelques plaisirs, ce n'est
» que de voir mes pauvres ».

Son premier besoin, en arrivant à Fontainebleau, étoit d'aller répandre la joie dans le
cœur de ces bonnes gens. « J'arrive d'Avon,
» dit-elle à madame de Glapion, où j'ai passé
» trois heures; j'ai été faire des visites de porte
» en porte. Depuis que je suis à la cour, je n'ai
» pas eu de plus délicieuse compagnie; le
» maître d'école ne peut s'accoutumer à mon
» ignorance, et moi à son savoir; il lit tout,
» depuis Canusius jusqu'à Bellarmin, et jette
» mes enfans dans une profonde théologie. Il
» me paroît cependant qu'ils n'en savent pas
» davantage. Suzanne m'a conté que Fran-
» çoise veut se marier, qu'elle ne peut ni gagner
» ses parens, ni perdre la moindre partie de
» sa passion, et ne voit pas son prétendu à
» moitié son saoul ».

N'avoit-elle pas raison de préférer ce langage naïf à tous les propos des courtisans?
On se repose, sous ces toits de chaume, avec

cette âme si compatissante, des fatigues de la grandeur, et on remercie le Ciel des joies pures, que, dans toutes les circonstances, il réserve à la parfaite bonté. Mademoiselle d'Aumale nous dit que, lorsque les pauvres d'Avon la voyoient arriver chez eux, ils la poussoient, se jetoient dans ses jupes, et regardoient ses mains *royales* toujours pleines d'argent. Dans un de ces voyages, ils lui témoignèrent plus de joie encore : ils avoient eu, disoient-ils, les plus grandes inquiétudes sur sa santé et celle du roi, à cause de la mortalité des bêtes.

La liste des pensions qu'elle faisoit étoit très-considérable, puisqu'elle y employoit presque tout son revenu; elle les accordoit de préférence aux personnes qui, par des accidens imprévus, avoient perdu une honnête aisance, et aux jeunes et belles personnes qu'elle vouloit garantir de la séduction qui suit trop souvent l'indigence. On voit une lettre d'elle à madame de Villette, sur une de ses pensionnaires. « Madame de Goulhierre, dit-elle, est
» ici errante dans tous les chemins, perchée
» sur tous les degrés, rampante au long de
» toutes les rues. J'ai cru que ce n'étoit qu'un
» effet de la passion que je vous ai confiée
» qu'elle avoit pour moi; mais elle m'a lâché

» un petit mot qui me fait voir qu'il y entre
» un peu de faim, et je ne veux pas aban-
» donner à cette extrémité *ma pauvre chré-*
» *tienne;* c'est ainsi qu'elle se nomme elle-
» même ».

C'est mademoiselle d'Aumale qui nous apprend aussi qu'elle consacroit aux pauvres l'argent qu'elle gagnoit au jeu. Elle étoit sainte, dit-elle, jusque dans ses plaisirs. Louis XIV disoit aussi de madame de Maintenon : « C'est
» une sainte ; elle a toutes les perfections et
» plus d'esprit que beaucoup d'hommes ». Cette sainte, si on veut la considérer ainsi, étoit encore la plus spirituelle, la plus gaie et la plus aimable des femmes. Elle écrivoit à madame de Caylus, dans son âge le plus avancé, et retirée à Saint-Cyr, en lui parlant du comte de Caylus son fils : « Vous savez que j'ai de l'in-
» clination naturelle pour le chevalier ; les vau-
» riens ne me déplaisent pas toujours, pourvu
» qu'ils n'aillent pas jusqu'au vice et au manque
» d'honneur ».

Madame de Maintenon, en avançant en âge, se réservoit tous les jours la libre disposition d'une grande partie de ses matinées. Quand la cour étoit à Versailles, elle les passoit presque toutes à Saint-Cyr. Aux voyages de Fontainebleau et de Marly, elle avoit aussi ses lieux de retraite où elle ne recevoit que le roi et les personnes à qui elle avoit donné rendez-vous. On répondoit à toutes les autres qui demandoient à lui parler, qu'elle étoit *au repos*.

FIN DE LA PREMIÈRE PARTIE.

MADAME
DE
MAINTENON,
PEINTE PAR ELLE-MÊME.

SECONDE PARTIE.

MADAME
DE
MAINTENON,
PEINTE PAR ELLE-MÊME.

***

Dans ce beau siècle de Louis XIV, toute la cour, à l'exemple du monarque, portoit le plus grand respect à la religion. Le génie s'exerçoit à la défendre et à en établir les preuves ; personne, en général, ne se livroit à cet esprit d'examen, qui eût pu en ébranler les bases. Les esprits étoient soumis à la religion comme au monarque ; et on citeroit à peine un homme illustre à la cour, dans la magistrature ou dans les lettres, qui ne fût un homme religieux.

Le premier vœu de madame de Maintenon, en s'unissant à Louis XIV, étoit de placer le roi à côté d'elle dans le Ciel, l'objet de ses éternelles espérances ; et l'on voit, par une de ses lettres au cardinal de Noailles, qu'elle lui avoit fait promettre, avant de s'unir à lui, qu'ils marcheroient ensemble dans la route qui y con-

Si madame de Maintenon a eu de l'influence sur les sentimens religieux de Louis XIV.

duit. Ce n'est point à moi qu'il appartient de décider jusqu'où le roi devoit entrer dans les vœux de sa compagne. Quand la religion des femmes est, comme celle de madame de Maintenon, tolérante et douce, qu'elle n'est qu'un sentiment d'amour et de confiance en Dieu, qu'elle ne leur commande que des vertus, elle semble presqu'une convenance ajoutée à un bonheur. Mais sans doute la prière habituelle des rois la plus agréable au Ciel, c'est l'occupation du bonheur du peuple que Dieu leur a confié; et je dois dire que les lettres de madame de Maintenon prouvent évidemment qu'elle faisoit consister aussi les premiers devoirs du roi dans l'exercice bienfaisant de sa puissance pour le bien-être de son peuple. Elle paroît ne travailler à donner le roi à Dieu, que pour le donner à ses sujets, et l'amour qu'elle porte au peuple paroît égal à celui qu'elle porte à Dieu même. Pour arriver à ce premier vœu de son cœur, elle se conduisit avec autant de prudence que de discrétion. La religion, si respectée du roi, n'étoit point celle de madame de Maintenon. « Le roi, dit madame de Maintenon, ne man-
» quera pas une abstinence, mais il ne com-
» prendra pas qu'il faut réparer ses fautes et
» aimer Dieu, plutôt que le craindre; le fond

» est plein de religion, mais l'ignorance est ex-
» trême. La naissance et l'éducation fait qu'on
» se dérobe à la vérité, et qu'on croit anéantir
» les choses en ne s'en occupant pas ».

Madame de Maintenon étoit pieuse, et non dévote comme on le croit communément, au moins dans le sens qu'on y a attaché depuis. Elle étoit parfaitement instruite de sa religion, et n'y avoit puisé que l'obligation des plus parfaites vertus. Cette religion s'allioit aux sentimens les plus touchans comme aux idées les plus élevées. « La dévotion, disoit-elle, rend
» le cœur tendre sur les malheurs du peuple,
» et l'esprit éclairé sur les objets de la véritable
» gloire ».

Pour que la religion du roi cessât d'être une pure croyance, et devînt un sentiment de son cœur, elle n'avoit pas seulement à combattre les idées étroites que le roi avoit reçues dans l'enfance sur la religion; elle avoit dans le confesseur de ce prince un adversaire d'autant plus redoutable, qu'il laissoit le roi dans la route commode des pratiques extérieures et ne lui prescrivoit aucun autre devoir. Le père Lachaise disoit assez ouvertement que les dévots étoient des imbécilles, et les gens de bien trop scrupuleux. Madame de Maintenon avoit bien le droit d'être aussi scandalisée qu'affligée de ce langage dans la bouche d'un ecclésiastique qui avoit entre ses mains la conscience du roi. Ce père prétendoit qu'il suffisoit de craindre Dieu, et madame de Maintenon désiroit surtout qu'on l'aimât; il ne mettoit d'importance à rien qu'à son crédit; elle voyoit le roi responsable du bonheur du dernier de ses sujets, et disoit que, s'il n'étoit pas le plus honnête homme de son royaume, il en étoit le plus coupable.

C'est onze ans après son mariage, en 1696, qu'elle écrit au cardinal de Noailles que ses tentatives pour étendre et élever les principes religieux du roi sont toujours sans succès, et qu'il est tous les jours moins dévot. « On est, » dit-elle, ébranlé et point touché; on veut le » bien, on n'a pas la force d'y courir ». C'est aussi dans ses lettres d'épanchemens intimes au cardinal, qu'on voit qu'elle ne se hasardoit de parler au roi de religion, que la veille des jours où il devoit communier, ce qui lui arrivoit à toutes les grandes fêtes; et c'étoit en cherchant à l'intéresser, et même à l'amuser, qu'elle travailloit à lui faire goûter sa religion. Un jour, à la veille d'une fête solennelle, elle lut avec lui la vie de saint François de Sales, qu'elle aimoit, parce que, comme elle, il étoit rempli d'amour pour Dieu, d'indulgence et de charité pour les hommes. Le roi en fut si touché qu'il lui promit, après cette lecture, la plus honorable des récompenses, un édit qui allégeroit les impôts de son peuple; mais ses devoirs de religion remplis, le roi oublia sa promesse. Six ans après, elle écrivoit au cardinal de Noailles, qu'à une autre veille de fête, elle avoit récité au roi quelques traits de la vie de saint Augustin, qui avoient paru lui faire plaisir; qu'ensuite elle lui avoit rappelé que six ans auparavant il lui avoit promis, à la suite d'une semblable lecture, un édit en faveur de son peuple, et que depuis il ne lui en avoit plus parlé. Il me répondit : « Je ne suis pas un » homme de suite ». On peut juger par ce silence de six ans, de la tiédeur que Louis XIV mettoit dans sa dévotion, et de la crainte qu'avoit madame de Maintenon de l'importuner.

Elle dit plus tard au cardinal, à l'époque d'un jubilé, que le roi est tous les jours moins dévot, c'est-à-dire moins pieux : « On com- » prend fort bien qu'il faut s'acquitter d'un » jeûne, mais on demanderoit volontiers à quoi » sert donc un jubilé, puisque si l'on veut ré- » parer ses fautes, on n'a pas besoin de jubilé.

» Le fond est plein de religion, mais l'ignorance
» de la religion est extrême ».

Madame de Maintenon désiroit que la duchesse de Bourgogne eût un confesseur qui ne fût d'aucun parti, et qui eût une piété éclairée; elle s'adressa au cardinal, qui lui désigna un bon prêtre, très-vertueux. Madame de Maintenon le proposa au roi, qui consulta le père Lachaise, et bientôt elle écrit au cardinal:
« L'homme que vous me proposez est un
» monstre : dans son voyage à Rome, il a reçu
» la visite d'un cardinal protecteur des jansé-
» nistes. Il a le plus grand défaut de tous les
» défauts, défaut éclatant, défaut exclusif :
» *il est dévot*, c'est-à-dire pieux. Voilà,
» ajoute-t-elle, où nous en sommes, grâce
» au bon père. Si Dieu ne me soutenoit, je
» serois désespérée d'être attachée où je suis.
» Que deviendra le roi, si je meurs avant le
» père Lachaise » ?

Dans ce temps, le cardinal n'étoit pas encore soupçonné de favoriser les jansénistes; et le roi, qu'il voyoit à Versailles une fois chaque semaine, lui montroit la plus parfaite estime. Madame de Maintenon ressentoit une véritable joie en voyant le roi s'approcher de son pasteur; elle concevoit l'espérance qu'un jour il remplaceroit le père Lachaise, et lui disoit : « Je mourrai tranquille, si je laisse mon roi » entre vos mains. Il faut le conduire douce- » ment où on veut le mener; car à nous autres, » pécheurs délicats, il faut nous prêcher l'Evan- » gile avec des paroles de miel ». Ceci est encore une preuve que madame de Maintenon ne faisoit usage que de la plus douce insinuation pour faire aimer sa religion au roi.

Il paroît que le père Lachaise étoit assez sûr de son crédit auprès du roi, pour s'en prévaloir, même quelquefois auprès de madame de Maintenon. Elle écrit un jour au cardinal : « Le père Lachaise est venu me voir; il étoit » gai, libre, dégagé; sa visite avoit plus l'air » d'une insulte que d'une honnêteté. Je lui » parlai de l'amour de Dieu; il voulut me prou- » ver qu'il y en avoit un très-parfait dans la » crainte ».

Madame de Maintenon parle constamment du roi avec autant de respect que de tendresse, excepté dans ce qui concerne sa croyance. Il est évident aussi qu'elle croyoit que les secrets qu'elle déposoit dans le cœur du cardinal, devoient y rester à jamais renfermés. C'est relativement à l'intolérance naturelle du roi à l'égard des sectaires, que madame de Maintenon dit au cardinal : « *Le roi croit expier ses* » *fautes quand il est inexorable sur celles* » *des autres* ». Paroles dignes de Tacite, mais paroles qu'il est bien triste d'avoir à prononcer sur la personne qu'on chérit le plus, et qu'on doit le plus respecter. Remplie d'ailleurs d'estime pour la grande âme et le noble caractère du roi, dans tout ce qui n'avoit point de rapport à la religion, elle disoit : « Quel mélange » de délicatesse et d'endurcissement, et que » cette conscience-là me coûte de pleurs » ! Mais malgré ses larmes, le roi, jusqu'à l'époque de ses revers, s'en tint à la religion commode du père Lachaise. Le père le Tellier, qui lui succéda, se contenta aussi de sa croyance, et lui laissa surtout son intolérance contre ce qu'il appeloit *les hérétiques*. Heureusement ce prince avoit l'âme grande et juste, un cœur plein de droiture et d'intégrité, et une loyauté si pure, si parfaite, que madame de Maintenon lui rend, dans ses lettres, l'honorable témoignage que jamais ce monarque n'a trahi la vérité. Que n'eût-il pas été avec un esprit plus cultivé, une religion plus éclairée, quand, malgré tout ce qui lui a manqué, il reste encore si grand, si imposant aux yeux de la postérité ?

Madame de Maintenon n'eut pas plus d'influence sur les goûts du roi pour la magnificence. Elle vit de bonne heure avec douleur les énormes dépenses du roi en bâtimens; surtout celles qu'il faisoit à Marly, qu'il ne put créer que par des travaux et des trésors immenses (1). Elle craignoit, avec raison, que le trésor public ne se trouvât épuisé quand il s'agiroit des besoins de l'état. Cependant, malgré ce sentiment pénible, le goût si décidé du roi pour ce genre de luxe, la réduisit au silence pendant quelques années. Elle écrit au cardinal, en 1698 : « Je » n'ai pas plu dans une conversation sur Marly, » qui deviendra bientôt un second Versailles, et » ma douleur est d'avoir affligé sans fruit; mais » le peuple, que deviendra-t-il » ? Le peuple, toujours le peuple, est dans la bouche comme dans le cœur de Mme de Maintenon. Elle dit une autre fois au cardinal : « Ne cachez point vos » aumônes, Monseigneur, le roi aura honte » de ne pas assez soulager son peuple, quand » il vous verra soulager vos pauvres ». Il y avoit encore loin de ce temps-là à celui où le

---

(1) Les historiens ont tous justifié madame de Maintenon sur les aqueducs que le roi y fit élever, dans la vue surtout de donner de l'eau à Versailles.

malheur vint seconder les vœux de madame de Maintenon, et où le roi répondit à la proposition qu'on lui faisoit, de construire un nouveau bâtiment : *Je serai toujours assez bien logé, si mon peuple est bien nourri.*

<small>Elle ne parle de Dieu qu'à ceux qui l'aiment comme elle.</small>

Si madame de Maintenon parle de religion avec tant de discrétion à Louis XIV, sans doute son respect pour cette religion même lui défend de la montrer à cette cour autrement que par les vertus qu'elle lui inspire. Il est évident, en lisant sa correspondance, qu'elle n'étoit pas même jugée sainement par les témoins de sa vie, et surtout par le parti qu'on appeloit *des dévots*, et qui la plaçoit à sa tête. Mais elle auroit pu leur dire souvent ces mots, que souvent aussi ses lettres m'ont rappelés : *Mes pensées ne sont point vos pensées, et vos voies ne sont pas mes voies.* Madame de Maintenon ne parle du Dieu qu'elle aime, qu'à ceux qui lui rendent le culte qu'elle lui rend elle-même, au cardinal, à ses amies de Saint-Cyr, à ses élèves; et elle ne parle de religion qu'aux femmes qui ont renoncé au monde, à celles qui sont à la tête des communautés. Ses communications fréquentes avec elles, lui avoient prouvé que souvent elles conservoient dans le cloître toutes les passions qui devroient s'y endormir. Après avoir tracé le portrait d'une religieuse pleine de vanité ridicule, remplie d'amour-propre et d'amour d'elle-même : « C'est en un mot, dit-elle, » *une vraie religieuse.* Je ne me suis jamais » bien trouvée », dit-elle une autre fois à l'abbé Gobelin, qui sollicitoit auprès d'elle une place à Noisy pour une jeune personne ; « je ne me » suis jamais bien trouvée de recevoir des filles » de la main des saints ». Une chose même qui paroît étonnante, c'est que dans sa correspondance avec madame de Caylus, qui devient très-active dans les quinze dernières années de sa vie, madame de Maintenon ne lui parle jamais de ses sentimens religieux. C'est par écrit qu'elle trace à madame de Bourgogne ses devoirs de religion ; et on ne voit pas que, sortie de l'enfance, madame de Maintenon lui en parlât jamais. Elle paroît plus tard condamner la dévotion minutieuse de son mari. Elle dit au duc de Noailles : « M. de Bourgogne est toujours » amoureux, dévot, scrupuleux, mais tous les » jours plus raisonnable ». Vers la fin de sa vie, retirée à Saint-Cyr, elle semble se moquer d'une femme qui insistoit pour lui faire de fréquentes visites. « Quand ce ne seroit, m'a-t-elle » dit, que pour avoir part à mes saintes prières ». Enfin, dans sa correspondance avec le duc de

Noailles, correspondance qui a une durée de plus de vingt ans, on ne voit, dans madame de Maintenon, que la femme d'un esprit supérieur, et souvent de l'esprit le plus piquant; une femme éminemment attachée à la gloire du roi, à celle de l'état, au bonheur du peuple, et dont la religion ne se montre que dans la perfection, de sa morale, et dans la bonté et la pureté de tous ses sentimens.

<small>Fénélon et Desmarais.</small>   Madame de Maintenon, après avoir quitté l'abbé Gobelin, chercha un directeur qui ne fût ni janséniste ni moliniste, et qui ne s'occupât que de sa conscience et de Saint-Cyr. On lui parla de l'abbé Godet Desmarais, comme de l'homme qui lui conviendroit d'autant mieux, qu'il n'auroit probablement que de l'éloignement pour remplir une fonction qui cependant, comme elle le dit elle-même, n'étoit pas à dédaigner pour un ambitieux : c'étoit un homme de la primitive église, pur et simple dans ses mœurs, disciple fidèle de l'Evangile, ennemi sans amertume de toute opinion qui s'écartoit de l'orthoxodie, et sans haine pour les personnes qu'il croyoit dans l'erreur; n'ayant d'autre ambition que celle de remplir ses devoirs, dont il avoit une idée si étendue qu'il pleura le jour où madame de Maintenon le fit

nommer à l'évêché de Chartres ; il refusa toujours depuis le chapeau de cardinal.

Quelque temps avant qu'elle connût M. Desmarais, elle avoit rencontré l'abbé de Fénélon chez les ducs de Beauvilliers et de Chevreuse, l'un et l'autre distingués par leur caractère et leur vertu. La conduite que Fénélon avoit tenue envers les religionnaires de la Saintonge, avoit disposé madame de Maintenon à la plus grande estime pour un homme qui, jeune encore, avoit le premier donné un si touchant exemple d'humanité éclairée. Elle n'eut pas besoin de le voir long-temps pour sentir tout le charme de cet esprit brillant et étendu, aussi fécond qu'il étoit aimable; de cette âme tendre et affectueuse, qui s'insinuoit si doucement dans celle des autres. On venoit de nommer le duc de Beauvilliers gouverneur du duc de Bourgogne, lié à Fénélon par l'estime la plus tendre. Voyant à l'avance tous les secours qu'il pourroit tirer de ses vertus, comme de l'étendue de ses lumières, il pria madame de Maintenon d'engager le roi à le lui adjoindre comme précepteur des princes. Jamais elle n'avoit demandé de grâces pour aucune personne, sans s'assurer auparavant, par tous les moyens qui étoient en son pouvoir, que l'objet qu'on lui recommandoit avoit et les vertus et les talens qui l'y rendoient propre; et il s'agissoit ici d'une place de la plus haute importance. Elle s'adressa donc aux ecclésiastiques les plus renommés, aux Bossuet, aux Tronçon, aux Bourdaloue (1), qui tous se réunirent par un sentiment de profonde estime pour louer comme à l'envi le mérite de Fénélon. Après tant de témoignages d'hommes si distingués et de mérite si différens, elle entra de tous ses vœux dans ceux du duc de Beauvilliers, parla au roi du bonheur de confier à de telles mains les destinées futures de la France; et la vertu la plus pure, le génie le plus aimable fut chargé d'élever le jeune prince, qu'il devoit rendre digne de sa haute destinée.

Quoique madame de Maintenon eût rapproché d'elle l'évêque de Chartres, dans le diocèse duquel se trouvoit Saint-Cyr, elle ne le voyoit guère que dans cette maison. Il n'aimoit point la cour, et avoit pris un logement dans la communauté de Saint-Sulpice. Elle ne le prit pour directeur que long-temps après. Il lui avoit

---

(1) Bourdaloue disoit, en parlant de madame de Maintenon: « Un mot lui suffit pour l'élever aux plus » hautes pensées ».

suffi d'entendre Fénélon pour répandre dans son âme une partie de la sienne. M. de Chartres présentoit l'idée de l'austérité, et sa physionomie avoit quelque chose de repoussant ; celle de Fénélon, au contraire, représentoit toute la beauté de son génie, réunie au charme de la vertu : lorsqu'il parloit de Dieu, il le faisoit adorer en offrant sa plus touchante image. Madame de Maintenon donna long-temps à l'un et à l'autre une confiance qui sembloit égale ; elle eut en eux deux amis sans jalousie, qui faisoient profession d'une grande estime l'un pour l'autre. Sans doute, en choisissant plus tard M. de Chartres, contre son goût, comme elle le dit elle-même, elle fut déterminée par l'idée qu'elle auroit moins à attendre de son indulgence, et qu'il la conduiroit plus sûrement à la perfection. Mais jusqu'au moment où la disgrâce la sépara de Fénélon, elle continua de lui montrer toute l'estime et toute la confiance qu'il lui avoit inspirées dès les premiers momens de leur connoissance.

Madame de Maintenon fut soumise à ses directeurs pour tout ce qui avoit rapport à la religion ; mais je ne vois nulle part qu'elle leur soumit son âme et sa raison. De bonne heure elle sut se soustraire, après quelques temps de

Quel degré d'influence elle laisse à ses directeurs.

soumission, aux privations ridicules que lui imposa l'abbé Gobelin. Elle le combat plus tard, quand il veut lui persuader qu'elle doit rester à la cour et se soumettre aux caprices de madame de Montespan. Elle lui répond qu'elle ne voit nulle part que Dieu lui prescrive un tel genre de vie, et lui défende de songer à son repos. Elle s'indigne quand il s'abaisse devant elle à mesure qu'elle s'élève, et ne voit plus qu'un courtisan dans l'homme qu'elle avoit pris pour guide. Quand il s'agit des règles de Saint-Cyr, l'esprit étroit et l'âme dure de l'abbé Gobelin vouloit y proscrire le plaisir, comme une offense envers ce Dieu, qui en a attaché de si doux aux tendres affections de nos cœurs et à la contemplation de ses ouvrages.

« N'est-ce pas, lui écrit madame de Main-
» tenon, une chose dangereuse, par sa sévé-
» rité même, que d'interdire le plaisir? Je
» crois qu'il en faut faire espérer d'innocens,
» et dire qu'il y en a d'assez doux à aimer
» Dieu. Vous autres saints, vous êtes impi-
» toyables »!

Je vois plus tard une lettre de M. l'évêque de Chartres à madame de Maintenon, qui renferme des conseils qu'on peut regarder comme indiscrets, pour disposer par degrés le roi à la dévotion (1); mais sa correspondance avec le cardinal prouve évidemment que jamais elle n'a fait usage de ces conseils imprudens; quant à elle-même, on peut assurer que la femme qui, tant qu'elle resta à la cour, ne négligea jamais la beauté de son teint, et surtout celle de ses mains (2), qui, jusqu'aux derniers jours de sa vie, se montra toujours vêtue avec autant d'élégance que de modestie (3), n'est jamais entrée dans la sévérité des conseils de son directeur. Elle condamne même madame de Glapion, qui probablement portoit un cilice, en lui disant : « La violence que vous

---

(1) Il lui conseilloit d'engager le roi à demander à Dieu, par une prière habituelle, la dévotion qui lui manquoit ; mais il lui dit ensuite qu'il craint que ce conseil ne soit pas sage: aussi, dit-il, ne veux-je pas l'être avec vous.

(2) Quand, retirée à Saint-Cyr, on lui offrit des pâtes odorantes pour ses mains, elle dit que celui qui étoit l'objet de ces soins n'existant plus, elle n'en avoit plus aucun besoin.

(3) Dans un âge très-avancé, elle pria madame de Caylus de lui acheter une robe pour son lever, où il entrât très-peu d'or. Il faut, dit-elle, parer le personnage qui n'a plus besoin que d'une bière. La couleur de feuille morte avoit toujours été sa couleur favorite.

» êtes obligée de faire à votre naturel vaut
» mieux que tous les cilices et que toutes les
» haires ».

Espérances du clergé. Sans doute, les chefs du clergé n'avoient pas vu, sans concevoir des espérances pour leur ordre, l'élévation d'une femme de la vertu de madame de Maintenon. Ce qu'il y a de certain, c'est qu'ils ne lui permirent pas de rester, comme elle l'auroit désiré, étrangère à leurs intérêts, et qu'ils obtinrent même un bref du pape, par lequel le chef de l'église mettoit son siége sous sa protection. Aussi cette femme, ennemie des affaires, plus ennemie encore des divisions sur une chose aussi simple, selon elle, que la religion, fut obligée d'entrer dans tous ces différens intérêts. Elle se plaint, dans ses entretiens à Saint-Cyr, d'être ce qu'elle appelle la *femme d'affaires* des évêques. Les déférences qu'on a pour moi m'accablent, disoit-elle. Un jour, plusieurs évêques étant venus la chercher à Saint-Cyr, elle ne put s'empêcher de leur demander si c'étoit un concile provincial ? « Oui, Madame, lui dit en souriant
» l'évêque de Chartres, et même ce sera vous
» qui le présiderez. — En ce cas, dit-elle, il ne
» sera pas sérieux ».

Affaires du quiétisme. La vie de madame de Maintenon, depuis son élévation, a souvent été troublée par des querelles religieuses, et deux fois elles vinrent frapper les deux hommes qu'elle a peut-être le plus aimés, Fénélon et le cardinal de Noailles. De ce qu'elle n'a pu sauver l'un et l'autre de la disgrâce, son caractère est resté inculpé aux yeux de quelques personnes; et ces préventions ont passé jusqu'à nous. Il me semble que ceux qui nous les ont transmises, comme ceux qui les ont conservées, se montrent bien peu instruits de ce qui, dans le temps de ces divisions, se passoit au château de Versailles, et encore moins de ce qui étoit au fond de l'âme de madame de Maintenon; ils oublient absolument que la femme de Louis XIV devoit être sa sujette la plus soumise; car ce monarque sembloit voir son royaume au moment d'être renversé à l'apparition de toute erreur de doctrine, et c'étoit se déclarer son ennemi que de paroître partager une opinion contraire à ce qu'il regardoit comme la doctrine de l'église.

Je crois avoir prouvé par plusieurs citations des lettres de madame de Maintenon, qu'elle n'avoit rien dans l'esprit qui la portât à aucune intolérance religieuse. Aussi, dans toutes ces divisions, conserva-t-elle l'indépendance de sa raison, jusqu'au moment où le chef de l'église eut prononcé la condamnation de telle maxime, ou que le roi se fut déclaré l'ennemi de ceux qui professoient telle doctrine. Mais n'eût-elle pas été une sincère catholique, elle avoit un autre devoir à remplir : c'étoit celui de ne pas paroître favoriser des opinions odieuses au roi son époux. Une femme, d'une classe même ordinaire, peut bien ne pas penser toujours comme son mari; mais il me semble qu'elle ne pourroit, sans causer du scandale, n'être pas dans son parti, s'il a un parti déclaré. Les devoirs de madame de Maintenon, femme de Louis XIV, étoient plus impérieux encore. Dès le moment de cette union, elle a perdu l'indépendance de son âme, de son esprit, de son caractère; et l'histoire nous montre, par une foule d'exemples, qu'il n'est point de joug qui ne rapetisse toutes les facultés humaines.

En plaçant madame de Maintenon dans cette situation, en lisant ensuite sa vie, ses lettres, le récit de ses entretiens, nous serons bien plus souvent disposés à la plaindre qu'à la condamner. Je dirai donc ici ce que j'ai pu apercevoir de sa conduite dans la querelle du quiétisme; et je dois d'abord dire un mot dé madame Guyon, première cause des combats entre les deux illustres prélats qui étoient à la tête du clergé de France, et dont les talens et les vertus en faisoient la gloire.

Madame Guyon étoit d'une famille noble; elle manifesta de bonne heure un grand penchant pour la dévotion la plus exaltée, et fut entretenue dans cette exaltation naturelle, par dom Lacombe, barnabite, d'une dévotion toute mystique, qu'elle avoit choisi pour directeur.

Elle devint veuve à vingt-deux ans. Son mari, souvent témoin de l'exaltation de ses idées religieuses, se montra, au moment de sa mort, alarmé des suites qu'elles pouvoient avoir pour elle, et lui dit : « Je crains bien que vos singularités ne vous attirent de tristes affaires ».

Ces paroles d'un mari mourant ne purent affoiblir le besoin de propager les sentimens qui la dominoient. Entraînée aussi par les conseils de son directeur Lacombe, elle remit, à vingt-deux ans, ses deux enfans et leur fortune, à une de ses parentes, et suivit le père Lacombe à Annecy en Savoie, qui étoit le lieu de la naissance de ce religieux.

Elle étoit jolie, aimable; elle avoit une tendresse extrême dans le regard, une bouche qui sembloit formée pour la persuasion, de la grâce, et même de la noblesse dans l'air et le maintien, beaucoup d'esprit, plus d'imagination encore, et une manière de s'exprimer facile, agréable, et souvent éloquente.

Arrivée à Annecy, elle s'y fit d'abord connoître par sa charité envers les pauvres. Elle parla bientôt à ceux qui l'environnoient des sentimens dont elle étoit remplie, *du recueillement intérieur, du renoncement à soi-même*, et surtout *de l'amour désintéressé pour Dieu*. Elle disoit *que cet amour ne devoit être ni dégradé par la crainte, ni même animé par l'espérance*. Elle charmoit tous ceux qui l'entendoient, et les entraînoit dans ses sentimens. Les âmes tendres et pieuses, qui déjà aimoient Dieu, se sentoient attirées vers celle qui ne leur demandoit que de l'aimer plus encore. Cet amour désintéressé étoit l'objet d'un de ses livres, qui avoit pour titre : *Le moyen court*, où tous les devoirs de l'homme se réduisoient à aimer Dieu. On peut penser que les esprits ignorans et les âmes indolentes trouvoient ce moyen unique de faire leur salut, très-favorable à leurs dispositions; et qu'un grand nombre des disciples de madame Guyon trouvoient la contemplation et l'oraison plus faciles et plus commodes que le travail et l'accomplissement des devoirs. L'évêque d'Annecy aperçut sans doute ce résultat de la doctrine de madame Guyon ; car il l'obligea, ainsi que Lacombe, de quitter promptement son diocèse. Elle se réfugia à Grenoble, d'où, après avoir fait un grand nombre de prosélytes à l'amour désintéressé, elle fut exilée encore. C'est vers ce temps que, dans un moment presque de délire, causé, dit-on, par une abstinence trop rigoureuse, elle prophétisa « que tout l'en- » fer se déchaîneroit contr'elle ». A son arrivée à Paris, elle put croire qu'une partie de la prophétie étoit accomplie. L'archevêque, M. de Harlai, à qui elle avoit été dénoncée comme une enthousiaste folle et séduite par son directeur, la fit arrêter et enfermer ensuite au couvent de la Visitation, et son directeur Lacombe fut conduit à la Bastille.

<small>Quiétisme.</small>

Madame Guyon attendrit toutes les religieuses par sa douce et courageuse résignation. On ne peut douter de sa bonne foi dans l'exaltation de ses sentimens religieux ; car c'est cette bonne foi, cette sincérité, qui seule donne à nos facultés l'énergie, et même l'étendue, ce me semble, dont elles peuvent être susceptibles. C'est surtout cette bonne foi qui donne à l'esprit cette fécondité, et à l'âme cette chaleur qui entraîne ceux qui se trouvent sous son influence. A peine madame Guyon avoit-elle passé deux mois à la Visitation, qu'elle avoit enflammé pour l'amour désintéressé une partie de la communauté.

Elle avoit à Saint-Cyr une parente nommée madame de la Maisonfort; c'étoit une personne d'un esprit et d'un mérite très-distingués, que madame de Maintenon avoit travaillé de tout son pouvoir à attacher à Saint-Cyr. Elle avoit lu les livres de madame Guyon, et s'étoit passionnée pour ses opinions. Comme elle voyoit à Saint-Cyr mesdames de Chevreuse et de Beauvilliers, elle leur parloit souvent des talens, des vertus et des malheurs de madame Guyon, et elle leur prêta ses ouvrages. Ces dames n'y trouvèrent que des sentimens qui leur inspirèrent autant d'estime pour madame Guyon, que de pitié pour son malheur. Elles pensèrent qu'il convenoit peu à M. de Harlai, à qui on reprochoit d'aimer les femmes plus qu'il ne convenoit à un archevêque, et qu'on accusoit d'avoir mis tout le clergé aux pieds de madame de Lesdiguière, d'en persécuter une qui n'aimoit que Dieu seul. D'un autre côté, madame de Miramion, fondatrice de la communauté qui porte son nom, avoit eu la curiosité de savoir de la supérieure de la Visitation, quel étoit le caractère et la conduite de madame Guyon; cette supérieure qui en étoit enchantée, lui répondit qu'elle ne voyoit en elle qu'un ange de dévotion et de douceur.

Ces dames se réunirent pour parler à madame de Maintenon en faveur de l'intéressante prisonnière, pour lui en faire les plus touchans éloges, et se plaindre de l'injustice de l'archevêque. Madame de Maintenon n'avoit d'abord reçu que des préventions contre madame Guyon; mais voyant en sa faveur tant de témoignages qui ne pouvoient lui être suspects, elle demanda au roi un ordre pour lui faire rendre la liberté.

Mesdames de Beauvilliers, de Chevreuse, de Mortemart, de Monchevreuil, témoignèrent à madame Guyon la joie qu'elles ressentoient de la voir en liberté, et l'engagèrent à venir les voir à Versailles, où madame de Charost lui prêta un appartement. Déjà prévenues en faveur *de l'amour désintéressé*, elles crurent aimer Dieu davantage, quand madame Guyon leur en eut parlé.

Madame de Maintenon, qui l'entendoit sans cesse louer par les personnes qu'elle estimoit le plus, eut aussi le désir de voir une personne qui charmoit tous ceux qui la voyoient et l'entendoient, et ce furent les duchesses de Beauvilliers et de Chevreuse qui la lui présentèrent. Ses grâces, ses malheurs, cet art de la persuasion qu'elle puisoit dans son cœur, cet amour de Dieu, dont elle parloit quelquefois comme si Dieu l'eût inspirée lui-même, tout se réunit pour toucher madame de Maintenon, pour lui persuader que jamais elle n'avoit fait un meilleur usage de son crédit qu'en obtenant la liberté d'une personne si intéressante. Elle lui donna les témoignages de l'estime la plus flatteuse, l'engagea à la venir voir; et en la voyant plus souvent, elle la goûta toujours davantage. Elle l'invitoit quelquefois à dîner avec des femmes de ses amies; et, si elle étoit accablée de fatigues ou d'ennui, elle appeloit madame Guyon, et sa conversation toute céleste la délassoit et la consoloit.

Madame de Maintenon ne pouvoit se rapprocher de madame Guyon que par son amour pour Dieu, sur lequel étoit aussi fondée toute sa religion. Il paroît que la longue détention de madame Guyon avoit aussi calmé l'effervescence de son imagination. Ainsi elle n'étoit *point suffoquée, devant madame de Maintenon, par une surabondance de grâces intérieures, et ne les communiquoit point à tout ce qui étoit autour d'elle* (1). La raison si sage, si supérieure, de madame de Maintenon, la place qu'elle occupoit, la protection qu'elle avoit accordée, tout contenoit en sa présence les écarts d'imagination, qu'on pouvoit reprocher souvent à madame Guyon.

Madame de Charost, qui la logeoit à Versailles, avoit une campagne près de Saint-Cyr, où l'accompagna madame Guyon, et bientôt elle la mena avec elle dans cette maison, où madame Guyon trouva, parmi les dames de Saint-Louis, un bien grand nombre de personnes enchantées d'entendre une femme qui paroissoit aimer Dieu plus qu'elles ne l'aimoient elles-mêmes. Elles parlèrent avec enthousiasme de madame Guyon à madame de Maintenon, lui montrèrent le plus vif désir de l'entendre souvent. Madame de Maintenon, qui plus d'une fois s'étoit sentie soulagée de ses ennuis en l'écoutant, leur laissa la liberté de la voir; et toutes les fois qu'elle paroissoit à Saint-Cyr,

---

(1) Expressions de madame Guyon.

elle y étoit écoutée comme un oracle, et reçue avec vénération.

Cette femme avoit sans doute un charme extraordinaire, puisqu'on ne pouvoit l'entendre sans se sentir entraîner dans tous ses sentimens. Mais la conquête dont elle fut le plus touchée, fut celle de Fénélon, de cet homme qui a honoré, par des vertus si aimables et si grandes, la nature humaine. « Un jour, dit-
» elle (1), je l'entendis nommer; j'en fus
» dès lors tout occupée, avec une extrême
» force et douceur. Il me sembloit que Dieu
» me l'unissoit intimement, et qu'il se faisoit
» de lui à moi comme une filiation spirituelle.
» J'eus occasion de le voir le lendemain (2).
» Je sentois intérieurement qu'il ne me goûtoit
» pas, et j'éprouvois pourtant un je ne sais
» quoi qui me disoit de verser mon cœur dans
» le sien; mais je ne trouvois pas que son
» cœur m'entendît. Le jour que je le revis,
» le nuage s'éclaircit un peu; mais qu'il étoit
» loin encore de ce que je le souhaitois! Je
» souffris huit jours entiers, ensuite je me
» trouvai unie à lui sans obstacles; et depuis,

---

(1) Vie de madame Guyon, écrite par elle-même.
(2) Chez le duc de Chevreuse.

» notre union augmente sans cesse, toujours
» plus pure, toujours plus vive, toujours plus
» ineffable! il me semble que mon âme a un
» rapport entier avec la sienne. O mon fils!
» mon cœur est collé au cœur de Jonathas!
» je mourrois s'il y avoit le moindre entre-
» deux entre toi et moi, entre nous et Dieu,
» ô mon fils »!

Comment l'âme tendre de Fénélon n'eût-elle pas été émue par ce langage! Cependant il avoit commencé par faire quelques objections aux idées de madame Guyon; bientôt il crut se retrouver en elle, et ses erreurs même, qu'il combattoit pourtant, lui parurent respectables, puisqu'elles tiroient leur origine de cet amour de Dieu, dont il étoit enflammé lui-même.

On tint long-temps des conférences aux hôtels de Chevreuse et de Beauvilliers; là, après un repas frugal, où nul domestique n'étoit admis, on avoit une conversation sur des matières spirituelles. Madame de Maintenon y assistoit souvent, et Fénélon y présidoit.

Quelques courtisans murmurèrent de ces réunions, dont ils ne pénétroient pas l'objet. Le roi en entendit parler, mais il ne montra aucune curiosité sur l'objet dont on s'y occupoit; persuadé que partout où étoit madame de Maintenon, rien ne pouvoit se passer qui ne fût à l'honneur et à l'avantage de la vertu.

Cependant la cour, et Paris même, d'où les ouvrages de madame Guyon étoient répandus, comptoient déjà un nombre assez considérable de contemplatifs qui ne parloient plus que le langage des mystiques (1). On tenoit aussi des assemblées à Paris, chez une madame Lemaigre, où l'on ne s'occupoit que de spiritualité et de l'amour désintéressé. Mais c'étoit à Saint-Cyr surtout que madame Guyon régnoit souverainement : ses écrits y étoient lus avec avidité, et madame du Pérou (2), supérieure des novices, étoit presque la seule qui ne fût point entrée dans la nouvelle spiritualité. On étoit en contemplation, on avoit des extases ; le goût pour l'oraison devenoit si puissant que tous les devoirs étoient négligés. Jusqu'aux femmes de service oublioient leurs fonctions pour connoître la contemplation. Tout à Saint-Cyr tendoit au désordre, en voulant marcher à la perfection. J'ose ici me déclarer contre une doctrine que

---

(1) Histoire du quiétisme.
(2) Mémoire de madame du Pérou.

Fénélon, à la vérité, avoit défendue dans sa jeunesse, mais contre laquelle il se déclara dans un âge mûr. Les âmes tendres et pures, celles dont l'éducation a été modeste, religieuse et retirée, sont les seules, sans doute, qui, dans la jeunesse, placent le bonheur dans le désert, n'ayant d'autre témoin que Dieu seul, et vivant dans la contemplation et la prière. Mais quel homme nous a plus démontré que Fénélon même, que l'essence de la vertu est d'être *agissante*, par cette bonté active et incomparable qu'il a constamment déployée dans ses fonctions d'archevêque ! Ces vertus actives sont la meilleure preuve que, dans l'âge de la maturité, il condamnoit ces tendres erreurs, cette vie contemplative, qui l'avoient séduit dans sa jeunesse. On sait qu'il défendit la lecture de ses ouvrages mystiques à M. de Ramsay, qui fut si long-temps, le témoin de ses vertus et qui l'avoit pris pour guide.

Plusieurs ecclésiastiques engagèrent M. Desmarais, dans le diocèse duquel étoit Saint-Cyr, de représenter à madame de Maintenon tout ce que les idées de madame Guyon portoient de désordre dans cette maison. L'évêque fut alarmé, madame de Maintenon commença à l'être elle-même. M. Desmarais se rendit bientôt à Saint-Cyr ; il y parla avec force en faveur de la règle et des devoirs qu'elle impose, et demanda qu'on lui remît sur-le-champ *le Moyen court* de madame Guyon. Madame de Maintenon, qui s'étoit rendue de son côté à Saint-Cyr, et qui probablement avoit concerté avec lui cet acte de soumission, tira aussitôt de sa poche *le Moyen court*, le lui remit, et toutes les dames de Saint-Louis l'imitèrent ; à l'exception de madame de la Maisonfort, qui ne put se déterminer plus tard à s'en séparer, qu'à la prière de Fénélon même. Madame de Maintenon traita cette affaire avec le plus grand secret, dans la crainte d'alarmer le roi sur Saint-Cyr, d'éveiller ses soupçons sur Fénélon, et d'essuyer ses reproches ; tout parut calmé pour le moment.

Mais toujours pleine de la juste crainte d'être compromise auprès du roi pour des objets religieux, madame de Maintenon fit prier madame Guyon, par le duc de Chevreuse, de ne plus aller à Saint Cyr. Les dames de Saint-Louis murmurèrent, et madame de Maintenon, pour leur adoucir cette absence, consentit à ce que madame Guyon consolât ses amies par ses lettres ; mais elle exigea en même temps que toutes ses lettres, ainsi que les réponses qu'on y feroit, passassent par ses mains.

Quelque temps après, les troubles recommencèrent. Il étoit échappé un exemplaire du *Moyen court* à l'évêque de Chartres; il s'en répandit bientôt un grand nombre dans la communauté; on le lisoit la nuit, et le jour on se livroit à l'oraison et à la contemplation. Madame de Maintenon, après avoir montré une grande indulgence, après avoir tenté inutilement tous les moyens de rétablir l'ordre d'une maison qui lui étoit si chère, et qu'elle ne pouvoit souffrir de voir livrée à des discussions abstraites, prit à la fin le parti de faire enlever les trois dames de Saint-Louis les plus opiniâtres, et de les faire passer dans des couvens de province. Madame de la Maisonfort, qui étoit une des trois, fut placée à Meaux, sous la surveillance de Bossuet.

« J'aimerois mieux, dit madame de Main-
» tenon, à l'occasion des troubles de cette
» maison, j'aimerois mieux avoir à gouverner
» un empire ».

Les disciples de madame Guyon formoient ainsi dans Paris un parti assez nombreux. On peut imaginer que quelques-uns de ceux qui partageoient ses opinions, y donnoient les plus fausses interprétations, et on accusoit quelques quiétistes de justifier la corruption de leurs mœurs, en s'autorisant des conséquences de sa doctrine et de l'amour désintéressé pour leur Créateur. Plusieurs partis, parmi lesquels on est étonné d'en trouver un qu'on appelle les ennemis de Fénélon, de cet homme qu'une tendre vénération devoit seul approcher, plusieurs partis, dis-je, entrèrent dans la querelle, qui s'échauffa toujours davantage. On calomnioit ouvertement les mœurs de madame Guyon. On cria jusque dans la chaire, qu'elle perdoit tous ceux qui l'approchoient. Quaud elle fut instruite de ces cris, elle dit : « Ceux » que j'ai perdus, vous le savez, mon Dieu, » sont pleins d'amour pour vous ! Que diroit-on » de plus si je leur avois fait abandonner la » vertu pour les jeter dans le vice » ?

Alarmée de ce déchaînement contre les mœurs et les écrits de madame Guyon, madame de Maintenon consulta sur ses écrits les ecclésiastiques les plus renommés, les Bourdaloue, les Tronçon, les Hébert, qui tous désapprouvèrent le *Moyen court*. Le jugement de Fénélon même ne put combattre tant d'autorités respectables. Madame de Maintenon pria le duc de Chevreuse d'engager madame Guyon à conjurer, par une prompte retraite, l'orage qui se préparoit. Madame Guyon suivit le conseil de sa protectrice, et se retira dans une solitude ignorée de tout le monde, excepté de son gendre, du duc de Chevreuse son ami, et de Fénélon qu'elle appeloit son fils.

C'est à peu près dans ce temps que craignant un revers pour Fénélon même, et voulant lui assurer un asile qui le mît dans l'indépendance, madame de Maintenon demanda et obtint du roi pour lui l'abbaye de Saint-Valeri. Placée au milieu de ces débats du quiétisme entre Fénélon et l'évêque de Chartres, elle s'entretenoit souvent avec eux des suites que pouvoit avoir cette querelle qui occupoit Paris, divisoit la cour, et dont le roi n'avoit pas encore entendu parler. Il savoit seulement que l'archevêque avoit fait arrêter quelque temps madame Guyon pour des ouvrages romanesques sur la religion; mais il ignoroit qu'elle eût une doctrine particulière, et qu'elle comptât un grand nombre de partisans. L'évêque de Chartres entretenoit les craintes de madame de Maintenon, et Fénélon la rassuroit par ce charme de douceur qui lui étoit propre. Ces sentimens opposés entre deux hommes qu'elle estimoit également, la jeta dans l'indécision et la tristesse; cependant elle continua de servir madame Guyon, quoique celle-ci ait dit le contraire dans sa vie : la conduite qu'elle avoit tenue depuis quatre ans qu'elle vivoit à la cour et presque sous ses yeux, ses discours ses lettres qui passoient par ses mains, la rassuroient; tout l'obligeoit de suspendre son jugement.

Comme l'archevêque menaçoit de poursuivre de nouveau madame Guyon, elle conjura madame de Maintenon de lui faire nommer des juges de sa doctrine. Madame de Maintenon qui désiroit sa justification, qui espéroit, si sa doctrine étoit condamnée, de détacher Fénélon des sentimens de madame Guyon, obtint du roi qu'il nommât cette commission. Quelque temps auparavant, madame de Maintenon avoit tenté de lire au roi quelques passages du *Moyen court*, qu'il n'avoit entendus qu'avec impatience, et qu'il avoit taxés d'extravagances. Les juges qu'il nomma étoient des ecclésiastiques renommés, et quatre évêques, M. de Chartres, Fléchier, Fénélon, et enfin Bossuet lui-même. Ses vertus épiscopales, la dignité de ses mœurs, sa défense de la religion, l'avoient placé depuis long-temps à la tête du clergé de France, dont il étoit l'oracle. Aussi cette suprématie l'avoit-elle accoutumé à ne rencontrer que de la déférence et de la soumission dans toutes les discussions religieuses. Avant de paroître aux conférences, convoquées à Issy, il s'étoit fait donner tous les ouvrages, et même les manuscrits de madame Guyon. Déjà prévenu contre sa doctrine, il n'avoit pu recueillir de cette lecture qu'un zèle plus ardent contre *ses erreurs;* l'expression de tous ses sentimens ne lui parut qu'un tissu *d'amoureuses extravagances* (1). Il fut choqué surtout de ces communications orgueilleuses avec Jésus-Christ, qu'elle voyoit dans ses rêves, et qui l'appeloit *sa chère épouse.*

Ce fut avec ces préventions, qu'on ne pourroit pourtant condamner s'il avoit mis plus de modération à les défendre, que s'ouvrirent les conférences d'Issy. La haine de Bossuet contre le quiétisme, comme l'étendue de sa science théologique, le rendit le dominateur de ses collégues. Madame Guyon, qui avoit été admise à ces conférences, ne cessa de se plaindre, pendant toute leur durée, de ne pouvoir répondre

---

(1) Histoire du quiétisme.

à un homme qui l'interrompoit souvent, et qui par sa vaste doctrine, la véhémence et la force de sa discussion, la réduisoit sans cesse au silence.

Quand les conférences furent terminées, elle voulut se justifier par écrit des interprétations que Bossuet donnoit à sa doctrine, et pria Fénélon de l'aider, en lui procurant des extraits des ouvrages de plusieurs auteurs mystiques. Dans cette défense, elle appelle au secours de ses principes plusieurs hommes que l'église révère comme saints. Quelques théologiens pensèrent qu'il seroit difficile de répondre à une apologie qui appeloit à son appui de semblables autorités. Mais Bossuet ne s'en montra point embarrassé, et présenta à la signature de madame Guyon trente-quatre propositions de ses ouvrages, qu'il avoit fait condamner aux conférences d'Issy ; la menace seule put l'obliger à signer elle-même sa propre condamnation. Elle y opposa d'abord la plus grande résistance ; mais il sut tellement l'intimider par la crainte de la perte de sa liberté, qu'elle finit par faire tout ce qu'il voulut.

Fénélon signa aussi les trente-quatre propositions, après avoir demandé à Bossuet quelques changemens : il les signa par amour de la paix, par déférence pour madame de Maintenon, plus que par aucun sentiment de conviction intérieure.

L'archevêché de Cambrai venant à vaquer dans ce temps, M. de Beauvilliers pria madame de Maintenon de se joindre à lui pour y placer Fénélon. M. de Chartres, satisfait d'avoir vu Fénélon signer le résultat des conférences d'Issy, appuya de ses conseils la prière de M. de Beauvilliers, et Fénélon fut placé sur le siége de Cambrai.

On dit que Fénélon, à qui madame de Maintenon avoit ménagé quelques entrevues avec le roi, n'en avoit point été goûté, et que surtout ses idées politiques n'avoient été considérées par ce monarque que comme des idées chimériques. On conçoit que cet esprit, animé par l'imagination la plus vive, cette âme pure et ardente qui fécondoit toutes ses idées, ne put être jugé assez favorablement par un esprit éminemment juste sans doute, mais tempéré, de l'imagination la plus calme, et qui peut-être ne pouvoit rien voir de naturel et de simple dans une fécondité dont il n'avoit pas les sources en lui-même. Cependant, loin de faire des objections à la nomination de Fénélon, il est certain, au contraire, que le roi la lui annonça avec les grâces qui donnoient tant de prix à ses faveurs; et que lorsque Fénélon parla du devoir de la résidence, le roi lui dit qu'il n'entendoit point priver ses enfans de ses talens, et qu'il insista pour qu'il donnât à leur éducation tout le temps que lui accordoient les lois de l'église.

Madame de Maintenon désira que la cérémonie de son sacre se fît à Saint-Cyr, et que les fils de France y assistassent. Bossuet, qui se montroit encore l'ami de Fénélon, pria l'évêque de Chartres de lui céder ses droits d'évêque diocésain, et il y consentit à la prière de Fénélon même.

Mais les deux prélats ne tardèrent pas à se trouver en opposition. Fénélon alloit partir pour son diocèse, lorsque Bossuet présenta à sa signature une instruction pastorale sur les livres de madame Guyon. Cette instruction lui ayant paru un libelle contre sa doctrine et sa personne, plutôt qu'une censure de ses écrits, Fénélon refusa d'y mettre sa signature, et partit pour Cambrai.

Indigné de ce refus, Bossuet s'en plaignit au duc de Chevreuse et à madame de Maintenon. C'étoit, disoit-il, pour une femme que Fénélon abandonnoit trois évêques (1). Madame de Maintenon, qui désiroit assoupir cette querelle, et qui voyoit à l'avance la colère du roi contre Fénélon, s'il étoit instruit de l'approbation qu'il donnoit à la doctrine de madame Guyon et de son amitié pour elle, montra à Fénélon toute la peine que lui causoit son refus. Il répondit qu'il avoit promis de condamner les erreurs de madame Guyon, et non sa personne.

Lettre de Fénélon à madame de Maintenon.

« Je ne pourrois, Madame, approuver l'ou-
» vrage où M. de Meaux impute à madame
» Guyon un système horrible dans toutes ses
» parties, sans me diffamer moi-même et lui
» faire une injustice irréparable. Je l'ai estimée
» et l'ai laissée estimée par des personnes illus-
» tres. Je lui ai fait expliquer souvent ce qu'elle
» pensoit sur les matières qu'on agite, et j'ai
» vu clairement qu'elle les entendoit dans un
» sens très-innocent; irai-je donc lui donner
» le dernier coup pour sa diffamation, après
» avoir vu de si près son innocence? Dieu sait
» ce que je souffre en affligeant la personne
» pour qui j'ai le respect et l'attachement le
» plus sincère (2) ».

---

(1) Fléchier, M. de Chartres, et lui-même.
(2) Cette lettre est toute entière dans le recueil de

Madame de Maintenon entra sans doute dans les raisons que lui donnoit Fénélon, de ne pas sacrifier sa conscience et son amie au moment où elle étoit en but à la persécution; car elle auroit désiré placer Fénélon sur le siége de Paris, vacant par la mort subite de M. de Harlai. Hébert, curé de Versailles, à qui elle demanda quel étoit le vœu public relativement à cette place, lui nomma Fénélon. « Vous » savez, lui dit-elle, ce qui nous empêche de le » proposer ». C'est alors que d'après tout le bien qu'on lui disoit de M. de Noailles, évêque de Châlons, elle lui écrivit pour lui demander s'il accepteroit ce siége, dans le cas où il y seroit nommé; le pressant, en même temps, au nom de toutes ses vertus, de ne s'y pas refuser. Il étoit aimé, respecté à Châlons; il craignoit d'avoir à combattre plusieurs partis dans la capitale; il ne déguisa point ses craintes au

---

La Beaumelle, qui dit que Bossuet et l'évêque de Chartres commandèrent à madame de Maintenon, au nom d'une religion sainte, de lui remettre cette lettre de son ami. Mais on peut douter de ce fait, puisque cette lettre ne pouvoit servir en rien les ennemis du quiétisme, et ne tendoit, au contraire, qu'à la justification de madame Guyon.

roi lui-même, qui lui promit son appui, et il fut nommé archevêque de Paris peu de temps après.

Ce prélat, à qui ses adversaires reprochent, tantôt de la foiblesse, tantôt de l'opiniâtreté, n'en étoit pas moins l'homme de la bonté la plus parfaite et la plus aimable; ses manières affectueuses, son langage plein de douceur et d'onction, sembloient l'avoir formé pour l'état où il étoit placé, celui d'un vrai pasteur du peuple. Sa charité étoit aussi tendre qu'étendue, et son immense revenu étoit le patrimoine des malheureux: aussi ne cessa-t-il d'être l'idole de son troupeau reconnoissant, jusqu'à ses derniers momens. Ce digne prélat eut plus de chagrins qu'il n'en avoit prévu encore. Il se trouvoit au milieu de tous les partis qui s'agitoient alors, sans jamais pouvoir se déterminer à se déclarer contre le parti opprimé. Il est du trop petit nombre des prélats de ce siècle dont les vertus ne sont pas ternies par le fanatisme de parti. Il fut bon, charitable, tolérant autant qu'il put l'être dans les circonstances où il vécut. Hélas! se peut-il qu'il y ait eu des temps mémorables où l'homme ait demandé aux hommes plus que Dieu même, autre chose que des vertus! car pouvons-nous penser que

Le cardinal de Noailles.

lorsque l'âme d'un Fénélon, d'un Noailles, auront paru devant l'Être suprême, il leur ait demandé compte des opinions qui les ont occupés ou divisés sur la terre! Ah! pour moi, je crois que l'Être souverainement puissant et souverainement bon n'aura vu dans ces êtres bienfaisans que sa plus digne image, que les ministres et les interprètes les plus éclairés de sa bonté, qui n'ont cru être placés sur la terre que pour essuyer les larmes des malheureux et donner au monde l'exemple des vertus.

Un des premiers actes de son autorité, comme archevêque, fut un acte de bonté, et sans doute madame de Maintenon, qui jamais n'oublioit les malheureux, l'y engagea elle-même; car c'étoit malgré ses prières que madame Guyon étoit de nouveau détenue à Vincennes, pour avoir, dit-on, manqué à la parole qu'elle avoit donnée à Bossuet de rester dans la retraite. Le cardinal la plaça dans un couvent à Vaugirard, et sa raison si pleine d'onction calma, par degrés, l'exaltation de ses idées. On l'avoit vue n'opposer que de la résistance, dans les conférences d'Issy, au ton impétueux et dominateur de Bossuet; et le cardinal de Noailles, après quelques mois, obtint d'elle, sans y mettre de contrainte, le désaveu de ses erreurs.

Fénélon, malgré l'étendue qu'il avoit donnée à ses devoirs d'archevêque, s'étoit encore occupé à Cambrai de prouver l'orthodoxie de la doctrine mystique. Les *Maximes des Saints* parurent, et l'autorité des saints qu'il citoit venoit à l'appui des principes de madame Guyon, qui alors étoient aussi les siens. C'étoit un morceau plus étendu que l'apologie publiée par madame Guyon à la suite des conférences d'Issy : dans cet ouvrage il crut rectifier tout ce qu'on reprochoit à son amie, et développer les idées orthodoxes des pieux contemplatifs qui s'élèvent au-dessus des sens, et qui tendent à la perfection ; mais les ennemis de cette doctrine dénoncèrent le livre au roi, comme un ouvrage dont les résultats étoient très-dangereux. Le roi voulut connoître, sur ce point, le sentiment de Bossuet, qui, déjà ennemi déclaré de cette doctrine, se prononça fortement contre les *Maximes des Saints*. Pourquoi donc, lui dit le roi, avez-vous montré tant d'empressement à sacrer M. de Cambrai ? C'est alors que Bossuet se jeta à ses pieds, et lui avoua que les sentimens de Fénélon, ami de madame Guyon, lui étoient suspects depuis

long-temps. « Je charge votre conscience, lui
» dit ce prince irrité, de tous les malheurs (1)
» que je prévois. Le Ciel m'est témoin que le
» moindre soupçon sur la doctrine, auroit
» pour jamais fermé à Fénélon l'entrée aux
» dignités ecclésiastiques ».

Instruit des sentimens de Fénélon sur le quiétisme, et de son amitié pour son auteur, le roi montra à madame de Maintenon son indignation sur le secret qu'elle avoit gardé avec lui à ce sujet. Il lui reprocha de l'avoir pressé d'appeler Fénélon à l'éducation des princes et à l'archevêché de Cambrai. Il lui reprocha les conférences fréquentes qu'elle avoit eues avec Fénélon et Mme Guyon, aux hôtels de Chevreuse et de Beauvilliers. Ce fut en vain qu'elle lui dit que les soupçons qu'on avoit conçus sur la pureté de la doctrine de Fénélon, avoient été écartés par l'entière soumission qu'il avoit montrée aux conférences d'Issy; que l'on devoit les plus grands égards à un homme aussi distingué par son esprit, ses talens et ses vertus. Le roi

---

(1) Ces malheurs n'étoient-ils pas surtout dans l'importance qu'il attachoit à une erreur passagère, qui ne méritoit guère d'inquiéter un souverain, et qui seroit bientôt devenue indifférente à tout le monde, si le chef de l'état n'y avoit donné de l'éclat?

ébranlé dans toute sa confiance pour elle, rejeta toutes ses excuses : « Il faut, dit-elle au » cardinal, que toute la peine de cette affaire » retombe sur moi ». L'orage fut si violent qu'elle proteste au cardinal qu'elle ne se mêlera plus d'appuyer aucune nomination aux dignités ecclésiastiques.

Fénélon, à son retour à Paris, alla voir madame de Maintenon, qui lui montra toute son affliction sur l'effet de son ouvrage : « Mais, » lui dit-elle, vous êtes trop prudent pour n'a- » voir pas consulté des amis éclairés, et trop » sage pour n'avoir pas déféré à leur avis ». Fénélon lui nomma les ecclésiastiques à qui il avoit remis son manuscrit, et qui l'avoient encouragé à l'imprimer ; il lui dit qu'il ne lui falloit qu'une audience du roi pour le désabuser ; qu'il retoucheroit son ouvrage ; qu'il expliqueroit ce qui paroissoit obscur et supprimeroit ce qu'on jugeroit dangereux : « M. de Cambrai, dit madame de Maintenon » au cardinal, sait le mauvais effet de son » ouvrage. Il m'a dit qu'il ne pouvoit se dis- » penser de parler au roi à cette occasion ; je » tombai d'accord de tout, mais par les dis- » positions que je vois, M. de Cambrai aura » peu de satisfaction de cette entrevue ; j'ai

» fait ce que j'ai pu pour qu'on le prévienne,
» mais on ne veut pas ».

Les suites de l'entrevue furent telles que madame de Maintenon l'avoit prévu. Le roi, après avoir entendu Fénélon, fut persuadé qu'il étoit aussi chimérique en religion qu'en politique.

Madame de Maintenon revit Fénélon quelques jours après avec le cardinal de Noailles. Elle proposa des conférences semblables à celles d'Issy : le cardinal, ami de la paix, les désiroit beaucoup ; Fénélon y consentoit ; mais voulant se tenir en garde contre la prévention que Bossuet avoit manifestée sur ses opinions, il demandoit que le cardinal de Noailles fût au nombre des juges, ainsi que plusieurs évêques et huit docteurs ; et qu'un secrétaire écrivît mot à mot les objections et les réponses. Ces conditions n'ayant pu avoir lieu, il demanda que le jugement fût renvoyé au sacré collége. Il désiroit de se rendre lui-même dans la capitale de la chrétienté, quand il reçut l'ordre de partir sans délai pour son diocèse. Les préventions du roi paroissent s'être accrues chaque jour : « Croyez,
» dit madame de Maintenon au cardinal, que
» cette affaire ne s'adoucit point, ni en France,
» ni dans le cœur du roi ». Tout ce que ce

monarque put accorder dans ce moment aux instances de madame de Maintenon et aux larmes du duc de Bourgogne, fut de conserver encore à Fénélon le titre de précepteur des princes ses enfans.

Pendant qu'on combattoit à Rome (1), Bossuet fit imprimer un ouvrage contre le quiétisme : « Le livre de M. de Meaux, dit madame
» de Maintenon, réveille toute la colère du
» roi, sur ce que nous avons laissé nommer
» un tel archevêque, et il m'en fait de grands
» reproches ». Fénélon étoit flétri, même avant le jugement du pape, par le soupçon d'hérésie, aux yeux de Louis XIV : « De quelque manière
» que cette affaire se termine, dit encore madame de Maintenon, je ne vois que sujets
» d'afflictions. Si M. de Cambrai n'est pas condamné, c'est un grand protecteur pour le
» quiétisme (2); s'il l'est, c'est une flétrissure
» dont il aura peine à se relever (3) ».

---

(1) *Voyez* les détails du combat, dans la *Vie de Fénélon*, par M. de Beausset. Cet illustre et intéressant prélat ne pouvoit avoir un plus digne interprète de son génie comme de ses vertus.

(2) Et par conséquent un homme odieux au roi.

(3) Personne ne soupçonnoit encore qu'il sauroit en faire un sujet de gloire.

Pendant qu'elle continuoit à essuyer les reproches du roi, pour l'amitié qu'elle portoit à Fénélon, elle dut cependant trouver quelques consolations dans les deux hommes qui l'approchoient le plus. M. de Chartres, quoiqu'il eût défendu la lecture de l'ouvrage de Fénélon, continuoit d'aimer et d'honorer sa personne; et le cardinal de Noailles se montroit si peu ennemi de l'amour désintéressé, qu'il venoit de dire dans une instruction pastorale : « Ne blâ-
» mons point les excès où l'amour porte les
» âmes; la véritable mesure de l'amour de Dieu
» est de l'aimer sans mesure ».

Bientôt on produisit une lettre du père Lacombe, adressée à madame Guyon, et par laquelle il lui rappeloit l'intimité coupable dans laquelle ils avoient vécu, et l'invitoit à en exprimer comme lui son repentir. C'étoit au cardinal qu'on avoit fait passer cette lettre; il alla à Vaugirard la mettre sous les yeux de madame Guyon. Elle s'écria en la lisant, que le père Lacombe étoit devenu fou, et protesta de son innocence. Eh! qui ne seroit disposé à croire aux vertus de l'amie de Fénélon, à celle dont il dit, en apprenant sa mort prématurée (1) : *C'étoit une belle âme, et je la crois*

---

(1) Elle mourut jeune, et dans la détention.

bien avec Dieu. On dit qu'en effet, la longue détention du père Lacombe avoit aliéné sa raison; d'autres pensèrent que cette lettre avoit été forgée par un ennemi de Fénélon. On ne peut peindre l'effet de cette lettre sur le roi, à qui on la fit parvenir. Dès ce moment, il ne vit plus dans madame Guyon qu'une folle corrompue; ses amis lui devinrent suspects; le vertueux Fénélon fut regardé comme le protecteur du vice, et madame de Maintenon comme son complice. Ce prince, naturellement modéré, jeta dans ce moment l'épouvante autour de lui, en s'abandonnant à un emportement dont il n'avoit pas encore donné d'exemple (1).

Madame de Maintenon se trouva dans la situation la plus pénible et la plus douloureuse à l'égard du roi. Ce prince qui, jusqu'à cet évènement, avoit eu la confiance la plus parfaite dans la pureté de ses principes comme de sa doctrine, se trouva ébranlé dans tous ses sentimens. Il ne la voyoit plus que pour lui faire des reproches de l'avoir pressé d'appeler Fénélon et à l'éducation des princes, et à l'arche-

{Situation douloureuse de mad. de Maintenon.}

---

(1) Le nom de Fénélon n'est plus prononcé dès ce temps, dans les lettres de madame de Maintenon.

vèché de Cambrai. Surtout il lui reprochoit de lui avoir caché et l'amitié de Fénélon pour madame Guyon, et ses conférences à l'hôtel de Chevreuse, sur lesquelles il étoit vrai qu'il avoit été rassuré, dans le temps, par l'estime profonde qu'il avoit pour elle. Rempli de défiance et d'ombrages, il n'étoit point ramené par les assurances qu'elle lui donnoit, qu'il ne s'y étoit jamais rien dit qui ne fût à l'honneur des mœurs comme de la religion. Madame de Maintenon, même dans ce temps qu'on a nommé *de disgrâce,* se crut toujours obligée de dire la vérité au roi. Sa raison supérieure, comme l'intégrité de son cœur, lui faisoient désapprouver toutes les punitions arbitraires; mais Louis XIV, qui respectoit les lois, qui vouloit qu'on les prît toujours pour guide, qui disoit qu'on ne savoit plus où l'on alloit lorsqu'on n'étoit point réglé par elles, Louis XIV se permettoit cependant des détentions arbitraires dans les temps de querelles religieuses. Madame de Maintenon ayant reçu une lettre d'une personne renfermée pour cette querelle, et qui demandoit quelques adoucissemens à sa détention, écrit au cardinal qu'elle avoit montré cette lettre au roi, et lui avoit dit « que » toutes ces détentions irrégulières tourmente-

» roient tôt ou tard sa conscience. « J'eus
» pour toute réponse » : J'en ai toujours vu
user ainsi en semblable occasion. « Jamais,
» dit-elle, je n'ai trouvé le roi plus ferme,
» plus défiant, plus impénétrable ; si je l'ai-
» mois moins, je serois rebutée depuis long-
» temps ; mais je lui dois la vérité ».

Ainsi madame de Maintenon, accusée d'avoir abandonné Fénélon dans sa disgrâce, se trouvoit la victime la plus à plaindre de son amitié pour lui. On conçoit que la douleur des amis de Fénélon a pu les rendre injustes, dans le moment où ils se virent privés d'un ami si cher. On conçoit que M. de Ramsay, et madame Guyon même, aient pu supposer à madame de Maintenon un pouvoir qu'elle n'avoit pas ; que Fénélon même, environné de leurs plaintes, ait pu partager leurs préventions. Mais peut-on entendre le duc de Saint-Simon, l'homme qui, j'ose le dire, se montre le plus souvent, en vivant au milieu de la cour, le moins instruit des causes des évènemens qui s'y passent, l'homme qui souille toutes les vertus dont il parle, jusqu'à celles de Fénélon même (1), peut-on, dis-je, l'entendre jeter des cris contre

---

(1) *Voyez* les notes 12 et 13.

madame de Maintenon, l'accuser de l'avoir perdu, et parler comme si madame de Maintenon devoit à Fénélon le sacrifice de son affection, de ses devoirs, enfin de toute son existence, en se mettant en pleine révolte contre son époux et son roi ? La gloire si pure, si touchante de Fénélon, cette gloire si particulière, qui ne réveille dans notre âme que des idées attendrissantes, parce qu'elle s'attache bien plus encore à ses vertus sublimes qu'à son aimable génie ; cette gloire a-t-elle donc besoin d'être ou défendue, ou soutenue par l'injustice ? Comment les amis de Fénélon accusent-ils Mme de Maintenon de sa disgrâce, elle qui seule l'avoit mis à sa véritable place, et qui eût été perdue, si elle eût pu l'être, précisément pour l'y avoir élevé ! elle qui, bien loin d'avoir aucune influence sur Louis XIV, dans les divisions religieuses, étoit au contraire, à cet égard, sous le joug le plus impérieux de ce monarque ! elle qui fut condamnée, après la disgrâce de Fénélon, à ne pas même prononcer son nom ! elle qui ne montre de fautes, dans une si belle et si longue vie, que celles qui tiennent à la crainte de blesser un roi si jaloux de son autorité, et à la nécessité de prouver à ce prince intolérant qu'elle n'est ni calviniste, ni quiétiste (1)! Mais tous ces sentimens qu'on exige et qu'on semble demander hautement à madame de Maintenon, Fénélon les lui demandoit-il, et les avoit-il lui-même? N'aimoit-il pas avant tout l'état, sa famille, ses amis, le duc de Bourgogne, et enfin madame Guyon? Voit-on nulle part que madame de Maintenon, jalouse à l'excès, comme toutes les âmes qui ont des affections profondes, de conserver les sentimens qu'elle avoit obtenus, attende aucune préférence de son cœur? Je dirai même que si c'est un tort de madame de Maintenon, c'est un tort qui me paroît incontestable, et qu'elle a plus aimé encore le cardinal de Noailles que Fénélon même. Peut-être le calme de l'âme douce du cardinal, convenoit-il plus encore pour l'intimité, à l'âge, à la fatigue habituelle de madame de Maintenon, que le génie brillant et fécond de Fénélon même. Sans doute aussi elle se sentoit plus aimée par le cardinal, dont l'âme s'étoit unie à la sienne dès les premiers momens; et le cœur peut-il être accusé d'injustice, quand il se donne plus entièrement à

---

(1) Elle fit dans cette querelle, une faute dont je parlerai tout à l'heure.

celui pour qui il est un bien plus précieux ? Quoi qu'il en soit, sa longue et intime correspondance avec ce vertueux et aimable prélat, l'abandon entier de son âme dans la sienne, les consolations qu'elle y puise et que sans cesse elle lui exprime, sont pour moi des preuves sans réplique que le cardinal avoit obtenu sur Fénélon même les préférences de son cœur.

Bossuet poursuivoit à Rome la condamnation des *Maximes des Saints*; mais cet apôtre du dogme, cet éloquent défenseur de la pureté de la foi, accoutumé à la victoire dans les combats religieux, vouloit vaincre, et sembloit vouloir subjuguer jusqu'au sacré collége. Ses attaques contre l'erreur étoient si passionnées que les amis de Fénélon se croyoient en droit de les considérer comme l'expression d'une haine personnelle. On l'entendoit s'écrier : « J'élèverai ma voix jusqu'au Ciel (1)
» contre ses erreurs. La cause de Dieu ne sera
» pas lâchement abandonnée. Fussé-je seul,
» seul je résisterai à tous. Les âmes sont en
» péril; Dieu ne m'abandonnera pas, ni moi,
» ni son église; quoi qu'il arrive, la vérité

---

(1) Relation du quiétisme, page 264.

» sera triomphante, et l'erreur confondue ».
Ce langage audacieux convient-il à aucun mortel, tous sujets à l'erreur? On croiroit qu'un être délégué par le ciel même a seul le droit de le tenir. Aussi, pourroit-on douter qu'un homme qui sembloit provoquer, avec tant de véhémence, la condamnation des erreurs, se fût jamais soumis lui-même au jugement du sacré collége; et la conduite de Fénélon, le ton de ses défenses, celui de ceux qu'il avoit pris pour avocats à Rome, rendoient tous les jours son parti plus nombreux. C'est à regret, sans doute, c'est avec douleur, qu'on découvre les fautes d'un génie qui souvent paroît au-dessus de l'humain; d'un génie qui semble avoir été choisi par Dieu même, comme son plus digne interprète, quand il nous parle de sa grandeur, et qu'il veut nous pénétrer du néant des grandeurs humaines; mais on est obligé de s'avouer, en reconnoissant toutes les vertus que ce prélat a montrées dans son épiscopat, que la nature même du génie véhément et essentiellement dominateur de Bossuet, est la cause de ses torts, comme elle est aussi la source des beautés qui nous élèvent et nous renversent dans ses écrits.

Une grande partie du sacré collége, et le

pape lui-même, après plus d'un an d'examen des *Maximes des Saints*, n'y pouvoient voir encore aucun motif de les condamner. Le roi, à qui Bossuet avoit fait passer toute sa haine contre le quiétisme, le roi, qui dans sa qualité de bon catholique, reconnoissoit l'infaillibilité du pape, se montroit pourtant irrité de ses retards; tout à coup, persuadé, dit-on, par les ennemis du quiétisme, que la cour de Rome ne condamneroit jamais l'ouvrage de Fénélon, tant qu'elle ne le croiroit pas dans la disgrâce, il ôta à Fénélon le titre de précepteur des princes, malgré les larmes du duc de Bourgogne. Tous ses amis perdirent leurs emplois, et toute correspondance avec lui fut regardée comme un crime d'état.

Je ne puis apprendre de madame de Maintenon ses sentimens sur cette disgrâce, qui précède et commande la condamnation des *Maximes des Saints* ; puisque madame de Maintenon ne prononce plus dans ses lettres le nom de Fénélon, et qu'elle se borne à en parler à l'évêque de Chartres et au cardinal. Mais je connois son âme noble et sensible, et je ne doute point de la vérité de ce que dit La Beaumelle, qu'elle en fut inconsolable. Et comment ne l'eût-elle pas été? elle voyoit le roi, l'objet de ses premières affections, frapper avec autant de violence que d'injustice, un de ses amis les plus chers; elle étoit condamnée à ne pouvoir se plaindre de cet abus si douloureux du pouvoir, et à ne pouvoir montrer même sa pitié à sa victime. Réduite à s'interdire jusqu'au nom de Fénélon, cette douleur contrainte, jointe à la froide réserve du roi, causée par les soupçons qu'il conservoit sur sa doctrine, et peut-être sur sa tendresse (1), la jeta dans une maladie très-grave. C'est alors que l'évêque de Chartres, rempli pour elle de la plus tendre vénération, et touché de sa situation, écrivit au roi :

« Rendez, Sire, votre confiance à cette
» excellente compagne, pleine de l'esprit
» de Dieu et de tendresse et de fidélité
» pour votre personne; je connois le fond
» de son cœur, et je vous suis garant qu'elle
» ne vous trompera jamais, si elle n'est
» trompée elle-même ». Cette lettre, sa ma-

---

(1) La Beaumelle croit, d'après une conversation avec une femme qui a long-temps vécu avec madame de Maintenon, que Louis XIV a été jaloux de sa tendre amitié pour Fénélon.

ladie, ses larmes, ramenèrent enfin Louis vers elle. Il paroît que M. de Chartres ne parla point à madame de Maintenon de la lettre qu'il avoit adressée au roi, et qu'elle crut devoir le retour de sa tendresse à ses chagrins et à sa maladie; car plus tard, elle dit à madame de Glapion : « Vous savez les chagrins que j'ai eus
» sur M. de Cambrai. Le roi, dont j'avois
» d'abord essuyé les reproches, finit par en
» être si touché qu'il me dit un jour : — Eh
» bien ! Madame, il faudra donc vous voir mou-
» rir pour cette affaire-là » ?

1696. La condamnation des *Maximes des Saints*, poursuivie à Rome par la haine (1), et arrachée par la menace, paroît enfin; et le jour de la gloire la plus pure se lève pour Fénélon. Ce prince de l'Eglise, ce bienfaiteur de son troupeau, ce génie si beau, si bienfaisant, si aimable, monte en chaire, et après avoir annoncé sa condamnation, et défendu à son auditoire

---

(1). Le neveu de Bossuet ne se montre-t-il pas plutôt l'ennemi de Fénélon que le défenseur de la vérité, quand il s'écrie, au moment de sa disgrâce : « On ne
» pouvoit nous envoyer de meilleures pièces, que la
» nouvelle de cette disgrâce » ? Bossuet ne s'est-il pas exposé à de justes reproches, en employant un agent aussi passionné ?

baigné de larmes d'admiration et d'amour, la lecture de son livre, il prononce ces paroles, les seules de cette déplorable querelle qui resteront à jamais dans le souvenir des hommes : « A Dieu ne plaise qu'il soit jamais dit de nous, » que le pasteur est moins soumis que la der- » nière brebis de son troupeau »! O Fénélon! toi seul triomphes aujourd'hui ; et comment regarderions-nous comme une disgrâce, l'obligation de rester à ton poste, quand c'est là surtout que tu pouvois faire éclater ces vertus de bienfaisance et de patriotisme qui t'ont rendu l'objet de la vénération, de l'admiration et de l'amour de l'Europe entière!

« Fénélon, dit M. de Laharpe, est parmi les » hommes de lettres ce que Henri IV est parmi » les rois ; c'est un de ces noms qu'on ne pro- » nonce point sans attendrissement, et qui, » loin de rien perdre en passant à travers les » âges, recueillent sur leur route de nouveaux » honneurs, et arriveront à la dernière posté- » rité, précédés des acclamations de tous les peu- » ples, et chargés des tributs de tous les âges ».

L'évêque de Chartres s'empressa de témoigner à Fénélon la satisfaction qu'il ressentoit de sa soumission au St.-Siége ; mais il fut plus sévère que le pape lui-même, qui n'avoit condamné qu'à regret ses tendres erreurs, et en disant : *Fénélon a péché par excès d'amour divin, et ses ennemis par trop peu d'amour pour le prochain.* M. de Chartres prétendit que Fénélon devoit encore un plus grand exemple, qu'il devoit combattre le quiétisme avec la même chaleur qu'il l'avoit défendu. On dit que madame de Maintenon parla, dans cette occasion, comme son directeur, dit aussi que c'étoit le plus sûr moyen qu'eût Fénélon de prouver son entière soumission au St.-Siége. (1). Rien de plus étonnant qu'un pareil langage dans la bouche de madame de Maintenon ; mais s'il est vrai qu'elle l'ait tenu, qui ne voit cependant que c'est ici la femme de Louis XIV, à qui il falloit prouver qu'elle n'étoit point quiétiste, qui parle seule ; et que madame de Maintenon, hors de la cour et hors de ses liens, n'eût jamais tenu un langage aussi peu convenable à l'amitié, aussi opposé à l'honneur délicat qui dirige toute sa vie, tant qu'elle est indépendante ? Et comment ne pas éprouver un sentiment de pitié pénible, en voyant une femme qui n'a montré que l'héroïsme de l'ami-

―――――――

(1) Je n'en ai pour garant que La Beaumelle, et cette faute ne s'accorde pas avec l'admiration qu'elle montre à Louis XIV de la soumission sublime de Fénélon. Mais je n'ai pas voulu qu'on me reprochât de la dissimuler.

tié dans un état obscur, ne se plus montrer qu'une femme ordinaire, dans quelques circonstances, parce qu'elle est la femme de Louis XIV?

On ne peut douter cependant que l'âme de madame de Maintenon ne partageât, avec toute la France, l'admiration que venoit d'inspirer la soumission simple et sublime de Fénélon au saint siége. M. de Caraccioli dit, dans la *Vie de madame de Maintenon*, qu'elle en parla avec admiration au roi; mais ces sentimens se renfermèrent dans son cœur. La haine du roi contre le quiétisme se porta bientôt toute entière sur la personne de Fénélon, quand le *Télémaque* parut. Rien ne put lui ôter l'idée que cet ouvrage n'étoit qu'une satire amère de son gouvernement. Il appela Fénélon un homme ingrat, dont le cœur, disoit-il, étoit aussi mauvais que son esprit étoit chimérique. Fagon et Félix (1) représentèrent à Louis XIV que la malignité n'étoit pas dans l'ouvrage, mais dans les lecteurs; qu'il étoit facile de prêter des vues satiriques aux historiens et aux moralistes les mieux intentionnés; qu'on ne pouvoit accuser l'auteur du *Télémaque* d'avoir peint

---

(1) Mémoire de l'évêque d'Agen.

sa majesté, puisqu'il n'avoit peint que de mauvais princes; et ils lui demandèrent s'il ne seroit pas à désirer que le duc de Bourgogne ressemblât à Télémaque (1)?

On se sent soulagé quand on entend au milieu d'une cour adulatrice la voix courageuse de la vérité; et l'opinion la couvre de tant de gloire, qu'on ne peut concevoir que cette voix ne s'élève pas plus souvent en faveur de la vertu calomniée. Mais cette voix resta sans effet sur l'âme de Louis XIV; il conserva toute sa vie ses préventions. Il me semble que Fénélon est le seul homme envers qui il ait été constamment injuste; il falloit donc qu'il crût ne l'être pas, puisque les services éclatans de Fénélon, une émeute appaisée aux dépens de tout son reve-

_____

(1) Il m'est impossible de penser que madame de Maintenon partageât les préventions de Louis XIV sur le Télémaque. M. de Beausset nous dit qu'un jour que madame de Caylus voulut lui en lire quelque chose, elle lui répondit: « Je n'aime point le Télé-
» maque. Mais qui ne seroit scandalisé, en voyant la
» satire supposée d'un mari entre les mains de sa femme»?
M. Beausset se trompe pourtant, quand il croit avoir trouvé ce fait dans les *Souvenirs* imprimés de madame de Caylus. Il l'a sûrement trouvé dans quelque manuscrit du temps, et je ne sais si ce manuscrit méritoit sa confiance.

nu, ne purent émouvoir une âme si naturellement touchée de tout ce qui étoit beau, et qui s'étoit toujours montrée si reconnoissante des services qu'on lui rendoit.

Madame de Maintenon, condamnée à se renfermer dans le silence, conserva toute sa vie à ce sublime citoyen la plus tendre estime; et son âme seule nous en répondroit, si nous ne pouvions en trouver des preuves. Eh ! comment croire que madame de Maintenon, qu'on voit, jusque dans son âge le plus avancé, accompagnée des amis de sa jeunesse, qui a pleuré si douloureusement le maréchal d'Albret, qui a pleuré si sincèrement madame de Richelieu qui s'étoit un moment déclarée son ennemie, pût cesser d'aimer un homme tel que Fénélon ; celui dans l'âme duquel elle avoit long-temps épanché la sienne ; celui qui lui proùvoit tous les jours, en remplissant l'Europe de la renommée de ses vertus, combien l'amitié qu'il lui avoit portée étoit honorable pour elle ? Mais on voit des preuves de ses regrets plus de dix ans après cette disgrâce. Tous les historiens de sa vie racontent qu'un jour à Saint-Cyr elle laissa échapper les mouvemens toujours contraints de cette tendre estime qu'elle lui conservoit. Mademoiselle d'Osmont, élève de Saint-Cyr, alloit se marier dans le diocèse de Cambrai. « Ah ! ma fille, lui dit-elle, que vous êtes heureuse de vous approcher de cet homme-là » ! Et d'une voix basse : « Voyez-le, le plus que vous pourrez, mais n'en parlez pas (1) ». Le billet que lui adresse madame de Caylus au moment de la dernière maladie de Fénélon, ce billet, j'ose le dire, est d'une autorité irrécusable, car madame de Caylus étoit depuis long-temps l'amie et la confidente la plus intime de madame de Maintenon. Le voici :

« On dit M. de Cambrai bien mal. Je crois qu'on prie bien Dieu à Saint-Cyr, et que vous ne vous y épargnez pas ». Et après la mort du duc de Bourgogne, le roi se fait apporter la cassette de ce prince, et y découvre sa désobéissance dans cette longue et belle correspondance avec Fénélon. « Le roi a voulu la brûler, dit-elle à M. de Beauvilliers, et je vous avoue que j'y ai un grand regret. On ne peut écrire rien de si beau et de si bon ; et si le prince que nous pleurons a eu quel-

---

(1) On ne pouvoit sans danger se montrer l'ami de Fénélon. Madame de Maintenon, consultée un jour sur M. de Beauvilliers, fait l'éloge de ses vertus; puis ajoute : « Mais il a des amis dangereux ».

» ques défauts, ce n'est pas pour avoir reçu
» des conseils trop timides, ni qu'on l'ait
» trop flatté. On peut dire que ceux qui vont
» droit ne sont jamais confus ».

Voilà les sentimens qui ont toujours été dans l'âme de madame de Maintenon pour son ancien ami, mais qu'elle n'a pu montrer que dans la plus intime confiance de l'amitié. Ce n'est point là une justice tardive, comme le lui a reproché un écrivain dont j'honore les talens et les vertus; c'est une justice qui a toujours été au fond de son cœur généreux et sensible, et qu'elle a manifestée dès qu'elle l'a pu sans imprudence (1).

En rappelant cette querelle religieuse, qui a privé madame de Maintenon d'un ami si précieux, je me trouve naturellement conduite à parler d'un autre de ses amis qui lui fut cher aussi, et qui, par le charme de son talent et par la sensibilité de son âme, ainsi que par sa destinée, eut tant de rapport avec Fénélon. Je parle de Racine, dont la mort (2), causée ou

Racine.

---

(1) *Voyez* la note 13.

(2) St-Simon montre encore ici combien il étoit peu instruit de ce qui se passoit dans l'intérieur du château de Versailles. On est tenté de croire souvent, en le lisant, que ce duc et pair, d'ailleurs très-spirituel et

précipitée par la disgrâce, nous touche encore si vivement aujourd'hui. L'amour du peuple, ce sentiment qui dominoit dans le cœur de madame de Maintenon, fut la cause du malheur de ces deux amis. Un jour que Racine lui avoit fait un tableau plein d'énergie et de sensibilité des maux de cette classe si nombreuse de la société, son cœur en fut ému, et elle pria Racine de le lui retracer dans un mémoire qu'elle feroit lire au roi (1), sans lui en nommer l'auteur. Ce prince la surprit lisant ce mémoire; et après l'avoir lu lui-même, il voulut qu'elle lui en nommât l'auteur. On ne peut, sans injustice, quand on connoît le caractère plein de moralité et pétri d'honneur de madame de Maintenon, soupçonner qu'elle ait

---

très-piquant, ne recueilloit que les propos des subalternes du château. Il attribue la disgrâce de Racine à un propos imprudent sur Scarron, tenu devant madame de Maintenon. C'est Boileau seul à qui il arriva un jour de parler avec mépris du poète burlesque, sans que madame de Maintenon en montrât jamais un autre sentiment que celui de l'embarras.

(1) Je suis ici les historiens, et ne peux rien affirmer, ne trouvant pas, dans les lettres de madame de Maintenon, un mot de relatif à cette disgrâce de Racine.

pu céder, si ce n'est après beaucoup de résistance, et en obéissant aux ordres exprès du roi. C'est ici qu'il faut se rappeler la soumission que Louis XIV exigeoit de tout ce qui lui appartenoit, et le respect dans lequel il sut toujours contenir la reine, et son fils qui trembloit encore devant lui, à l'âge de près de cinquante ans. Il faut penser à cet air, rendu toujours plus imposant par l'habitude du pouvoir, et qui portoit le trouble dans l'âme des guerriers qui le voyoient pour la première fois ; il faut penser à ces regards qui firent un jour évanouir la princesse de Conti sa fille, quand il les lui lança dans sa colère ; à ces tons impérieux : « De quoi vous mêlez-vous » ? qui s'adressoient quelquefois à madame de Maintenon elle-même. En se rappelant tout ceci, on verra qu'une résistance opiniâtre et absolue de madame de Maintenon n'auroit paru à Louis qu'une véritable révolte contre son autorité d'époux et de roi.

Le roi, après avoir lu le mémoire de Racine, se montra moins touché du spectacle du malheur du peuple que plein d'humeur contre celui qui l'avoit écrit, et dit : « Parce que Racine est » un grand poète, prétend-il aussi être un » grand ministre » ?

Madame de Maintenon fit prévenir Racine de ce qui s'étoit passé, et lui conseilla de ne point paroître à la cour qu'elle ne l'en eût fait prévenir. Cet homme, aussi sensible que sublime, tomba malade dès ce moment. Il adoroit le roi, de qui il avoit toujours reçu l'accueil le plus flatteur, et il ne pouvoit se consoler d'être exilé de sa présence. L'espérance le ranima pourtant. Madame de Maintenon, qui sans doute lui avoit donné rendez-vous dans les jardins de Versailles, le fit entrer un jour dans un bosquet : « Que craignez-vous ? lui dit-elle ; c'est moi qui ait fait votre malheur, il est de mon honneur de tout réparer. Laissez passer ce nuage, je ramenerai des jours sereins ». Comme elle cherchoit à le consoler, une calèche passe : « C'est le roi ! s'écrie-t-elle ; sauvez-vous »; et elle le quitte elle-même avec le peu de force que lui laisse sa terreur. Racine avoit le foie attaqué, il étoit mal guéri, et ses maux, aigris par le chagrin, le conduisirent bientôt au tombeau. Mais peut-on cependant voir, dans cette fuite précipitée et involontaire de madame de Maintenon, autre chose qu'un mouvement d'effroi, auquel cette femme, naturellement courageuse, n'avoit pu se soustraire ?

Combien madame de Maintenon dut être pénétrée de la mort d'un si beau génie, causée par une disgrâce dont la cause, si pure à la vérité, étoit cependant produite par elle-même! Rien pourtant n'est ici volontaire; l'aveu de l'auteur est commandé, et cette fuite est évidemment irréfléchie et spontanée. Je ne sais si la crainte de voir s'étendre sur elle la colère du roi, l'assurance de ne rendre aucun service à Racine, ont pu l'arrêter dans l'aveu qu'elle devoit au roi, que c'étoit elle-même qui avoit demandé ce mémoire; ce seroit une faute plus grave. Mais personne n'a le droit de la lui reprocher, puisque ses lettres ne nous donnent là-dessus aucun éclaircissement, et que personne ne sait ce qui s'est passé dans son intimité avec le roi. Combien je la plaindrois, si elle avoit sacrifié le sentiment de sa conscience, et cet honneur délicat, qui fut l'âme de sa vie, à la crainte d'exciter la colère du roi! Et faut-il encore ici la voir tomber de la hauteur où la nature l'a placée, parce qu'elle est la femme de Louis XIV!

C'est en 1696 que la jeune Adélaïde de Savoie vint répandre, par ses grâces et son amabilité naturelle, un nouvel éclat sur la cour de Louis XIV. Nous ne pouvons mieux

Arrivée de Mlle. de Savoie.

savoir ce qu'elle étoit en ce moment, qu'en lisant la lettre que madame de Maintenon adressa à la duchesse sa mère, à l'instant de son arrivée. Cette lettre me paroît le produit d'un goût exquis, d'une noble réserve, d'une modestie de sentiment qui laisse cependant entrevoir toute la noblesse de sa situation, enfin un modèle de narration ornée de toutes les grâces de la raison la plus distinguée comme la plus aimable.

« Le roi, dit-elle, en est charmé; il se
» récrie sur son air, sa politesse, sa retenue,
» sa modestie, et Votre Altesse Royale n'i-
» gnore pas combien il est avare de louanges.
» Il est impossible de se tirer mieux d'une
» première entrevue. Elle a toutes les grâces
» d'onze ans, et déjà les perfections d'un âge
» plus avancé. L'humeur paroît aussi aimable
» que la taille promet d'être parfaite. Elle n'a
» pas besoin de parler pour montrer qu'elle
» a de l'esprit; sa manière d'écouter, tous
» les mouvemens de son visage, ses regards,
» tout cela dit que rien ne lui échappe. Elle
» a une politesse qui ne lui permet pas de
» rien dire de désagréable. Je voulois m'op-
» poser aux caresses qu'elle me faisoit, et lui
» disois que j'étois trop vieille. « Ah ! pas si

» vieille (1) » ! me dit-elle. Puis elle me fit
» asseoir; et se mettant, d'un air flatteur,
» presque sur mes genoux, elle me dit : *Ma-*
» *man m'a chargée de vous assurer de son*
» *amitié, et de vous demander la vôtre*
» *pour moi; apprenez-moi bien, je vous*
» *prie, ce qu'il faut faire pour plaire au*
» *roi* Ce sont ses propres paroles ; mais la
» douceur, la gaîté, les grâces dont elles
» étoient accompagnées ne peuvent se mettre
» sur le papier. Je n'ose mêler mes admira-
» tions à celles qui seules doivent être comp-
» tées; mais je ne puis m'empêcher de re-
» mercier Votre Altesse Royale *de nous don-*
» *ner une enfant* (1) qui, selon toutes les
» apparences, fera les délices de toute la
» cour. Vous me faites trop d'honneur,
» Madame, d'approuver que je lui donne
» mes soins. Votre Altesse Royale m'a laissé
» si peu de chose à faire ! Je les bornerai

---

(1) Elle avoit alors soixante-un ans.

(2) On observera la modestie de sentiment dans cette phrase : *Je n'ose mêler mes admirations*, etc.; et l'élévation de sa situation dans cette autre : *De nous avoir donné une enfant.* La femme de Louis XIV pouvoit seule parler ainsi.

» à empêcher que les autres ne la gâtent;
» mais peut-être commencerai-je par la gâter
» moi-même ».

Madame de Maintenon, à la prière du roi, se chargea de surveiller son éducation, si heureusement commencée. Connoissant tous les dangers du séjour de la cour, où elle ne seroit entourée que de flatteurs et d'esclaves, elle la mena à Saint-Cyr, où elle passoit une partie de ses matinées, dans l'espérance qu'elle pourroit s'y plaire, au milieu d'une foule de jeunes personnes de son âge, dont les occupations réglées et les innocens plaisirs auroient probablement plus d'attraits pour elle que ces plaisirs de la cour, que l'étiquette corrompt toujours, surtout à cet âge. « Il n'y a point
» dans les cloîtres, disoit madame de Main-
» tenon, d'austérités semblables à celles où
» assujétit l'étiquette de la cour ».

Après le mariage de la duchesse du Maine, madame de Maintenon l'engagea à se retirer à la campagne: « Délassez-la, dit-elle à l'abbesse
» de Maubuisson, on la tue ici; sa coiffure
» pèse plus qu'elle. Je voudrois la tenir à Saint-
» Cyr, et la voir courir avec une des vertes »
(la plus jeune des classes, qui toutes étoient distinguées par la couleur des rubans).

Le jour du mariage, qui, dans les classes les plus nombreuses de la société, est souvent un jour de fête pour la femme qui en est l'objet, parut insupportable à la jeune Adélaïde, par la suite des cérémonies qu'il lui fallut essuyer, et des discours qu'elle fut obligée d'entendre. « Monsieur, dit-elle à un homme qui lui parloit » trop long-temps à son gré, ce que vous » me dites est sans doute fort beau, mais » heureusement on ne se marie pas tous les » jours ».

Le duc de Bourgogne s'en montra très-épris, quoiqu'elle n'eût qu'onze ans encore. « Il a été » décidé, dit madame de Maintenon, qu'il ne » la verroit que comme maîtresse.—Et ne suis- » je pas sa femme », disoit-elle innocemment. Mais après avoir entendu madame de Maintenon, elle lui promit d'être toujours cruelle pour son mari, jusqu'à ce que le roi lui ordonnât de ne l'être plus.

Madame de Maintenon ne s'étoit pas trompée dans l'espérance que cette jeune princesse préféreroit Saint-Cyr au séjour de la cour. Elle ne se trouvoit heureuse que dans cette maison, où elle cessoit d'être princesse, et où elle aimoit à se voir confondue dans la foule des jeunes élèves. Elle les suivoit dans toutes leurs occupations, comme dans tous leurs délassemens; quelquefois elle s'habilloit en dame de Saint-Louis, présidoit aux classes et apprenoit à commander avec douceur, après avoir obéi avec docilité; elle s'y trouvoit si heureuse, que plus d'une fois on l'a vue pleurer d'être obligée de s'éloigner de Saint-Cyr pour les différens voyages de la cour.

Madame de Maintenon ne dédaignoit elle-même aucune des fonctions de la communauté; elle paroissoit souvent dans les classes, et se plaisoit à interroger et à instruire ses élèves. Elle n'avoit adopté aucune méthode fixe d'instruction; elle en essayoit qu'elle abandonnoit ensuite; elle vouloit ne se déterminer que par les résultats et par l'expérience. Elle vouloit surtout que ses élèves eussent des grâces naturelles, des pensées revêtues d'un langage qui ne sentît jamais l'affectation : « Nous avons voulu » de l'esprit, dit-elle, et nous avons fait des » rhétoriciennes; de la dévotion, et nous » avons fait des quiétistes; de la modestie, et » nous avons fait des précieuses; des senti- » mens élevés, et l'orgueil est au comble.... Je » crois qu'on obtiendroit plus facilement une » pénitence publique du roi, qu'une pénitence » particulière d'une élève de Saint-Cyr ». Un jour qu'elle s'étoit plaint apparemment à une des maîtresses de la recherche d'expression de la classe qu'elle gouvernoit : « Rassurez-vous, » Madame, lui dit-elle quelque temps après, » *les rubans jaunes* n'ont pas le sens com- » mun ».

Comme madame de Maintenon craignoit pour ses élèves le voisinage de la cour et les fréquentes visites, elle défendit qu'on y reçût personne à dîner. Un jour que Bourdaloue devoit y prêcher : « Au moins, mon père, lui » dit M. d'Aubigné (1), dînez bien, car Saint- » Cyr est la maison de Dieu ; on n'y mange, » ni on n'y boit. — Il est vrai, dit madame de » Maintenon en souriant, que notre fort est » l'instruction, et notre foible l'hospitalité ».

Ennemie des divisions religieuses dont elle avoit pensé être la victime, ayant l'expérience des troubles que ces divisions pouvoient produire, ayant été témoin de la passion, de l'intolérance que les femmes même apportoient

---

(1) Il perdit sa femme de bonne heure, et se retira dans une communauté de Paris, d'où il alloit voir sa sœur à Saint-Cyr ; elle lui survécut, et fut aussi désolée de sa perte, que s'il ne lui eût jamais donné que des sujets de joie.

dans les partis dans lesquels elles se jetoient, madame de Maintenon recommande aux dames de Saint-Louis d'inspirer à leurs élèves la plus parfaite soumission aux décisions de l'église. C'étoit le parti que son amour pour la paix, la simplicité de sa religion et l'intolérance du roi lui avoient fait adopter. Toutes les fois qu'on vouloit l'entraîner dans un parti, elle répondoit : *Je ne suis que papiste.* « Les fem-
» mes, dit-elle à ses amies de Saint-Cyr, ne
» doivent point se faire docteurs; nous de-
» vons obéir et croire. On commence par en-
» trer dans le parti par piété, *et l'on ne s'oc-*
» *cupe plus ensuite que des passions et des*
» *intérêts de la cabale* ».

Madame de Maintenon s'étoit occupée, plus qu'aucun des ecclésiastiques qu'elle avoit choisis à ce dessein, des règles de la maison de Saint-Cyr ; et ces règles ont servi depuis de modèle à beaucoup d'établissemens de ce genre chez les nations étrangères. Mais sa modestie se refusa à ce que son nom y parût : « Il vaut
» mieux, dit-elle, qu'elles soient signées par
» un évêque que par une femme ».

Mariage de Mlle. d'Aubigné.

Mademoiselle d'Aubigné étoit élevée auprès de sa tante, quand elle n'étoit pas à Saint-Cyr. La jeune Adélaïde en fit sa compagne et sa favorite. Elle avoit quelques années de plus que la duchesse. Chérie de sa tante, aimée du roi même, elle paroissoit un parti qui offroit de si belles espérances, que de grands princes, le prince de Guise lui-même, osoient à peine se proposer. Elle étoit jolie, modeste, intéressante; le choix de madame de Maintenon semble avoir été déterminé par l'estime et la tendre amitié qu'elle portoit au cardinal de Noailles. Cette amitié avoit commencé au moment qu'ils purent se voir et se parler. Madame de Maintenon ne paroît pas avoir eu une pensée, un sentiment, dont le cardinal n'ait été le dépositaire; et dans un pays, où elle dit elle-même qu'elle étoit étrangère, où elle se plaint à lui de n'avoir personne à qui elle puisse ouvrir tout son cœur, ce libre épanchement de son âme dans l'âme du cardinal étoit pour elle d'un prix inestimable. Il alloit voir le roi tous les lundis à Versailles; ce prince l'accueillit long-temps avec les plus grands témoignages d'estime, et aux mêmes jours il passoit toujours quelques heures avec madame de Maintenon qui, dans les lettres qu'elle lui adresse, lui parle sans cesse du lundi comme d'un jour heureux pour elle. L'amitié qu'elle avoit pour l'oncle passa de bonne heure jusqu'à son neveu, le comte d'Ayen. Le roi, qui avoit apprécié les services du duc de Noailles son père, et l'avoit vengé, en le comblant de grâces, des injustices de ses ennemis, avoit aussi aperçu de bonne heure les grandes qualités du fils, et sembloit le considérer comme un des hommes qui lui seroit le plus utile comme général et comme citoyen. D'après ces dispositions, le cardinal proposa son neveu pour mademoiselle d'Aubigné, et il alla sans doute au-devant des vœux de madame de Maintenon ; car, dès la première ouverture qu'il lui en fit, elle consentit à cette union. Le roi combla les mariés de tant de grâces que madame de Maintenon disoit que cette belle alliance, qu'elle ne pouvoit espérer quand mademoiselle d'Aubigné naquit, faisoit tout à la fois sa gloire et son humiliation ; sa gloire, par les vertus du cardinal et le mérite du neveu ; son humiliation, par les bienfaits que le roi prodiguoit à sa nièce. Il lui donna huit cent mille livres et pour cent cinquante mille francs de diamans. Il assura au comte d'Ayen la survivance des gouvernemens de son père, lui donna deux mille écus de pension le jour de son mariage, et pria la duchesse de Bourgogne d'en donner une semblable à madame d'Ayen Tant de générosité envers une personne de sa famille semble lui avoir donné la crainte que le peuple n'eût le droit de lui reprocher d'enrichir sa nièce aux dépens de l'intérêt public.

Mais je reviens à madame de Bourgogne. Tous les jours madame de Maintenon sembloit l'aimer davantage. « Notre princesse, dit-elle » au comte d'Ayen, croît en taille à vue d'œil, » et insensiblement en mérite ». Les années lui apportèrent toujours plus de charmes et de grâces; et un homme de la cour (le duc de Saint-Simon) la montre à nos regards avec une taille svelte, élégante et légère, qui lui faisoit parcourir tous les lieux à la fois. Elle avoit un visage aimable, les yeux charmans; son esprit étoit aussi juste que naturel.

La jeune Adélaïde trouvant trop froid le nom de madame, pour une personne qu'elle chérissoit et respectoit, n'appeloit jamais madame de Maintenon que *ma tante*, et la prioit sans cesse de la traiter comme sa fille. Elle lui montroit une entière confiance, et lui communiquoit ses idées sur les différentes personnes de la cour. Elle avoit un talent naturel pour les exprimer avec précision et élégance. Quand Bossuet, qu'on avoit nommé son premier aumônier, se mit à ses genoux, pour prêter son serment accoutumé : « Ah ! dit-elle, je suis » bien honteuse de voir à mes pieds une si » bonne tête ». Elle disoit du duc et de la duchesse d'Harcourt : « Quand je les regarde, je » crois toujours voir le courage marié à la » vertu ».

Elle témoignoit à madame de Maintenon sa surprise du ton de critique qu'elle entendoit autour d'elle : « Ici, ma tante, on dit » du mal de tout le monde ». Elle étoit frappée surtout de l'esprit piquant et caustique de madame de Montespan : « C'est, disoit-elle, » une langue de serpent dans une tête de co- » lombe (1) ».

Cette charmante princesse étoit sensible à l'intérêt qu'elle inspiroit, et y répondoit de tout le sien : « Notre princesse passe mes espéran- » ces, dit madame de Maintenon au comte

---

(1) Madame de Montespan, en quittant la cour, après le mariage de son fils le duc du Maine, se jeta dans la plus grande dévotion. Elle faisoit beaucoup d'aumônes. Elle alloit souvent aux Carmélites chercher des consolations auprès de celle qu'elle avoit forcée à s'y renfermer. Madame de Caylus dit, dans ses *Souvenirs*, que madame de la Vallière étoit devenue une sorte de directeur pour madame de Montespan.

» d'Ayen. Je lui voudrois des témoins tels que
» vous ; ceux qui l'entourent ne peuvent con-
» noître le prix de ce qu'elle vaut ».

Le duc de Bourgogne, accoutumé de bonne heure à montrer la plus grande considération à madame de Maintenon, avoit su apprécier la noblesse de son caractère, la constante uniformité de ses vertus, et faisoit d'elle un éloge qui les renferme tous. « C'est, disoit-il, une » femme vraie, et c'est tout dire ».

Touché de la tendresse qu'elle montroit à la femme qu'il adoroit, voyant que ses conseils ne tendoient qu'à leur plus parfaite union, comme à leur bonheur réciproque, il lui donna la même confiance que la jeune duchesse. Il la rendoit dépositaire et arbitre de leurs démêlés, et elle étoit le nœud qui les réunissoit dans les petites contrariétés qui survenoient entr'eux.

Madame de Maintenon dit que l'ombre même de la tromperie faisoit horreur à ce jeune prince, l'élève de Fénélon, qui étoit l'espoir de la nation, comme sa femme en étoit les délices. « M'ayant fait un jour, dit madame » de Maintenon, une réponse peu sincère, le » lendemain il vint me trouver et me dit : » Madame, j'eus hier la foiblesse de vous en » imposer. Je n'ai pu dormir de toute la

» nuit, ayant ce détour à me reprocher; je
» viens vous dire ma faute et la vérité (1) ».

La duchesse de Bourgogne étoit remplie de respect et de tendresse pour le roi et pour madame de Maintenon. Madame de Caylus nous dit qu'elle ne parloit qu'avec larmes de la crainte de les perdre. Elle leur dévouoit presque toute sa vie, sans paroître faire de sacrifice, donnant en public l'exemple du respect qu'elle leur portoit; mais gaie, folâtre même, quand elle étoit en particulier avec eux. Le roi l'aimoit autant que ses propres filles; et un nuage de tristesse se répandoit sur son visage, lorsque les bals, les fêtes auxquelles il vouloit pourtant qu'elle assistât, le privoient d'elle dans la soirée.

Au milieu de ces fêtes, elle portoit le plaisir dans ses regards, dans tous ses mouvemens, et ravissoit toute la cour par la perfection de sa danse, par ses grâces, par sa légèreté, qui ressembloit, dit Saint-Simon, à une marche de déesse sur la nue; on peut imaginer qu'elle aimoit un plaisir qu'elle faisoit partager à tous les spectateurs. Un jour, madame

---

(1) Ceci ne ressemble point à ce que dit Saint-Simon, mais il ne peut être contesté.

de Maintenon dit à madame de Glapion, qu'elle avoit été témoin, la veille, d'une conversation fort vive à l'occasion d'un bal, entre le roi et monseigneur, qui tenoit alors sa cour à Meudon : « Je passe ma vie à les unir, et je
» les vis prêts à se brouiller pour une bagatelle. — Monseigneur, dit-elle, vouloit donner un bal à Meudon, où tout le monde
» seroit admis indistinctement, et cependant il
» vouloit absolument que madame de Bourgogne y fût. Le roi, avec une douceur charmante, lui représenta que, puisqu'il y vouloit madame de Bourgogne, il ne convenoit
» pas que toutes sortes d'hommes et de femmes
» s'y trouvassent. Elle, de son côté, ne voyoit
» pas l'inconvénient de ce mélange, et trouvoit tout simple de danser avec un comédien, comme avec un prince du sang. Je
» ne puis vous dire combien ce démêlé m'a fait
» souffrir, et quelle nuit j'ai passée (1) ».

Les plaisirs qui, pour être goûtés, doivent être le délassement d'une vie occupée, échappèrent de bonne heure à madame de Bourgogne, qui sembloit vouloir en composer sa vie. « Notre princesse se met en quatre pour

---

(1) Elle ne dit point comment la scène s'est terminée.

» se divertir, dit madame de Maintenon au
» duc de Noailles (1); je ne l'ai jamais vue si
» sérieuse ».

Qu'on me permette de rappeler ici ces vers charmans de Voltaire :

> Souvent une jeune princesse
> Languit dans l'âge du bonheur.
> L'étiquette de la grandeur,
> Quand rien n'occupe et n'intéresse,
> Laisse un vide affreux dans le cœur.
> On croiroit que le jeu console;
> Mais l'ennui vient à pas comptés,
> A la table d'un cavagnole,
> S'asseoir entre deux majestés.
> *Epître à la dauphine, infante d'Espagne.*

Ce ne fut pourtant pas l'ennui que le jeu fit éprouver d'abord à la duchesse de Bourgogne; elle s'y livra avec passion, et fit des pertes considérables qui l'obligèrent, plus d'une fois, de recourir à la générosité du roi pour payer ses dettes; mais un jour, elle avoua à madame de Maintenon qu'elle étoit dans le plus triste embarras, que la veille elle avoit perdu 25,000 francs, et qu'elle n'osoit plus

---

(1) Le comte d'Ayen, devenu duc par la mort de son père.

recourir à la bonté du roi. Madame de Maintenon emprunta sur-le-champ la plus grande partie de cette somme, en l'hypothéquant sur sa terre; elle prit le reste sur ses épargnes, et le lendemain matin la princesse trouva dans son cabinet les 25,000 francs avec ce billet : « Voilà, Madame, de quoi payer votre dette » et soulager votre âme; l'unique reconnois- » sance que je vous demande, c'est de ne m'en » point remercier ».

Madame de Maintenon reçut la seule récompense qu'elle pouvoit désirer de ce service. Madame de Bourgogne ne joua plus que pour s'amuser.

Cette princesse dit un jour à madame de Maintenon : « Je vois, ma tante, combien je » vous ai d'obligations; vous avez eu la pa- » tience d'attendre ma raison ». Rien, en effet, n'étoit plus déraisonnable, disoit madame de Maintenon, que de vouloir de la raison dans les enfans; mais que pourrois-je dire en faveur de l'indulgente bonté qui la dirigea dans l'éducation de ses élèves, qui parlât aussi hautement que la tendresse et la confiance sans borne que le duc du Maine et la duchesse de Bourgogne lui montrèrent toute leur vie ? Dépositaire de leurs peines les plus secrètes,

son cœur étoit leur seul refuge dans toutes leurs douleurs; ils se jetoient dans son sein, comme les âmes pieuses se jettent, dans leurs désolations, aux pieds des autels. Ah! la personne que l'on va toujours chercher dans la douleur, la personne qui s'émeut toujours de votre peine, qui a toujours une larme à vous donner, n'est-elle pas une personne d'une bonté incomparable? et cette confiance du malheur, que madame de Maintenon n'a jamais trompée, n'est-elle pas son plus beau, son plus touchant, son plus incontestable éloge? Madame de Bourgogne, dans la guerre de la succession, où elle eut à trembler pour son père, pour sa sœur, pour son mari et pour la France, fut souvent accablée de chagrins qu'elle alloit toujours porter à madame de Maintenon. Si elle ne la trouvoit pas à Versailles, elle couroit la chercher à Saint-Cyr. Madame de Glapion, qui fut un jour témoin d'une de ses entrevues, nous dit: « La du-
» chesse, en voyant madame de Maintenon,
» lui sauta au cou et lui dit : J'ai le cœur si
» gros que je n'en puis plus, ma chère tante.
» Je voudrois ne vous point importuner, et
» cependant je ne puis m'empêcher de vous
» chercher pour pleurer avec vous.

» En effet, ajoute madame de Glapion,
» elle pleura beaucoup sans que j'aie su pré-
» cisément pourquoi, si ce n'est la malheu-
» reuse campagne du duc de Bourgogne. Ma-
» dame de Maintenon qui l'aimoit comme son
» enfant, pleura aussi amèrement avec elle,
» et s'efforça ensuite de la consoler, égale-
» ment sensible et courageuse ».

« Notre princesse est trop aimable, dit ma-
» dame de Maintenon au duc de Noailles, et
» je commence à lui trouver trop de mérite;
» jamais je n'eusse cru qu'elle pût ainsi aimer
» son mari; je crois qu'il en mourroit de joie
» s'il en étoit témoin ». Un jour madame de
Maintenon essuya les larmes de la duchesse
avec le ruban de sa quenouille, et envoya cette
partie de ruban au duc de Bourgogne.

Il paroît que cette jeune princesse, en allant
toujours chercher madame de Maintenon dans
toutes ses peines, cédoit plus encore au besoin
de les épancher, qu'elle ne consultoit les momens où madame de Maintenon pouvoit l'entendre. « Elle vint l'autre jour, dit-elle à ma-
» dame de Glapion, comme j'allois me cou-
« cher, n'en pouvant plus d'excès de fatigue;
» elle se jeta sur moi, et me retint très-long-
» temps à me conter ses peines. Il me fallut

» rester, à demi-déshabillée, à l'entendre; elle
» me demande si elle ne me gêne point; mais
» quoiqu'elle me prie de la traiter comme ma
» fille, je ne puis oublier les égards qui lui
» sont dus ».

Ainsi, bien loin de s'autoriser de l'estime parfaite du roi, son respect pour tout ce qui lui appartenoit ne lui permit jamais de se soustraire à la moindre contrainte (1). « Nos
» princes croient que je ne me gêne pas pour
» eux, et ils auroient peut-être la bonté de le
» permettre; mais je pense bien plus à eux
» qu'à moi ».

Elle montroit aussi les plus grands égards pour les personnes titrées, et se refusa toujours à prendre le pas sur elles. Un jour, la princesse de Soubise ayant terminé une lettre qu'elle adressoit à madame de Maintenon, par l'assurer de son respect, elle lui répond, avec autant de grâce que d'esprit: « A l'égard du
» respect, qu'il n'en soit pas question entre
» nous; vous n'en pourriez devoir qu'à mon

---

(1) Et c'est cette femme que nous avons vue, dans toutes les situations, l'esclave de ses devoirs, qu'un historien moderne, si estimable d'ailleurs, traite d'égoïste! O justice des hommes, où vous chercher?

» âge, et je vous crois trop polie pour me le
» rappeler ».

Ces égards se montroient encore dans les reproches et les plaintes que le roi la prioit quelquefois de faire à ses enfans. Ce prince savoit combien étoit profond son intérêt pour l'union et le bonheur de la famille royale : il vouloit que ses reproches passassent par une bouche qui sauroit les leur adoucir. En effet, son cœur qui se mêloit toujours à sa raison, et qui rendoit cette raison si insinuante, lui prêtoit, dans ces occasions, un langage qui souvent les attendrissoit. L'autorité du roi et du père se montroit pourtant à l'appui des reproches; mais c'étoit par des prières qu'elle engageoit les enfans à ne pas obliger le roi à la leur faire sentir.

Ce monarque la pria un jour de représenter au duc d'Orléans le scandale de son libertinage. Elle avoit su apprécier la bonté naturelle et les grandes qualités de ce prince. « Elle se réjouissoit, dit madame de Caylus, » de ce qu'on verroit paroître en lui un prince » capable d'honorer son rang ». Elle s'affligea depuis de le voir s'éloigner de la carrière glorieuse où l'appeloient ses talens comme sa naissance. Rien ne rend les conseils plus persuasifs

que l'intérêt qu'on prend à la personne à qui on les adresse : aussi le duc d'Orléans ne la quitta-t-il que rempli d'estime et d'amitié pour elle. La Beaumelle dit qu'il l'appeloit *la femme sans tache* (1). « Quel mal vous a-t-elle fait » ? dit-il un jour à un homme qui plaisantoit sur l'appartement garni de serge bleue qu'elle s'étoit réservé d'occuper à Saint-Cyr, après la mort du roi, « quel mal vous a-t-elle fait ? *elle n'a
» jamais nui à personne*, et elle a toujours
» travaillé à mettre l'union dans la famille
» royale ». On ne peut douter qu'en plusieurs circonstances elle ne lui eut rendu service auprès du roi, et surtout quand il désira d'aller commander en Espagne. Le billet suivant, qu'on a trouvé dans les papiers de madame de Maintenon, en paroît une preuve; il est daté de 1706 :

« Quand je pourrai vous dire sans hypo-
» crisie, que je suis dévot, j'aurai un plaisir
» infini à vous faire ma confidente. Les véri-
» tables dévots sont si vrais et si généreux,
» qu'un honnête homme a plus de disposition
» qu'un autre à le devenir ».

Toute la vie et les lettres de madame de

---

(1) *Voyez* la note 14.

Maintenon prouvent son aversion pour l'intrigue, et son éloignement pour se mêler des affaires de l'état, et les contemporains nous la montrent ainsi dans sa chambre, où le roi entretient ses ministres, brodant ou filant silencieusement, et ne prenant jamais la parole que lorsque le roi l'y engageoit par ces mots : *Qu'en pense votre solidité?* Elle avoit conservé son goût pour le travail ; elle dit qu'un jour, étant à terre, à compter des pelotons de soie, avec une activité qui la fatiguoit sans la rebuter, le roi lui dit en riant : « Vous êtes, Madame (1), aussi occupée de vos pelotons que nous le sommes des affaires de l'Europe ».

La confiance parfaite du roi dans son caractère comme dans son esprit supérieur, l'attacha par degrés à des intérêts dont il l'entretenoit sans cesse. Toujours instruite, souvent consultée par le roi, elle lui proposoit ses idées ; mais elle disoit qu'elle étoit entrée trop tard dans ces grands intérêts pour les bien comprendre. Il paroît qu'elle auroit été

<small>Son éloignement pour entrer dans les affaires de l'état, et ce qu'on peut apercevoir de son influence.</small>

---

(1) Le roi n'appela jamais madame de Maintenon que *Madame*, et toute la cour à son imitation, sans que jamais on la confondît avec Madame, femme de Monsieur.

fort aise que le roi la dispensât d'assister à son travail avec les ministres ; Louvois s'aperçut de bonne heure que son esprit violent étoit en opposition avec le caractère de madame de Maintenon. Elle en parle au cardinal, comme d'un homme qui entraînoit le roi dans la guerre, pour se rendre nécessaire; elle dit à l'occasion de celle de l'empire d'Allemagne: « Il me semble que toutes ces contestations » pourroient se terminer sans répandre de » sang. On fera tout ce qui paroîtra glorieux, » et on pensera ensuite à ce qui est utile ». Voilà bien le langage d'une personne qui, pendant toutes ces discussions, se bornoit à les écouter en silence ; et combien son désir de conciliation, son aversion pour des guerres inutiles, ne devoient-ils pas lui faire éprouver de contradictions, en entendant sans cesse les conseils de Louvois ? Mais quoiqu'elle ne le combattît point, il se sentoit toujours, auprès d'elle, dans cet état de malaise que donne l'idée du blâme. Elle dit au cardinal : « Ma présence » gêne M. de Louvois; je ne le contredis pour- » tant jamais. Le roi lui a dit plusieurs fois » qu'il pouvoit parler en liberté ». Et plus tard, quand le roi paroît fatigué du caractère altier de Louvois, elle dit encore : « Il m'envie

» ma faveur, m'attribue les dégoûts qu'il
» éprouve, et veut se rendre nécessaire par
» quelque guerre nouvelle ».

Je dois continuer de prouver l'éloignement de madame de Maintenon pour se mêler des affaires de l'état : c'est en 1698, treize ans après son mariage, qu'elle écrit encore au cardinal, qui la prioit de voir M. de Puisieux, chargé des affaires de la Suisse : « Je ne suis point
» un ministre d'état ; sauvez-moi cette en-
» trevue ; si c'est par respect, elle est ridi-
» cule ; si c'est pour affaire, elle est inu-
» tile ».

Cet éloignement naturel s'accroissoit encore de la connoissance des hommes, qui n'y apportoient, ni cet amour pour le bien public, ni cette moralité qui étoit son guide. C'est cette même année, qu'ayant assisté, ou par l'ordre ou à la prière du roi, à un conseil (1) pour la première fois, elle dit au cardinal : « Le roi nous a imposé silence sur
» ce qui s'y est passé. Cet échantillon me fait
» voir que je mourrois de douleur, si j'assis-
» tois souvent au conseil. Que les rois sont à
» plaindre ! que les hommes sont mauvais !

1694.

---

(1) Elle n'y assista que deux fois dans sa vie.

» Si on ne prenoit patience, en considérant
» celle de Dieu, on désespéreroit ».

Le roi, étant revenu à elle après la querelle du quiétisme, l'interrogea de nouveau sur le choix des évêques; mais n'ayant pas assez de connoissance des sujets qui s'offroient à ces dignités, pour se permettre de prononcer sur un choix si important : « Ne pourriez-vous
» pas, écrit-elle au cardinal, me faire, à votre
» loisir, une liste des meilleurs ecclésiastiques?
» Le roi m'interroge toujours quand il est
» question d'eux ; mieux instruite, je serai
» plus hardie ». Cette lettre prouve encore son peu d'empressement à se mêler d'affaires ou de grâces, et sa juste crainte de faire tomber les grâces sur des sujets qui en seroient peu dignes.

1700. Madame de Maintenon, dans une lettre au cardinal, se montre aussi parfaitement étrangère à la délibération qui eut lieu dans le conseil, au moment où Charles II, roi d'Espagne, légua ses vastes états au petit-fils de Louis XIV : « Dans ce moment, dit-elle, on
» délibère sur le sort de l'Espagne, de la
» France et de l'Europe entière. La guerre
» paroît inévitable, à moins qu'on ne prenne
» un parti honteux. C'est ce que je ne crains

» pas d'un conseil où le roi préside ». Son vœu constant pour la paix, son amour pour le peuple, cédoient toujours la place dans cette âme élevée et pétrie d'honneur, à la gloire du roi, comme à celle de la France; dans la lettre suivante, elle dit au cardinal (1) : « Mon- » seigneur triomphe, le roi acceptera le tes- » tament ».

A l'égard du choix des ministres, je vois qu'après la mort de Colbert, elle commit une erreur en pensant, avec le roi, que Chamillard, administrateur parfait des biens de Saint-Cyr, seroit aussi un bon administrateur de la fortune publique. Mais le public pensa d'abord comme la cour ; Chamillard étoit un fort honnête homme, un grand travailleur, fort attaché au roi et à l'état. Mais madame de Maintenon reconnut bientôt qu'il étoit loin de se trouver au niveau des circonstances où il étoit placé. Après cette méprise, elle dit constamment, quand il étoit question d'un nouveau ministre : « C'est à l'opinion publique à » le nommer ».

(1) Elle dit que le duc d'Anjou a reçu cette nouvelle avec la gravité d'un homme de quatre-vingts ans. Il étoit grave dès l'enfance.

Mais la voix publique ne désignoit, vers la fin de ce règne, aucun digne successeur de Colbert, dont le génie même eût peut-être été embarrassé dans la guerre de la succession, où la nature sembloit s'être alliée avec les ennemis de la France, pour lui faire expier ses anciens triomphes. Le trésor public étoit épuisé, et la terre refusoit aussi le tribut de ses moissons. Madame de Maintenon se plaint, dans ses lettres, de la rareté des sujets et des talens. Elle voyoit, elle jugeoit les difficultés des circonstances, tandis que le peuple ne voyoit et ne sentoit que ses maux. Le choix de Desmarets fut généralement approuvé, et l'on trouva en lui les plus grandes ressources dans cette guerre désastreuse : « Sa besogne, dit madame de Main-
» tenon au cardinal, sa besogne est difficile.
» Il s'agit de contenter le roi et de ne pas ai-
» grir le peuple; de nourrir les soldats et de
» ne pas ruiner les paysans. On lui demande des
» millions, et il n'a pas le sou. Les moyens
» d'avoir de l'argent irritent, parce qu'ils sont
» tous violens ».

Je ne sais pas jusqu'où elle influa sur le choix de ce ministre; mais on sent, en lisant ses lettres, qu'il est difficile de juger plus sainement des choses et des personnes, que madame de Maintenon.

La renommée n'avoit pas proclamé non plus de successeur à l'esprit ardent et actif de Louvois. Quand on désigna M. Voisin, madame de Maintenon demanda au maréchal de Villars ce qu'il en pensoit ; le maréchal répondit que c'étoit un bon choix, et ne lui adressa aucune plainte pendant toute la guerre de Flandre, malgré son extrême pénurie de subsistances. Madame de Maintenon, par son amour pour l'état, étoit la première comme la plus grande victime des fautes des ministres. Elle dit au cardinal, à l'occasion d'une de leurs fausses mesures : « Nous entassons sottises sur sottises, » et infortune sur infortune ; c'est la suite de » nos malheurs ».

Le choix du maréchal de Villeroi pour commander les armées, ne doit être attribué qu'à l'amitié de Louis XIV pour l'ami de son enfance. Après la funeste et honteuse bataille de Ramillies, madame de Maintenon écrit au cardinal : « Je suis persuadée qu'il est du » bien de l'état de donner une nouvelle face » au commandement des armées ; c'est vous » dire que, *si je le puis*, je nuirai à un de » mes meilleurs amis, et que je suis fâchée

» de ne l'avoir pas fait plutôt ». Ces mots, *si je le puis*, prouvent, ce me semble, que si le roi la consultoit, il ne se déterminoit pourtant point par ses conseils ; et il étoit d'ailleurs dans le caractère de madame de Maintenon de craindre de prononcer, d'après son propre sentiment, sur des choix, d'où dépendoit la destinée publique ; la responsabilité lui eût rendu un pareil pouvoir trop redoutable.

Elle dit au duc de Noailles, en parlant de Catinat : « Le roi n'aime point à mettre à la » tête des armées ceux qui n'aiment point Dieu ». Mais quand elle parle de Catinat, d'après elle, à ce même duc : « Quel dommage, dit-elle, » qu'il n'aime point Dieu » ! En quoi certes elle fut trompée un moment, comme l'avoit été Louis XIV. Catinat, grand guerrier, philosophe humain et vertueux, aimoit Dieu sans doute autant qu'elle-même, puisque, comme elle, il l'honora par les vertus de toute sa vie, et que ses dernières paroles furent : *O mon Dieu! je mets ma confiance en vous!*

Il est doux de penser que cette erreur de Louis XIV, à l'égard de ce vertueux citoyen, ne dura qu'un moment. Il l'avoit reçue de madame de Bourgogne, qui avoit pris Catinat en haine, parce qu'il dénonçoit au roi la fausseté et les artifices du duc de Savoie son père. Louis XIV, après ce moment d'injustice, chérit et honora Catinat jusqu'à la fin de sa vie.

Mais une lettre de madame de Maintenon, après la bataille d'Oudenarde, prouve, ce me semble, que si elle eût choisi les généraux, elle n'eût consulté que leurs talens et non leur croyance; car, tandis que des esprits misérables, jugeant d'elle d'après leurs courtes vues, croyoient lui plaire en accusant la Providence d'abandonner ses vrais disciples, madame de Maintenon écrit au duc de Noailles : « Il ne
» faut point raisonner avec le maître des évè-
» nemens, en disant que les rois qu'il paroît
» abandonner sont pieux, et que nos ennemis
» sont pour la plupart hérétiques. Ce ne sont
» point les opinions qui prennent les villes et
» qui gagnent les batailles. Les ennemis sont
» pleins de prudence et d'habileté; nos gé-
» néraux sont mal habiles et notre soldat dé-
» couragé. Voilà, mon cher duc, ce que je
» pense dans ce que saint François de Sales
» appelle *la fine pointe de l'esprit*, tandis
» que tout ce qui est en moi est dans la tristesse
» et dans un serrement de cœur qui devroit
» bien terminer cette misérable et trop longue
» vie ».

1708.

Madame de Maintenon disoit que Dieu seul connoissoit sa sensibilité sur les malheurs du roi et de l'état; mais on peut en juger, au moins en partie, par les expressions qui lui échappent dans ces temps malheureux : « Que d'hommes, » dit-elle au cardinal, que de héros perdus après » la bataille de Malplaquet! mille malheureux » qui souffrent sous mes yeux et que je ne puis » soulager! une noblesse généreuse ruinée sans » espérance » ! Il semble que ces paroles soient toutes imprégnées de compassion et de douleur.

D'après cet exposé de ses lettres, ne doit-on pas cesser d'accuser madame de Maintenon des humiliations de la fin d'un règne qui, pendant long-temps, avoit jeté sur la France une gloire si éclatante? Mais je dirai à ceux qui refusent de l'en absoudre : Puisque vous voulez absolument la rendre responsable du choix des mauvais administrateurs, que ne la louez-vous du moins du choix des généraux qui, par la gloire de leurs armes, ont abattu l'insolence de nos ennemis, sauvé à la France une paix honteuse et rétabli le roi d'Espagne sur le trône?

Avec quel sentiment d'admiration et de reconnoissance ne parle-t-elle pas de la valeur des Luxembourg, des Villars, des Boufflers?

Elle montre le maréchal de Villars, à qui Louis XIV avoit dit au moment de son départ pour l'armée : « *Je mets toute ma confiance en* » *Dieu et en vous* » : elle le montre au duc de Noailles, allant à la charge avec la férocité d'un lion et le sang froid d'un philosophe en robe de chambre. « Notre Romain, dit-elle en parlant de M. de Boufflers, « notre Romain » sèche d'amour pour le roi et pour la France. » Il sent les conditions de la paix *avec ce bon* » *et grand cœur* que vous lui connoissez ». On sait que ce guerrier citoyen alla servir comme volontaire dans l'armée du maréchal de Villars, et qu'il résista à toutes les instances du maréchal, quoiqu'il fût son ancien, pour prendre le commandement, ou même pour le partager. « Aucun de vos aides-de-camp, lui dit-il, ne » remplira vos ordres avec plus d'ardeur et de » plaisir ». Villars étoit pénétré de reconnoissance. Il écrivit à madame de Maintenon que rien n'étoit plus propre que ce beau dévoûment à ranimer le courage du soldat, et il l'envisageoit comme l'augure de la victoire. Son armée, ayant deux semblables hommes à leur tête, supporta avec plus de courage les privations et les travaux qu'elle leur vit partager. Mais un cri d'indignation s'y fit entendre, quand on y

1710-11-12.

connut les conditions de la paix ; le soldat, comme les chefs, demandoit à combattre. Ce même cri se fit entendre aussi dans les conseils de Versailles, et madame de Maintenon montre au duc de Noailles la joie sensible qu'elle éprouve en voyant tous ces courtisans transformés tout à coup en bons citoyens ; et le duc d'Harcourt s'écriant : « *Qu'il falloit mourir pour la* » *France et pour le roi* ». « J'ai été moins » vive qu'eux, dit-elle, car jamais je n'ai cru » que le roi acceptât une paix honteuse. La » guerre vaut mieux que la honte ». Elle montre aussi Louis XIV ému d'une noble indignation, entendant ces propositions insolentes de ses ennemis avec la dignité et le sang froid d'un homme jusque-là maître de la paix et de la guerre, et déclarant que, puisqu'il falloit faire la guerre, ce seroit à ses ennemis plutôt qu'à ses enfans.

Résolution magnanime de Louis XIV.

C'est de la déclaration de ce monarque dont parle Montesquieu (1), quand il dit : « Je ne » sache rien de si magnanime que la résolu- » tion d'un grand monarque de nos jours, » qui déclara qu'il aimeroit mieux s'ensevelir

---

(1) Chapitre V, de la grandeur et de la décadence des Romains.

» sous les débris de son trône, que d'accep-
» ter des conditions qu'un roi ne doit pas
» entendre. Il avoit l'âme trop haute pour des-
» cendre plus bas que ses malheurs ne l'avoient
» mis ; il savoit bien que le courage peut
» raffermir une couronne, et que l'infamie ne
» le fait jamais ». Dans ce peu de lignes on
croit voir le génie couronner la vraie grandeur.

C'est à l'époque des désastres de la France, où la leçon puissante du malheur vint seconder les vœux de madame de Maintenon, qu'elle trouva dans Louis XIV ces sentimens vraiment paternels, cette piété du cœur qui attendrit profondément les âmes nobles et sensibles sur les maux du peuple. Ce monarque qui avoit régné avec tant de gloire, à qui la victoire avoit été si long-temps fidèle, se crut frappé par la main de Dieu même, quand il se vit humilié par ces mêmes ennemis dont il s'étoit vu si long-temps l'arbitre. Madame de Maintenon nous le présente se possédant seul, dans la même égalité apparente d'humeur et d'occupation, au milieu de la cour consternée, après les journées désastreuses d'Hochstet, d'Oudenarde et de Malplaquet. Ce fut dans ces momens d'abaissement et de danger, qu'il répondit à la proposition d'une nouvelle dépense

Malheurs de la France. Douleur du roi. Son courage.

en bâtimens, ces belles paroles « qu'il seroit
» toujours assez bien logé si son peuple étoit
» bien nourri », prenant à témoin madame de
Maintenon, qu'il n'approuvoit point, depuis
long-temps, les ministres, qui tous vouloient
laisser des monumens de leur ministère. Dans
cette année 1709, dont le souvenir a laissé
des traces si profondes dans le cœur des Français, le trésor public se trouvoit épuisé, les
armées manquoient souvent de subsistance, la
misère menaçoit la cour même (1), et on craignoit de voir arriver les ennemis jusqu'à Paris.
« Vous seriez touché, dit madame de Main-
» tenon au cardinal, de la douleur du roi et
» de son courage, qui augmente avec les re-
» vers ». On sait que ce monarque fit dans
ce moment beaucoup de sacrifices et de retranchemens dans ses dépenses, en prononçant ces
paroles dignes de Henri IV : « Je ne puis jamais

---

(1) Elle disoit aussi dans ce même temps : « On ne
» comprend pas ce qui se passe à Paris ; il n'y eut
» jamais tant de blé sur la rivière et dans les marchés ;
» cependant le pain augmente tous les jours, et le peu-
» ple est toujours prêt à se mutiner. Les magistrats,
» dit-elle, ne sont point d'accord ». Mais cela suffit-il
pour expliquer cette misère de Paris et de la cour, au
milieu de l'abondance qui l'environne ?

» faire assez pour un peuple qui a tout fait
» pour moi (1) ». Quelque temps après, les
plus affreux déchiremens du cœur vinrent se
joindre aux humiliations du monarque. Après 1712.
avoir pleuré son fils unique, il vit descendre
en huit jours dans la même tombe les objets
de ses plus tendres affections, de ses plus douces
espérances, par la mort du duc de Bourgogne, de son aimable épouse et de deux de
leurs enfans. Dans ce palais vide et désert, son
âme brisée de douleur ne se montra jamais
plus grande. A peine parut-il ébranlé au-dehors : il continua d'assister à ses conseils, de
voir ses ministres avec la même constante assiduité. La grande âme de ce prince s'est toujours
mise au niveau des grandes circonstances de
sa vie, et il pouvoit dire ces paroles que Montesquieu met dans la bouche de Callisthène :
« Quand je me trouve dans une situation qui
» demande de la force et du courage, il me
» semble que je suis à ma place ». Cependant
le maréchal de Villars dit que la première fois
qu'il vit le roi à Marly, après ces pertes si déchirantes, toute la fermeté du monarque, qu'il

---

(1) Tous ces mots sont tirés des lettres de madame de Maintenon.

revoyoit seul dans ce palais, peuplé tout à l'heure de tant d'objets chéris, toute sa fermeté, à la vue du maréchal, céda à la sensibilité de l'homme. Louis laissa échapper des larmes, et se montra à lui comme l'objet d'une punition divine et d'un malheur sans exemple; mais suspendons, dit-il, mes malheurs domestiques, et voyons ce qu'on peut faire pour prévenir ceux du royaume.

Ces larmes de Louis XIV nous attendrissent, parce qu'elles nous attestent toute l'étendue de sa douleur, et que nous n'admirons le courage que par ses efforts et ses combats; nous voulons découvrir dans le fond d'une grande âme cette sensibilité vraie qui nous fait admirer davantage le courage qui la surmonte.

Le roi et madame de Maintenon n'avoient point quitté la duchesse de Bourgogne pendant les courts et terribles momens de son danger. Le roi fondoit en larmes; madame de Maintenon cachoit les siennes, étouffoit ses sanglots; mais la princesse vit toute sa douleur malgré ses efforts pour la lui cacher : « Ah! » ma tante, lui dit-elle, vous m'attendrissez »! On peut dire de cette princesse ce que Bossuet dit de madame Henriette d'Angleterre : « qu'elle » fut douce envers la mort comme elle l'avoit

» été envers tout le monde ». Elle parut étonnée et non troublée, quand, dès les premiers momens de sa maladie, on lui parla d'un confesseur; en sentant toute l'étendue de ses pertes, elle s'y résigna avec calme. « Adieu, ma belle » duchesse, dit-elle à madame de Guiche: au- » jourd'hui dauphine, et demain rien ». La consternation du peuple, quand il vit le dauphin la suivre quelques jours après, vérifioit aussi dans toute son étendue ces paroles d'un prophète: « Le roi pleurera, les princes seront » désolés, et les mains tomberont au peuple, » de douleur et d'étonnement ».

La douleur de madame de Maintenon, au moment de ces malheurs de la France, du roi et d'elle-même, se trouva presqu'au-dessus de ses forces. Heureusement elle put pleurer; car les grands comme le peuple pleuroient avec elle, et c'étoient ceux qui avoient le plus aimé son aimable princesse, qu'elle recherchoit de préférence. « Je vois souvent madame d'Orléans, » dit-elle; l'amitié qu'elle portoit à madame la » dauphine me la rend plus chère ». Elle la pleuroit avec le roi, aussi affligé qu'elle d'une perte si grande, et sentant plus qu'elle encore, sans doute, l'absence de ce mouvement, de cette vie que les grâces de la dauphine répandoient autour d'eux. C'étoit tous les jours, c'étoit presqu'à toutes les heures que l'absence de ces deux êtres si chers se faisoit sentir.

Bienfaisance de mad. de Maintenon au moment des calamités de la France. Dans ces années malheureuses, où la famine vint se joindre à la guerre pour couvrir la terre de malheureux, le besoin de les soulager engagea madame de Maintenon à accepter quelques dons particuliers du roi pour ses aumônes. Jamais la tendre compassion, cette seconde providence des malheureux, ne vint émouvoir un cœur humain à un plus haut degré que celui de madame de Maintenon. Il lui arriva souvent, à cette époque, de recueillir dans son carrosse des femmes du peuple, qu'elle rencontroit dans les rues de Versailles, succombant au défaut de nourriture. Elle les conduisoit chez elle couvertes de boue et de haillons. « Je ne pouvois les regarder, dit mademoiselle d'Aumale, et Madame n'en avoit aucun dégoût ». Elle s'occupoit à réparer leurs forces épuisées, leur donnoit des habits, de l'argent, et leur assuroit de nouveaux secours. Plusieurs fois mademoiselle d'Aumale la vit répandre des larmes sur ces infortunées. Elle recueillit ainsi plusieurs enfans que la misère avoit abandonnés dans les rues. Elle leur cherchoit des nourrices, qu'elle récompensoit quand elles rendoient les enfans en bonne santé, et ce premier bienfait de l'existence qu'elle leur avoit rendue, leur assuroit ceux de leur jeunesse. Cette femme, vraiment incomparable par sa bonté compatissante et sa profonde humanité, cette femme qui avoit dit un jour à madame de Glapion : *Le peuple doit bien m'aimer, car je l'aime bien*, étoit méconnue et outragée souvent par ce peuple (1) à qui elle s'étoit dévouée. Le cardinal lui écrivit un jour, dans cette année malheureuse, que le peuple de Paris la maudissoit comme l'auteur de sa misère; elle lui répondit tranquillement : « Si ce peuple me maudit, c'est » qu'il ne me connoît pas; mais il vaut mieux » qu'il murmure contre moi que contre notre » maître ». Elle recevoit des lettres où on lui demandoit si elle n'étoit pas lasse de s'engraisser aux dépens du peuple. O justice des hommes, que vous êtes souvent ou égarée, ou tardive, ou muette! et que la vertu fait bien de s'affranchir de vos jugemens, et de n'agir que sous les yeux du Ciel et par l'impulsion de sa conscience! Un jour que madame de Maintenon

Son indulgence pour les injustices du peuple.

---

(1) Ce n'étoit pas celui de Versailles ni des environs.

parloit à madame de Glapion des lettres injurieuses qu'elle recevoit à cette malheureuse époque : « Mais, Madame, lui dit-elle, on
» pourroit en connoître les auteurs et les
» faire punir. — Le roi, dit madame de Main-
» tenon, n'est point fait pour venger la sen-
» sibilité d'une femme; et parce que je suis
» élevée, faut-il qu'il y ait des gens abattus ?
» d'ailleurs les injures ne sont rien. Je ré-
» pondois dernièrement à un homme qui se
» plaignoit d'en recevoir : *Nous en vivons* ».

Elle eut constamment cette indifférence pour les injustices du peuple, qu'elle considéroit, sans doute avec raison, comme ignorant et faussement prévenu. Elle eut aussi une générosité constante pour les calomniateurs de ses mœurs et de son caractère. « Quand
» j'étois jeune, dit-elle, j'aurois bien chanté
» cette chanson ». Elle charge le duc de Noailles d'en chercher l'auteur pour le soustraire au ressentiment du roi. « Je me ven-
» gerois, dit-elle, autrement que lui ». Mais une continuité d'injustices démenties par la conscience de toute une vie, peuvent enfin ébranler l'âme la plus généreuse; et sans doute il parut dans ce temps, ou une chanson plus maligne, ou une satire plus pi-

quante que les autres, où on l'accusoit de tous les maux de la France. Je ne sais ce que c'étoit, mais ce fut quelque chose qui alla percer son cœur (1). « S'il étoit vrai, dit-elle, » avec amertume, s'il étoit vrai que je me » mêlasse de tout, on devroit bien m'attri- » buer aussi les bons conseils ». Elle revient sur l'usage qu'elle a fait de sa faveur, comme il est naturel aux innocens calomniés d'opposer l'honnêteté de leur vie à l'injustice des accusateurs ; elle dit que le roi lui a souvent reproché sa modération. « Je croyois, ajou- » te-t-elle, avoir acquis une entière insensi- » bilité pour les jugemens du monde ; mais » je me trouve aussi peu avancée que lorsque » j'ai commencé à me vaincre et à me répri- » mer ».

Hélas ! Louis XIV, au moment où il étoit le plus digne aussi de l'amour de son peuple, le plus occupé d'en soulager les maux, n'en connut pas non plus la justice. La gloire, le bonheur, ses enfans les plus chéris, l'amour de son peuple, qui autrefois lui formoient un

Louis XIV perd aussi l'amour de son peuple au moment où il eu est le plus digne.

---

(1) C'est sans doute à propos de cette satire, que son directeur lui écrit que l'ouvrage est d'un furieux, qui méconnoît une femme à qui les maux du peuple donnent tous les jours la fièvre.

si beau cortège, l'abandonnent dans sa vieillesse et achèvent de décolorer les restes de sa vie. A la cour même, où l'on avoit applaudi, par un sentiment commun d'honneur national, au refus des conditions de la paix; quand le moment vint de faire de nouveaux sacrifices pour continuer la guerre, plusieurs hommes de cette cour, comblés des bienfaits du roi, trouvèrent qu'il n'en avoit pas fait assez lui-même. On murmura contre les voyages de Marly que le roi aimoit, qu'il avoit créés et où il alloit souvent se délasser des affaires. On disoit que ces voyages ruinoient l'état, quoique le roi les fît avec le moins de faste possible. Madame de Maintenon, presque toujours calme quand l'injustice ne se porte que sur elle seule, se montre pénétrée de douleur quand le roi en devient l'objet. « On vou-
» droit, dit-elle au cardinal dans cette occa-
» sion, on voudroit lui ôter ses chiens, ses
» valets. Où se font ces murmures ? à sa
» porte. Par qui ? par les gens à qui il a
» tout donné. On veut compter pour rien ce
» qu'il a fait, on ne voit que ce qu'il peut
» faire encore. Je vous avoue que de pa-
» reilles dispositions me glacent le sang dans
» les veines ».

L'injustice, si révoltante en elle-même, est toujours, je crois, bien dangereuse par ses effets, en ce qu'elle force l'homme qui a de la conscience et du caractère, à s'élever au-dessus des jugemens de l'homme ; qu'elle lui rend le sentiment de tous ses droits en se refusant à les reconnoître, et qu'elle affoiblit ce respect pour l'opinion, si nécessaire surtout aux souverains. Il paroît que Louis XIV, qui avoit toujours respecté l'opinion (1) publique, pardonna les murmures excités par le malheur ; mais qu'il pensa qu'après avoir donné une grande partie de son temps à ses devoirs, il avoit le droit de se délasser comme le dernier de ses sujets.

La querelle des jansénistes vint se joindre au malheur du royaume et à tant de pertes domestiques, pour troubler la vieillesse de Louis XIV, comme celle de madame de Maintenon. Je n'entrerai point dans les détails de cette déplorable querelle. Qui ne connoît la

Disgrâce du cardinal de Noailles. Les efforts de madame de Maintenon pour la prévenir.

---

(1) Il sut un jour que son fils étoit allé au spectacle, et s'y étoit fait attendre deux heures. Il lui reprocha ce manque de respect au public, et donna l'ordre aux comédiens de ne jamais retarder l'heure du spectacle sous aucun prétexte.

haine des jésuites contre les sages de Port-Royal? car j'appélle sages et philosophes les hommes vertueux et éclairés de tous les siècles, quelle que soit leur secte. Qui ne connoît cette haine, et les brigues de le Tellier à Rome et auprès du clergé de France, pour anéantir une société, dont le mérite éminent faisoit ombrage à l'ambition de son ordre? Cet homme injuste (1) et barbare sacrifioit à ses préventions contre ces hommes illustres, la vérité, la justice, l'humanité, et tout le repos des dernières années de son bienfaiteur et de son roi?

Dès que le soupçon de favoriser les jansénistes vint frapper le cardinal de Noailles, madame de Maintenon pressentit le malheur de se voir encore arrachée à un ami si cher; et dans les dernières années de sa correspondance avec lui, on voit madame de Maintenon mêler à tous ses épanchemens la crainte qu'elle éprouve des soupçons qu'on donne au roi sur ce que le cardinal paroît favoriser les jansénistes. «Pour-

---

(1) M. Marmontel me paroît avoir répandu sur cette querelle plus de lumière qu'aucun autre écrivain. Un jour que nous parlions du père le Tellier, il m'assura que le roi mourant avoit dit à ce jésuite: « Je vous » rends responsable devant Dieu, mon père, de toutes » les violences que vous m'avez ordonnées ».

» quoi, lui dit-elle quand elle commence à
» pressentir sa résistance, pourquoi ne peut-on
» vous aimer à son aise ? Je vous demande
» pardon, Monseigneur; mais toute la gravité
» du sacré collége ne peut, ce me semble, s'of-
» fenser d'un sentiment ».

La bonté et même la conscience du cardinal lui défendoit de se déclarer contre un parti opprimé, en faveur d'un parti déjà trop puissant, aux yeux d'un prélat mieux instruit que personne des manœuvres que les jésuites employoient pour nuire à leurs adversaires. Le roi avoit long-temps goûté le cardinal; mais les jésuites, qui ne lui avoient pas pardonné d'être placé sur le siége de Paris sans leur participation, le troublèrent dans sa faveur; et le Tellier parvint bientôt à rendre sa doctrine suspecte aux yeux du roi. On ne pouvoit être janséniste, ou soupçonné de les favoriser, sans être un ennemi de l'état; et, sous le rapport de la religion, un athée lui étoit moins odieux. On ne peut douter que madame de Maintenon, menacée dans le sentiment le plus cher, le plus consolant de sa vie, ne réussît à écarter longtemps les soupçons du roi; mais son influence s'affoiblissoit tous les jours à proportion de l'empire que le Tellier prenoit sur la conscience du

monarque, et ce fougueux jésuite paroissoit avoir juré la perte du cardinal. Sans doute nous ne pouvons blâmer madame de Maintenon, après les chagrins que lui avoit causés le quiétisme, de ne vouloir point paroître favoriser un parti odieux au roi; de n'avoir pas voulu ajouter un trouble et un chagrin intérieur et domestique à ceux que faisoit éprouver à ce malheureux prince une si déplorable querelle. Le cardinal ayant montré à madame de Maintenon une extrême sensibilité sur l'accueil peu favorable qu'il avoit reçu du roi, et auquel il étoit si peu accoutumé, elle le console et lui écrit :
« Que ma confiance en vous me vaut de
» peines ! le bonheur d'un archevêque doit-il
» dépendre des regards d'un souverain ? Ma
» sensibilité sur vos intérêts va au-delà de ce
» que je puis vous dire, et m'a déjà coûté plus
» d'une mauvaise nuit..... Je vois la force que
» vous auriez si vous vouliez dissiper ces soup-
» çons d'être favorable aux jansénistes ». Et à mesure que les soupçons du roi augmentent, ses craintes s'accroissent, et elle ne lui laisse aucun repos pour l'engager à les dissiper ; invitation, prières, expression touchante du besoin qu'elle a de ses douces communications, rien n'est épargné pour lui rendre la faveur du

roi, le conserver pour ami, et prévenir la disgrâce qu'elle redoute pour lui.

Pendant ce long débat, madame de Maintenon disoit douloureusement en prévoyant son sort : « Voilà encore un ami qu'il faudra sacri- » fier ». Paroles qui prouvent combien le premier sacrifice avoit été déchirant pour son cœur. Elle revient sans cesse aux mêmes prières : « Pardonnez-moi mes libertés, vous en voyez » la cause ; j'aime le roi, j'aime le bien, j'aime » votre personne ». Elle écrit au duc de Noailles de presser son oncle d'effacer les soupçons du roi, et de prévenir la disgrâce qu'elle prévoit par une déclaration qui prouve aux jansénistes qu'il n'est point dans leur parti. Elle écrit de nouveau au cardinal : « Je ne vous » parle plus de moi ; mais ne ferez-vous rien » pour ce cher neveu » ? Enfin, ne pouvant rien obtenir, le chagrin qu'elle éprouve lui fait envisager sa vertueuse résistance comme un défaut de zèle pour le repos du roi, et un manque d'amitié pour elle. « Vous ne doutez pas », lui dit-elle, quand il a ôté à quelques jésuites le pouvoir de confesser et qu'elle a perdu toute espérance, « vous ne doutez pas que je ne vous » sois attachée pour la vie ; elle ne durera pas » long-temps, et bientôt la mort va me dérober

Douleur de madame de Maintenon.

» au présent qui m'attriste et à l'avenir qui
» m'effraie; j'aurois pu être heureuse, si j'avois
» moins compté sur les hommes. Ce n'est
» point un reproche, Monseigneur, c'est
» une consolation que je cherche auprès de
» vous, en vous montrant la source de mes
» peines ». *

« Tout s'éteint en moi, tout m'échappe »,
disoit une autre fois madame de Maintenon,
et cependant son âme reste toute entière, à
près de quatre-vingts ans, pour sentir toutes
les douleurs qui viennent la frapper. Quelle faculté pour la souffrance ! quand la terre se dépeuploit tous les jours des objets qui l'y attachoient, et que les compensations lui échappoient de partout.

Peut-être il n'est pas dans la nature d'une
tendre affection de n'être pas un peu injuste au
moment d'une séparation douloureuse. Le cœur
nous dit que tout devoit y être sacrifié, et le
sentiment affoiblit les motifs de résistance les
plus justes. La douleur de madame de Maintenon lui dissimule que le refus du cardinal tient
à un sentiment de conscience, et le chagrin du
cardinal le rend injuste lui-même, tantôt avec
l'évêque de Chartres qu'il accuse d'être cause
en partie de sa disgrâce, tantôt avec madame

de Maintenon elle-même. Cependant il a été témoin, quinze ans auparavant, de l'impuissance de ses efforts pour sauver Fénélon. Il connoît l'intolérance du roi en fait de doctrine; il sait que dans ce moment la conscience de ce prince est gouvernée par son plus implacable ennemi, et cependant il ne voit pas que madame de Maintenon ne peut plus rien pour lui sans compromettre tout le repos du roi, et se rendre elle-même suspecte à ce prince. Le cardinal lui écrit, à la mort du duc de Berry, quand il voit un autre que lui remplir ses fonctions à la cour : « Aucune disgrâce ne changera mes » sentimens pour celui qui appesantit sa main » sur moi, et pour celle qui eût pu parer le » coup ». Madame de Maintenon, affligée du nouveau malheur domestique du roi, ne se montre point blessée des reproches du cardinal : « Je suis accablée, lui dit-elle, de ce dernier » coup ; priez pour moi, par charité, par » pitié ».

La bulle *Unigenitus*, qui condamnoit cent et une propositions de l'ouvrage de Quesnel, venoit d'être arrachée au pape par la haine des jésuites contre Port-Royal. Le cardinal refusa de la recevoir sans modification ; et sa disgrâce, qui se bornoit à ne point paroître à la cour, fut dès ce moment sans retour.

Après cette séparation, d'autant plus douloureuse pour madame de Maintenon que son âge avancé (1) ne lui laissoit aucune espérance de remplacer un ami de vingt ans, un ami confident de toutes ses peines, on voit encore des lettres de madame de Maintenon qui expriment toujours l'attachement qu'elle lui conserve. Et c'est vous souvent, ami d'un jour, vous qui peut-être n'avez pas défendu une seule fois votre ami opprimé par la calomnie; c'est vous qui reprochez à madame de Maintenon, après vingt ans de combats en faveur d'un de ses amis, d'avoir manqué à l'amitié, quand la constance de ses attachemens ne frappe pas moins dans tout le cours de sa vie, que la constante uniformité de son caractère et de ses vertus. Ah! bien loin de l'accuser, je ne vois que des raisons de la plaindre, et je me dis, au milieu de tant d'assujétissemens et de peines, de séparations aussi inattendues que douloureuses : Elle fut encore condamnée à s'arracher deux fois aux amis les plus chers.

Ce qui prouve l'impuissance où étoit ma-

---

(1) Elle n'étoit pas loin alors de quatre-vingts ans.

dame de Maintenon de sauver le cardinal de la disgrâce du roi, et la nécessité pour elle de se séparer de tout ce qui étoit suspect de jansénisme, c'est la lettre qu'elle écrit peu de temps après à madame de Caylus, qui s'étoit jetée dans le parti des jansénistes avec toute la vivacité de son esprit. « Ne le prenez pas, » lui dit madame de Maintenon, en recevant » une de ses lettres, ne le prenez pas avec » moi sur un ton si tendre; vous venez d'élever » une barrière insurmontable entre nous ». Ces mots prouvent le terrible ascendant de le Tellier sur Louis XIV, et l'obligation où étoit madame de Maintenon de sacrifier aux soupçons de ce prince ses plus tendres affections. Heureusement, pour la consolation de toutes les deux, madame de Caylus ne balança pas à quitter le parti, au moins en apparence, et préféra à tout l'amitié et la confiance de sa tante.

Mais ce qui prouve encore plus l'impuissance de madame de Maintenon pour sauver son ami, c'est la lettre qu'elle écrit au duc de Noailles, peu de temps après la disgrâce de son oncle. « Il est temps, mon cher duc, » que vous désapprouviez la conduite de votre » oncle, si vous ne voulez pas être enveloppé » dans sa disgrâce. Je sais qu'on vous rend

» de mauvais services auprès du roi; j'ai fait
» ce que j'ai pu pour tout adoucir de part et
» d'autre; je déplais aux deux partis, parce
» que je ne suis d'aucun ».

Cependant, dans cette longue correspondance avec le cardinal, il est évident qu'elle étoit disposée à croire que la vérité étoit du parti de son amitié. Le peu de jésuites qu'elle connoissoit ne lui montroit que l'acharnement et la haine contre Port-Royal et le cardinal. « La cabale, dit-elle à celui-ci en lui parlant » des jésuites, la cabale devient tous les jours » plus furieuse : continuez de la combattre » avec votre douceur ordinaire ». Élevée dans la religion protestante, en se soumettant à l'église, elle ne pouvoit souffrir ses divisions; l'évangile étoit sa loi. « Je me trouve, » dit-elle au cardinal, dans un pays bien » étranger pour moi; tout m'y déplaît, et je » n'ai personne à qui je puisse ouvrir mon » cœur ». Elle s'indignoit de voir les passions de la haine se couvrir du voile de l'orthodoxie, et de prétendus saints s'acharner à la destruction de ceux qui ne partageoient pas leurs opinions théologiques. On ne peut douter qu'elle ne regardât ces jésuites intolérans et persécuteurs comme des factieux de religion.

non moins redoutables dans un état que les factieux politiques. « Quand nous n'aurons plus la guerre d'épée, dit-elle au duc de Noailles, nous aurons la guerre de plume; et il est plus facile de faire obéir des soldats que d'accorder des docteurs ». Elle croyoit, on peut s'en convaincre par l'ensemble de ses lettres, que c'étoit déshonorer la cause de Dieu que de la défendre, ainsi flétrie par les passions de la haine et de la vengeance; qu'il n'appartient qu'à ses vrais adorateurs de s'en déclarer les apôtres, et que Dieu rejette pour défenseurs ceux qui ne l'adorent pas dans leur cœur et ne l'honorent point par leurs vertus.

1712.

Le cardinal continua de communiquer avec madame de Maintenon par son neveu, et il put se consoler, sans doute, de ne plus paroître à la cour, en continuant de répandre ses nombreux bienfaits sur son troupeau, dont l'amour lui tenoit lieu de tout.

Le roi, qui dans ses revers, avoit cru reconnoître la main de Dieu, s'étoit donné à lui et à son peuple : c'étoit se donner aussi à madame de Maintenon, c'étoit répondre à tous les vœux de son cœur; et sans la persécution des jansénistes, commandée par le barbare le Tellier, les malheurs de Louis XIV l'auroient

Considérations du roi pour mad. de Maintenon. Sa tendresse délicate pour ce monarque.

encore agrandi aux yeux de la postérité. Ce fut alors ainsi que madame de Maintenon devint pour ainsi dire son appui, son unique refuge; ce n'étoit que dans son âme qu'il trouvoit cette sensibilité pour les maux de son royaume et pour ses pertes domestiques, qui pouvoit lui en alléger le poids. On peut prendre une idée de sa déférence et de ses égards pour une vertu si long-temps éprouvée, par une conversation de madame de Maintenon avec madame de Glapion. « J'ai, lui dit-elle un jour,
» plus de liberté avec le roi qu'avec personne;
» je l'avertis du mal qu'il fait ou qu'il permet;
» la vérité ne l'offense point, et ma franchise
» ne lui paroît point indiscrète. Il y a quelques
» jours qu'il s'en présenta une occasion impor-
» tante. Je lui dis ouvertement : *Sire, vous*
» *avez un bien grand tort, et ce que vous*
» *avez fait est bien mal.* — Il me reçut fort
» bien. Le lendemain il revint sur la même
» affaire : je voulus couler doucement en di-
» sant : *Cela est fini, Sire, il n'y faut*
» *plus penser*; il me répondit : *Ne m'ex-*
» *cusez pas, Madame; j'ai fait une grande*
» *faute, il s'agit de la réparer.* N'ai-je
» pas raison de dire qu'il est doux, qu'il est
» humble? il ne s'attribue aucune des mer-

» veilles de son règne; il croit que tout autre
» auroit fait mieux que lui. Hélas! il ne con-
» noît pas autant d'orgueil en un an que
» j'en connois dans un jour; mais voilà comme
» les rois même sont jugés »!

Il est impossible de n'être pas touché de cet aveu de Louis XIV; il me semble que c'est celui d'une grande âme, et aussi d'une âme profondément religieuse.

On peut se former encore l'idée de la tendre et délicate affection de madame de Maintenon pour le roi, et du besoin qu'elle avoit de lui épargner tout ce qui pouvoit porter atteinte à son repos, par ce qu'elle dit un autre jour à ses amies de Saint-Cyr. « Je me trouve sou-
» vent dans des embarras dont toute la pru-
» dence humaine ne sauroit me tirer. Cela
» m'arriva encore l'autre jour : le roi venoit
» de me dire une mauvaise nouvelle; je n'eus
» pas le temps de m'en affliger; car, dans le
» même instant, un homme vint me prier
» d'engager le roi à faire une chose qu'il ne
» devoit pas faire absolument, et qu'il ne pou-
» voit refuser sans mettre cet homme au dé-
» sespoir, et sans se faire une peine infinie à
» lui-même, parce que cet homme lui est
» utile. Je devois porter la parole au roi, et

» je prévoyois son embarras qui ne diminuoit
» pas le mien. Je ne savois quel parti prendre ;
» enfin un coup de lumière vint, et j'en trou-
» vai un très-heureux ».

On sent combien une confidente animée d'une bonté si délicate et si attentive, devoit être chère et douce à Louis XIV.

Vers les dernières années de ce prince, on ne vint plus dans l'appartement de madame de Maintenon attendre le roi, et elle connut quelque repos. Elle parle des douceurs de la retraite, comme du premier bien de la vie ; et si, comme je le crois, ces douceurs de la solitude, dans un âge avancé, sont en raison de l'honorable témoignage que l'âme se rend à elle-même de ne s'être jamais souillée par de viles et honteuses passions, mais de l'avoir eue habituellement remplie par des sentimens de bonté, de tendresse et de bienfaisance pour ses semblables, madame de Maintenon, en descendant dans son cœur, goûtoit le bonheur si rare de n'y trouver que des sentimens qui toujours avoient été dignes de celui qui étoit son témoin et son appui. Son amour pour Dieu semble s'être accru avec ses années. « Je ne sais, dit-
» elle, pourquoi on s'en prend de tous mes
» maux à la prière : rien n'est doux comme ce

» saint commerce ; rien ne délasse plus mon
» âme affoiblie et fatiguée ». Cette habitude
de prière, cette élévation de son âme vers son
Dieu, se passoient assez souvent dans sa chambre, lors de sa retraite du matin, à Saint-Cyr.
Elle conserva toute sa vie son éloignement pour
la messe ; mais elle aimoit les offices du soir ;
c'étoit peut-être, sans qu'elle s'en doutât, une
suite de sa première éducation, qui l'avoit attachée au chant des pseaumes.

Si, au moment de la plus grande faveur, de
la destinée la plus brillante, nous l'avons vue
écrire à son frère : « Je vous ai parlé de la
» mort, parce que j'y pense souvent ; je m'y
» prépare avec gaîté », on ne doit pas s'étonner qu'à l'âge où elle étoit arrivée, désabusée
des hommes, remplie de regrets pour les pertes
de son cœur, voyant le roi déchu de sa gloire et
méconnu de son peuple quand il étoit le plus
digne de son amour, effrayée de l'avenir de
la France, la mort fût devenue un de ses
vœux les plus vifs : elle n'y voyoit qu'un passage à son éternel bonheur.

Elle avoit toujours envié ceux qui mouroient jeunes : pour une personne qui marchoit toujours vers le ciel, c'étoit autant de
gagné sur les fatigues du pélerinage. « Mais,

» disoit-elle à madame de Glapion, plus j'ai de
» raisons de sortir de la vie, plus je m'y
» trouve enracinée ». Son heureuse constitution, qui avoit résisté à tant de maux, à tant de pertes du cœur, lui donnoit une sorte d'humeur. Elle dit un jour au roi avec un ton de dépit : « En vérité, Sire, je crois que je vivrai cent
» ans : à quoi, dit-elle, il répondit qu'il le
» désiroit beaucoup. Malgré tant de bontés,
» je suis si lasse de la vie que mes vœux les
» plus ardens sont de la voir finir ».

Il lui arriva quelquefois, quand sa chambre cessa d'être le lieu du rendez-vous de toute la cour, de ne voir que le roi et mademoiselle d'Aumale dans quelques soirées; elle s'étoit bornée à ne recevoir chez elle que ses élèves, le duc du Maine, madame de Caylus et madame d'Ayen, madame de Dangeau et les femmes de ministres. Après une de ces soirées solitaires, elle écrit au duc de Noailles :
« Je deviens un peu l'objet de la générosité,
» et il me semble qu'on se sait assez bon gré de
» venir me voir. Je porte cette humiliation avec
» courage ; elle convient mieux à ma foiblesse
» que la foule qui m'empêchoit de respirer....
» Je vous assure que vous êtes celui qui
» me donnez le plus de regrets à la société ;

» vous m'en avez réveillé le goût qui étoit
» assez amorti ».

La foule de citations que j'ai placées dans ce morceau, tirées des lettres et des entretiens de madame de Maintenon, peuvent faire juger du talent, aussi rare qu'intéressant, avec lequel elle sait rendre ses idées et ses sentimens. Il est impossible, soit qu'on l'écoute, ou qu'on la lise, de n'être pas frappé de la précision, de la justesse et de l'élégante pureté de son langage. Soit qu'elle décrive un lieu qui la frappe, soit qu'elle peigne les travers ou les vices des personnages qui sont sous ses yeux, soit qu'elle s'indigne, soit qu'elle montre sa raison, toujours elle est naturelle et sans recherche, en laissant souvent échapper des tournures et des expressions fines, animées, quelquefois originales et pleines d'énergie; et quand elle s'adresse à l'amitié, quand elle parle des peines de son cœur et des maux de la France, son âme compatissante, élevée, généreuse, pénètre et se fond tellement dans toutes ses pensées, qu'il semble que son langage soit le seul qui puisse nous faire sentir toute la vérité de ses impressions et de ses sentimens.

Dès que le roi tomba malade de la maladie dont il mourut, madame de Maintenon fit

Mort de Louis XIV.

placer un lit dans sa chambre, et ne le quitta plus. Comme sa religion n'étoit qu'amour et espérance, elle fit passer dans l'âme du roi toute sa confiance dans le souverain arbitre des rois. Louis XIV attendit la mort avec plus de calme qu'il n'avoit attendu la nouvelle d'aucun évènement important de son règne. Il voulut revoir, avec madame de Maintenon, beaucoup de papiers. « Brûlons ceux-ci, dit-il, ils pour- » roient brouiller deux ministres ». Il y avoit dans la cassette qui les renfermoit, un superbe chapelet béni par le pape; il le donna à madame de Maintenon, *non comme relique*, dit-il, *mais comme souvenir*. Dans toute sa maladie il ne montra d'inquiétude que sur l'état où il laissoit la France, et reconnut ses fautes avec cette grandeur d'âme qui avoit marqué son caractère. Il parla en roi, en ami, en père, en héros, à tout ce qui l'environnoit; il avoit reçu, avec fermeté, les adieux de ses enfans qui sanglotoient autour de lui; mais quand il vint à madame de Maintenon, il s'attendrit, et lui dit qu'il ne regrettoit qu'elle. Madame de Maintenon a écrit tout ce que lui dit le roi dans ses derniers momens.

« Il me dit trois fois adieu, me dit qu'il n'a- » voit d'autre regret que celui de me quitter;

» mais que nous nous reverrions bientôt dans
» l'éternité. Il me demanda pardon de ne m'a-
» voir pas rendue assez heureuse, mais m'assura
» qu'il m'avoit toujours aimée et estimée ». Il
pleuroit, et me demanda s'il n'y avoit personne,
et dit : « Quand on entendroit que je m'atten-
» dris avec vous, on n'en seroit pas surpris ».
Il me dit ensuite : « Qu'allez-vous devenir ?
» vous n'avez rien ». Je lui dis : Je ne suis
rien, ne vous occupez que de Dieu. Le roi
appela ensuite le duc d'Orléans, et lui dit :
« Mon neveu, je vous recommande madame
» de Maintenon; vous savez l'estime et la con-
» sidération que j'ai toujours eues pour elle.
» Elle ne m'a donné que de bons conseils ;
» j'aurois bien fait de les suivre. Elle m'a été
» utile en tout, surtout pour me donner à
» Dieu. Faites ce qu'elle vous demandera pour
» elle, pour ses parens et ses amis; elle n'en
» abusera pas. Que ce soit à vous qu'elle s'a-
» dresse directement pour tout ce qu'elle dé-
» sirera ». Le roi embrassa madame de Maintenon, et la voyant toujours au chevet de son
lit, ce fut à elle qu'il adressa ses dernières paroles : « J'admire, Madame, lui dit-il, votre
» courage et votre amitié pour moi, d'assister
» ainsi à un si triste spectacle. Retirez-vous ;

» je sais tout ce que la bonté de votre cœur
» doit vous faire souffrir ».

Quand le roi eut perdu la connoissance, qu'il ne recouvra plus, madame de Maintenon se retira dans sa chambre pour pleurer en liberté son ami, son époux et son roi. A chaque instant elle interrogeoit Fagon sur l'état du roi, et il ne lui laissoit aucune espérance. Elle envoyoit ensuite mademoiselle d'Aumale savoir s'il ne revenoit pas à lui; elle retournoit elle-même auprès du roi; mais ses yeux baignés de larmes ne voyoient que l'immobilité et les ombres de la mort sur ce visage chéri. Après que le médecin et le confesseur eurent assuré à madame de Maintenon qu'elle ne pouvoit plus rendre au roi aucun service, le maréchal de Villeroi la conjura de partir pour Saint-Cyr. « C'est à
» moi, lui dit madame de Maintenon, de re-
» cevoir son dernier soupir. — Voulez-vous
» donc, lui dit-il, que le peuple vous voie li-
» vrée aux transports de votre douleur »?
Eh! quel danger pouvoit-il donc y voir pour elle? Mais toujours sinistre dans ses présages (1),

---

(1) Madame de Maintenon dit à madame de Caylus que M. de Villeroi étoit plus tragique que Racine, et même que Longepierre.

il continua de la presser de se rendre à Saint-Cyr. Mais s'il revient à lui, disoit madame de Maintenon en sanglotant, si ses yeux me cherchent et ne me trouvent point? Le maréchal lui promit de lui envoyer un courrier d'heure en heure à Saint-Cyr, qui n'est qu'à dix minutes de Versailles, et la fit partir dans sa propre voiture, escortée de ses gens, comme si elle avoit à craindre les outrages d'un peuple qui avoit été de tous les temps l'objet de sa bienfaisance, et qui, instruit et presque témoin des soins qu'elle rendoit au roi, et des sentimens consolans qu'elle versoit dans son âme, disoit hautement : « Ce n'est point une femme, c'est » un ange ». Il n'en est pas moins vrai que le maréchal a exposé madame de Maintenon au regret le plus déchirant, et que si Louis XIV eût ouvert un moment les yeux, il n'eût pas rencontré ceux de la véritable amie de son cœur; et c'eût été pour madame de Maintenon l'objet d'un éternel regret.

Elle arriva à Saint-Cyr avec mademoiselle d'Aumale, que son tendre attachement fixa auprès d'elle jusqu'à sa mort. « Ma douleur est » grande », lui disoit-elle pendant la route, « mais elle est douce et calme. Nous allons le » pleurer, et hâter par nos vœux son bonheur.

» dans le ciel ». Mais quand elle aperçut Saint-Cyr, elle éclata en sanglots. « Hélas ! dit-elle, » cette maison a aussi perdu son père ». En y entrant, ses gémissemens redoublèrent. Madame de Glapion, persuadée que la présence de ses élèves adouciroit l'amertume de sa douleur, alla la recevoir à leur tête. « Ah ! dit-» elle, en étendant ses bras vers elle, je n'ai » plus que Dieu et mes enfans ».

Elle passa deux jours à recevoir d'heure en heure des courriers du maréchal de Villeroi; elle les attendoit impatiemment et avec effroi; elle prioit, pleuroit, et paroissoit dans l'agitation continuelle de l'attente et de la crainte. Le courrier qui vint annoncer la mort du roi fut arrêté par mademoiselle d'Aumale qui, n'osant prononcer à madame de Maintenon ces mots terribles, *le roi est mort*, entra avec l'air fort attristé dans sa chambre, et lui dit : « Ma-» dame, toute la communauté consternée est » à l'église »............ Elle entendit ce que cela vouloit dire, se leva pour se rendre elle-même à l'église, sans prononcer un seul mot. Sa douleur parut calme pour le moment; mais le lendemain elle éclata en sanglots, en gémissemens, lorsqu'elle apprit que le parlement venoit de casser le testament du roi. Cette douleur fut de toute sa vie, et les historiens disent que jamais elle ne parla de cet évènement sans répandre des larmes. Elle crut voir le dernier coup porté à la gloire d'un monarque si grand et si cher, par cette annullation si prompte de sa dernière volonté.

Quelques jours après, le Régent se rendit à Saint-Cyr, et crut non-seulement devoir à madame de Maintenon ce témoignage de son respect; il entra encore avec elle dans ses vues pour l'avenir. Je donnerai ici leur conversation, telle que l'a écrite madame de Maintenon elle-même. « Je viens, Madame, dit ce prince, » vous témoigner la part que je prends à votre » douleur, et vous assurer de toute la con- » sidération que vous pouvez désirer ». Elle voulut le remercier. « Madame, lui dit-il, je » ne fais que mon devoir, et vous savez ce » qui m'a été prescrit. — Je vois avec plaisir, » lui dit-elle, la marque de respect que votre » Altesse donne au feu roi, en me faisant cette » visite. — Cette raison-là, dit le Régent, ne » m'eût pas permis d'y manquer; mais mon » estime pour vous me le permettroit moins » encore ».

Il l'assura qu'elle continueroit de recevoir sa pension de 4,000 francs par mois, et fit mettre sur le brevet, que sa modération la lui avoit rendue nécessaire.

« Je sens, lui dit-il ensuite, le poids du
» fardeau dont je me suis chargé. Je serois
» trop heureux, si je pouvois, dans quelques
» années, rendre au jeune roi la France flo-
» rissante et en meilleur état que je ne la
» trouve. C'est là mon ambition. — Ce pro-
» jet, Monseigneur, est bien glorieux. — Per-
» sonne, reprit le duc d'Orléans, n'a plus
» d'intérêt que moi à la conservation du jeune
» prince ; c'est à moi d'en répondre : j'ai à
» présent tout le pouvoir, et je serai ravi de le
» lui remettre tout entier, pour jouir du repos
» et de l'honneur que je me serai acquis. —
» Ces sentimens de votre Altesse sont bien
» dignes de votre naissance, et vous recon-
» noîtrez combien ils sont glorieux. Non, je
» ne crois point à ce désir insatiable de régner,
» dont on vous a accusé, je connois la malice
» des hommes. — Eh ! répondit le Régent, si
» je perdois le jeune roi, régnerai-je en paix ?
» Nous aurions la guerre avec l'Espagne, qui
» a encore bien des amis, quoique le testa-
» ment du roi ne l'appelle point à la succes-
» sion. — Je supplie votre Altesse, dit madame
» de Maintenon, de ne rien écouter de tout

» ce qu'on pourra m'imputer à votre sujet.
» Mon crédit est fini ; je ne pense qu'à me
» faire oublier de toute la terre. Je m'engage
» d'honneur, à ne jamais rien dire ni faire
» contre votre Altesse ; je ne m'occuperai de
» la France que pour faire des vœux pour
» son bonheur. — Et moi, Madame, lui dit
» le Régent, je vous proteste que vous trou-
» verez toujours en moi un ami, et Saint-
» Cyr un protecteur. La place que vous avez
» occupée, Madame, vous a donné beaucoup
» de liaisons, il ne convient pas que vous
» vous adressiez à d'autres qu'à moi pour les
» obliger. — Mes plus grandes instances à
» votre Altesse, seront pour achever la fon-
» dation de Saint-Cyr ». Le Régent désira ensuite voir les dames de la communauté, et leur dit, devant madame de Maintenon :

« J'ai désiré vous voir, Mesdames, pour
» vous assurer de la protection qui vous est
» due : vous savez tout ce qu'on doit à celui
» qui vous a fondées et à celle qui vous gou-
» verne. Je connois le mérite de votre établisse-
» ment. Pour tout ce que vous désirerez, pour
» tout ce que madame de Maintenon souhai-
» tera, vous pouvez vous adresser à moi, je
» suis prêt à vous rendre service ».

Résolue de vivre dans la retraite honorable qu'elle s'étoit préparée, et de se séparer à jamais de la cour, madame de Maintenon se refusa aux visites des personnes les plus élevées; elle ne reçut qu'une fois la reine de Pologne et la mère du Régent; le maréchal de Villars lui demanda avec instance de pouvoir un moment mêler ses larmes à celles que la mort du roi lui faisoit répandre. Elle lui répondit que Saint-Cyr étoit inaccessible aux héros comme aux princes. Il dit qu'il alloit y mettre le siége, et elle se rendit.

Elle reçut aussi la visite de la veuve de Jacques II, qu'elle avoit toujours aimée, à qui elle avoit rendu les plus grands services, ainsi qu'à son fils, le prince Édouard. Ces deux majestés tombées s'entretinrent long-temps, non de leur chute, mais de leur perte; versèrent ensemble des larmes adoucies par les sentimens religieux qui les animoient l'un et l'autre. La reine d'Angleterre continua de la voir à quelques intervalles, et alloit dîner quelquefois avec elle.

Madame de Caylus conjuroit madame de Maintenon de lui permettre de la voir; mais la vue de sa nièce, témoin pendant quarante ans de l'affection du roi et de la glorieuse existence qu'elle devoit à ce monarque, ne pouvoit manquer de réveiller trop de souvenirs douloureux. Elle la prie d'attendre encore : « Je » ne puis, lui dit-elle, penser à cette visite » sans répandre des larmes; que sera-ce quand » vous paroîtrez? je ne m'en sens pas capable ». Et quand enfin il lui fut permis de la voir, madame de Caylus écrit à madame de Dangeau : « Quel courage et quelle chute » !

Comme elle ne vouloit sortir de Saint-Cyr que pour aller voir ses pauvres, elle se défit de son carrosse, renvoya ses domestiques après les avoir récompensés, et ne garda qu'un valet de chambre et deux femmes.

Quoique la communauté dût toute son existence à madame de Maintenon, elle voulut y payer une pension de 4,000 francs. Mademoiselle d'Aumale vivoit dans l'intérieur de son appartement, dînoit avec madame de Maintenon, qui invitoit aussi à dîner ses élèves tour à tour. Tout le reste de sa fortune étoit employé en pensions, en aumônes, en actes de générosité; elle disoit : « Le plaisir de don- » ner est le seul qui me reste ». Elle étoit si lasse du rôle que son élévation lui avoit imposé, qu'à la tête de cette communauté dont elle étoit la fondatrice, il lui parut plus doux d'obéir que de commander. Elle se soumit à madame de Glapion, comme si elle n'eût été qu'une simple dame de Saint-Louis. C'est, ce me semble, un spectacle touchant que de se représenter cette femme, qui avoit conservé la majesté et la beauté que l'âge avancé peut laisser encore (1), cette femme vénérable par une vieillesse couronnée de tant de bienfaisance et de bonté, cette femme illustre, qui avoit occupé et honoré la première des places; c'est, dis-je, un spectacle aussi beau qu'attendrissant, que de se la représenter devant madame de Glapion, sa fille et sa protégée, lui demandant avec respect la permission ou de s'exempter d'un devoir, ou d'aller remplir celui qui étoit le plus cher à son cœur, ses visites à ses pauvres. Elle demandoit aussi à madame de Caylus des nouvelles de ses pauvres de Versailles. « Mes amis m'intéressent, dit-elle, mais » mes pauvres me touchent ».

Dans cette retraite elle jouit du recueillement qu'elle aimoit, et sa vie avoit été si pleine, si extraordinaire, si glorieuse, que ses souvenirs lui en rappeloient sans cesse les prodiges. Elle vivoit environnée du respect reconnois-

---

(1) Elle avoit alors quatre-vingts ans.

sant de toute la communauté, et de la tendre affection des amies qui lui étoient les plus chères. Elle écrit, quelques mois après la mort du roi, à M. d'Aubigné, archevêque de Rouen. « Je ne sens que paix et confiance quand
» je pense à ma perte, et la plus grande indif-
» férence quand je pense à ma chute ; mes
» chères filles cherchent à me rendre ma re-
» traite agréable ; elles n'y auront pas de
» peine ». Et quelque temps après elle écrit à madame des Ursins : « J'ai vu mourir le roi
» comme un saint et comme un héros. J'ai
» quitté le monde que je n'aimois pas, et je
» suis dans la plus aimable retraite. Je vou-
» drois que votre état fût aussi heureux que
» le mien ».

Nous pouvons connoître par une de ses lettres à madame de Caylus, l'emploi de ses journées à Saint-Cyr. Elle lui dit que ses prières, sa modeste toilette, l'éducation d'une jeune élève, nommée mademoiselle de la Tour, qu'elle gardoit dans son appartement et pour qui elle prit une grande affection, quelques instructions aux jeunes professes, et le travail de ses mains (1), remplissoient sa matinée.

---

(1) Elle écrit à madame de Caylus qu'elle faisoit de

Les conversations avec ses amies, les récréations, des lectures avec mademoiselle d'Aumale, un peu de promenade dans les jardins, ses visites aux pauvres quand le temps étoit beau, une partie de piquet ou de trictrac avec mademoiselle d'Aumale, remplissoient le reste de sa journée. Madame de Maintenon, dans cette aimable retraite, comme elle la nomme elle-même, n'eut plus à combattre ni l'injustice, ni l'intrigue, ni l'avidité. Le spectacle des vertus, celui que lui offroient tous ces cœurs purs qui lui devoient leur bonheur et leurs espérances, l'environnoient tous les jours et presqu'à toutes les heures. Son indulgence pour la jeunesse s'accrut à mesure qu'elle avançoit dans la vieillesse. Elle pensoit que les innocens plaisirs étoient nécessaires au repos du cœur : elle les appela tous autour de ses élèves, même la musique. C'est à cet âge, et dans cette situation, que mademoiselle d'Aumale la vit pleurer d'admiration en entendant chanter les chœurs des tragédies de Racine. Elle assistoit presque toujours à

---

fort jolis lacets *pour la cabale*. Je ne sais de quel parti il est ici question ; mais elle donnoit ce nom de *cabale* à toute secte religieuse.

toutes les récréations, à tous les jeux ; elle en inventoit elle-même. Elle disoit que, dans cet abandon au plaisir, les caractères se montroient dans leurs premiers mouvemens ; et sa présence, loin d'inspirer aucune gêne, ajoutoit aux innocens délassemens de ses élèves, le plaisir qu'elle paroissoit y prendre elle-même.

Mais dans la situation la plus douce, la plus conforme à nos goûts, les jours qui paroissent se suivre uniformément ne se ressemblent pourtant pas. Mille causes, qui tiennent à la constitution, à la manière de sentir, à nos affections, à nos souvenirs ou à nos craintes, mettent dans tous ces jours, uniformes en apparence, une triste diversité. Madame de Maintenon sentoit quelquefois, dans l'uniformité de sa vie, l'absence des grands intérêts qui l'avoient si souvent tourmentée dans le château de Versailles (1). Elle n'étoit et ne vouloit plus être mêlée aux affaires de l'état ; mais son intérêt pour le jeune roi, sa tendresse pour le duc du Maine, son amour pour la France, l'attachoient à tous les évènemens, que madame de Caylus ne

---

(1) Son confesseur seul fut dans sa confidence, et on ne connut qu'après sa mort ce vide qu'elle avoit quelquefois éprouvé.

lui laissoit point ignorer (1). Ces évènemens, ces changemens qu'elle vouloit connoître, venoient presque toujours affliger son cœur. Sa vieillesse étoit sans infirmités ; tous ses sens restoient entiers ; sa raison se montroit encore dans toute sa force, et son âme aussi dans toute sa chaleur d'affection. Mais elle avoit toujours été sujette à des accès de mélancolie ; et quand elle y tomboit, elle ne voyoit plus que l'inutilité de son existence pour les autres. C'étoit le sentiment le plus triste pour une personne dont les vertus actives avoient été si utiles à ses semblables, et dont le roi n'avoit jamais pu se passer un seul jour ; car, à la mort de son frère, elle fut profondément affligée, et demanda au roi de l'aller pleurer en liberté à Maintenon. Mais il ne voulut pas même, dit-elle, entendre parler de cette courte séparation. On ne lui voyoit à la vérité aucun défaut de la vieillesse dans le caractère, excepté, dans ses jours de tristesse, un peu de défiance sur l'intérêt qu'elle inspiroit. Tant qu'elle avoit vécu à la cour, sa modestie naturelle, sa parfaite connoissance des hommes, lui avoient fait attribuer à la place

---

(1) Elle disoit que la curiosité étoit le dernier sentiment qui mouroit en nous.

qu'elle occupoit les respects et même l'intérêt dont elle étoit toujours l'objet. A Saint-Cyr, près de ses vertueuses amies, elle ne pouvoit avoir une semblable idée; mais quoique son âme élevée et les dons si rares que la nature lui avoit prodigués, l'eussent toujours mise au-dessus de toute espèce de jalousie sur les qualités des autres, elle paroît avoir toujours connu cette jalousie de sentiment, naturelle aux âmes aimantes, qui ne peuvent trouver le repos du cœur qu'avec la certitude qu'elles occupent dans le cœur qu'elles préfèrent la place qu'elles lui donnent elles-mêmes. Madame de Glapion étoit, à Saint-Cyr, l'objet préféré de sa tendresse, et madame de Maintenon craignoit, dans ses jours de mélancolie, que madame de Glapion n'aimât plus qu'elle mademoiselle d'Aumale. Cependant elle aimoit mademoiselle d'Aumale; aussi ne se plaignoit-elle jamais, et ce n'étoit que par une froideur momentanée qu'elle montroit sa crainte; car elle conserva jusqu'à la fin de sa vie le pouvoir de réprimer en elle les mouvemens que sa raison désapprouvoit. N'ayant plus besoin, dans cet asile de l'innocence, de faire usage de sa force contre le vice, elle tourna cette force toute entière contr'elle-même. Un jour madame de

Glapion et mademoiselle d'Aumale étant occupées pour la communauté de quelque chose qui ne pouvoit se remettre, ne purent voir madame de Maintenon dans sa soirée ; elle resta accablée de tristesse, et ne trouva de consolation qu'aux pieds de son Dieu.

Mais quand ces momens de mélancolie étoient passés, elle paroissoit ne plus voir dans les mouvemens de son cœur que les injustices qu'il éprouve souvent involontairement ; elle jouissoit de l'amitié de ses tendres et vertueuses amies, qui lui étoient entièrement dévouées, de la tendre vénération de toutes ses élèves ; et l'imagination ne pourroit, ce me semble, composer à la vieillesse une fin de vie plus désirable et mieux méritée que celle dont jouit madame de Maintenon dans sa retraite à Saint-Cyr.

Ses amies la trouvoient souvent en larmes quand elles arrivoient dans sa chambre, et elle leur avouoit que c'étoit l'idée du roi qui la faisoit pleurer. Mais ces larmes étoient douces ; elles étoient amenées par le souvenir de cette longue et constante affection qu'il avoit eue pour elle, sans aucune distraction pendant près de quarante ans, et par le souvenir de ses tendres et honorables adieux. « Il est beau, ma fille », dit-elle à madame de Glapion, qui lui reprochoit

ses larmes trop fréquentes, « il est beau de pleu-
» rer un roi ». Il étoit en effet aussi doux que
glorieux pour elle d'avoir à pleurer, comme
épouse, un roi tel que Louis XIV. Mais ce qui
prouve que c'étoit le souvenir de sa grande âme
et de sa tendresse pour elle qui faisoit couler
ses pleurs, c'est que, peu de temps après sa perte,
elle brûla tous les titres qui pouvoient constater son mariage, en disant à madame de Glapion : « On ne saura jamais ce que j'ai été au
» roi ».

En quittant Versailles, elle avoit envoyé à
madame de Caylus deux cassettes, remplies de
choses précieuses sans doute, si on en juge
par la vive reconnoissance de sa nièce. Celle-ci
passoit quelquefois trois ou quatre jours auprès
d'elle à Saint-Cyr. Mais madame de Maintenon,
qui avoit besoin du repos de son âge, et que
fatiguoient trop les conversations prolongées,
la gronde quelquefois de ce désir de revenir
sans cesse auprès d'elle. Madame de Dangeau
insista un jour avec tant de force pour la voir
souvent, que madame de Maintenon dit qu'elle
la mit presqu'en fureur. « C'est vous », dit-
elle à madame de Caylus, « qui me valez toutes
» ces importunités, et mon asile n'est plus une
» retraite ». Sans doute elle pensoit, qu'indé-

pendamment du besoin qu'elle avoit du repos, il ne lui convenoit pas non plus, après la perte qu'elle venoit de faire et le rang qu'elle avoit occupé, d'avoir des rapports trop fréquens avec un monde qu'elle avoit quitté. Cependant elle aimoit madame de Dangeau; elle aimoit sa nièce, madame de Noailles, dont elle recevoit aussi quelquefois les visites; elle aimoit surtout madame de Caylus : « Mais je ne puis concevoir,
» disoit-elle, comment on peut s'obstiner à voir
» souvent une personne qui n'est plus qu'un
» objet de pitié et de tristesse............ On vous
» aura dit, sans doute, que l'archevêque de
» Bourges me trouve encore droite comme un
» jonc. Il aura ajouté que je raisonne aussi
» bien que lui. On croit faire aujourd'hui
» mon éloge quand on dit : *Elle raisonne*
» *encore juste, elle écrit encore d'une main*
» *ferme*. Voilà, ajoutoit-elle, de grands sujets
» d'amour-propre »! Il est impossible, cependant, de ne pas remarquer que cette femme intéressante ne cessa d'être une sorte de prodige depuis sa première jeunesse jusqu'à son dernier soupir.

Ce n'étoit qu'au duc du Maine, son élève chéri, qu'elle laissoit l'entière liberté de la voir autant qu'il le désiroit. Malheureux dans l'intérieur de sa maison, malheureux par les attaques qu'on portoit à l'existence que le roi son père lui avoit laissée, il venoit sans cesse chercher des consolations à tant de peines, auprès de celle dont il se sentoit véritablement aimé. Madame de Stahl nous dit de ce prince : « que le fond de son cœur ne se découvroit pas, et que la défiance en fermoit » l'entrée ». Mais ce cœur se montroit tout entier au cœur vraiment maternel de madame de Maintenon. « Je supporterois bien mieux, » dit-elle à madame de Caylus, je suppor- » terois bien mieux l'oubli et l'ingratitude de » tous que l'amitié qu'il me témoigne ». Malgré la douleur qu'elle éprouvoit de ses chagrins, c'est toujours sans humeur qu'elle parle du Régent ; elle s'étonne seulement qu'il ne remette pas à la majorité du roi l'affaire des princes légitimés, et ne peut blâmer le duc du Maine de refuser de descendre volontairement du rang où l'avoit placé la tendresse de son père. Et parlant encore du Régent : « Je crois ses jours utiles à la France, » et je suis bien aise que ses yeux aillent » mieux. Ne pourroit-il pas enfin se lasser » des plaisirs ? les affaires l'useroient moins ». Comment ne pas s'étonner de ce bon sens profond, de cette parfaite justesse de pensées et d'expressions, dans une femme de quatre-vingt-deux ans ?

Le maréchal de Villeroi étoit gouverneur de l'unique enfant qui lui restoit de sa chère princesse, et dans lequel elle croyoit revoir les traits de son aimable mère. Le jeune roi avoit été élevé dans une grande considération pour madame de Maintenon; il ne l'oublia point dans sa retraite, et lui envoya un jour, par M. de Villeroi, son portrait, tout barbouillé, dit-elle, de sa main. Le maréchal se plaignant un jour à madame de Maintenon de l'opiniâtreté du jeune prince : « L'âge le cor-
» rigera, dit-elle tranquillement ; on n'est ni
» opiniâtre ni incorrigible dans cette race-là ».

J'ai dit que madame de Maintenon, avec un esprit sérieux et réfléchi, avoit beaucoup de gaîté naturelle. Elle conserva toute sa vie ce précieux avantage. C'est dans sa retraite à Saint-Cyr, qu'en parlant à madame de Caylus de son fils, elle lui dit : « Vous savez que j'ai
» de l'inclination naturelle pour le chevalier :
» les vauriens ne me déplaisent pas toujours,
» pourvu qu'ils n'aillent pas jusqu'au vice et
» au manque d'honneur ».

Convalescente d'une légère maladie, l'intérêt qu'elle inspiroit à toute la communauté fit penser au médecin Besse, qu'il falloit la tenir à une diète très-rigoureuse. Comme son appartement étoit éloigné de celui de madame de Glapion, elle lui écrivoit quelquefois de sa chambre, et dans cette circonstance elle lui adressa le billet suivant, mêlé de vers :

« J'ai beau dire que j'ai beaucoup d'appétit
» et point de mal, on me laisse sans nourriture :

» Fagon, en des maux plus pressans,
» M'abandonnoit à ma sagesse ;
» Et pour un rien, Saint-Cyr, de concert avec Besse,
» Me refuse les alimens.
» Et voilà ce que c'est d'avoir quatre-vingts ans !

» Ordonnez donc, ma chère fille, qu'on m'ap-
» porte de la nourriture. Voulez-vous que la
» postérité dise :

» Cette femme qui dans son temps
» Fit un si brillant personnage,
» Eut à Saint-Cyr beaucoup d'enfans,
» Et mourut faute d'un potage » ?

Madame de Glapion lui répondit sur-le-champ :

Que Besse en veuille à Glapion,
Malgré la faculté, vous serez obéie :
Eh ! de tous vos enfans la grande passion
Seroit de vous donner leur vie.

Madame de Maintenon avoit dans l'Europe entière une si grande considération, elle avoit paru si digne de sa grande destinée, qu'un des premiers désirs de Pierre Ier, en arrivant à Paris, fut de la voir. Elle apprit par madame de Caylus, que ce monarque avoit demandé de ses nouvelles; et au moment où madame de Maintenon lui répondoit : « Le czar me
» paroît un grand homme depuis qu'il a de-
» mandé de mes nouvelles », elle fut interrompue : « M. Gabriel entre chez moi, dit-elle,
» et me dit que le czar est ici, et qu'il désire
» me voir, si je le trouve bon. Je n'ai osé
» dire que non, et je vais l'attendre dans mon
» lit ». Après que le czar l'eut quittée, elle ajouta dans sa même lettre : « Il est arrivé
» à sept heures du soir ; il s'est assis au chevet
» de mon lit; il m'a demandé, par son tru-
» chement, si j'étois malade ? J'ai répondu
» qu'oui. — Il m'a fait demander ce que c'étoit
» que mon mal ? — J'ai répondu : une grande
» vieillesse. — Il ne savoit que me dire, et son
» truchement ne paroissoit pas m'entendre.
» Il a fait ouvrir le pied de mon lit pour me
» voir. Vous croyez bien qu'il aura été fort
» satisfait » !

On dit que madame de Maintenon rougit

quand les yeux de ce monarque se fixèrent sur elle, et qu'elle lui parut belle encore. Il rencontra depuis madame de Caylus, et apprenant qu'elle étoit nièce de madame de Maintenon, il alla à elle, lui prit la main d'une manière affectueuse, et la regarda long-temps avec bienveillance.

Dans la dernière année de sa vie, madame de Maintenon eut le malheur d'être témoin du renversement d'un grand nombre de fortunes auxquelles elle s'intéressoit, par les suites du système de Law. Elle s'occupa des besoins de madame de Caylus, qui lui écrit qu'elle reçoit son argent avec la joie que les Espagnols éprouvent à la vue des galions du nouveau monde, parce qu'il étoit impossible de trouver un écu à Paris. Ce défaut de numéraire s'étendit un moment jusqu'à Saint-Cyr, et madame de Maintenon dit à sa nièce, que toute la communauté, ainsi qu'elle-même, ne possède que six louis. Le duc de Noailles ne lui laissa pas long-temps cette crainte : chargé des finances, il n'oublia ni Saint-Cyr, ni sa fondatrice. Mais elle étoit troublée, agitée de la situation de l'état, de la ruine de tant de familles qui l'intéressoient, et déjà malade d'une petite fièvre, quand tout à coup elle apprit l'exil du duc du Maine. La douleur qu'elle en ressentit fut plus forte qu'elle. Cette femme, qui s'étoit montrée si courageuse pour supporter ses propres malheurs, succomba sous la pensée des maux de son élève chéri. Elle éclata en sanglots, en gémissemens : « Je ne veux que la mort, dit-elle à tous ceux qui l'entouroient et vouloient la consoler ; » je ne veux que la mort, c'est mon seul » bien ». Elle se représentoit le duc du Maine, délaissé dans sa prison, et se désoloit surtout de ne pouvoir lui porter ses consolations et ses larmes. Ce ne fut que plusieurs jours après, qu'elle dit ces paroles d'une résignation aussi philosophique que chrétienne : « Ah ! si nous » savions tout ce que Dieu sait, nous vou- » drions tout ce qu'il veut ».

Sa dernière maladie. Sa mort.

Madame de Caylus, alors auprès d'elle, pressentit qu'elle ne résisteroit pas à une telle douleur. La fièvre augmenta en effet d'une manière alarmante, et il s'y joignit un gros rhume. Le duc et la duchesse de Noailles, avertis de son danger, arrivèrent sur-le-champ auprès d'elle, et lui rendirent les soins les plus tendres pendant toute sa maladie.

On étoit au mois d'avril, le temps étoit froid encore, et elle vit qu'on prenoit dans sa chambre des précautions pour l'en garantir. « C'est bien la peine, dit-elle, pour quelques » jours que j'ai encore à vivre ». Mais toujours occupée des besoins des malheureux : « Mes » pauvres, ajouta-t-elle, doivent geler de » froid ». Elle ordonna qu'on leur envoyât de l'argent. Et en parlant de leurs enfans : « J'en voudrois, dit-elle, réchauffer cinq ou » six avec moi ».

Le maréchal de Villeroi vint la voir. Elle causa deux heures avec lui, avec le plus grand calme. Un jour, le médecin la crut mieux; toute la communauté, qui avoit été consternée de son danger, se livra un moment à la joie; elle seule n'entra point dans cette espérance. « Je » suis mieux, dit-elle, mais je pars ». Mademoiselle d'Aumale et madame de Glapion étoient sans cesse auprès d'elle. « J'abuse de vos bontés, » dit-elle à madame de Glapion, que devien- » nent vos affaires? Il n'y a plus rien à faire, » ma chère fille, qu'à prier Dieu qu'il épargne » à mon impatience les grandes douleurs ». Elle paroissoit aussi touchée des soins qu'on lui rendoit, que si elle eût été une des dernières personnes de la communauté.

Elle voulut envoyer, avant de mourir, un terme des nombreuses pensions qu'elle faisoit,

et dit à mademoiselle d'Aumale : « Je viens
» d'avoir un grand plaisir, je ferai encore du
» bien après ma mort ».

Ayant demandé une cassette où étoit son
testament, elle écrivit de sa main : « Je donne
» à M. d'Aubigné, archevêque de Rouen, le
» portrait du roi, et je désire qu'il soit conservé
» à jamais par ceux de mon nom, qui le regar-
» deront avec la vénération et la reconnois-
» sance qu'ils lui doivent ». Et montrant ces
lignes à mademoiselle d'Aumale, elle lui dit en
souriant : « Cela est encore écrit d'une main
» assez ferme ». Elle fit ensuite quelques railleries sur la modicité de ce testament, où mademoiselle d'Aumale, madame de Caylus et mademoiselle de la Tour, son élève, n'étoient pas
oubliées. Elle avoit laissé sa terre de Maintenon,
par contrat de mariage, à madame d'Ayen.
Pendant la vie du roi, elle en avoit fait un testament qui ne contenoit que ces mots : « Ma-
» demoiselle d'Aumale portera au roi cette liste
» de mes aumônes, et le priera de donner une
» pension à mademoiselle de Breuillac ».

Dans les derniers jours de sa maladie, une
dame de Saint-Louis lui ayant apporté une
lettre : « Je ne suis pas encore morte, dit-
elle sans l'ouvrir ; mais le monde est mort

» pour moi » ! Et comme on cherchoit à repousser l'idée de cette mort prochaine, elle dit :
« La mort est le moindre des évènemens de
» ma vie ».

Comme elle s'affoiblissoit chaque jour, on fit dire la messe dans sa chambre; les dames de Saint-Louis, et plusieurs élèves de Saint-Cyr vinrent l'entendre. En voyant toute la communauté réunie autour d'elle, elle demanda tranquillement si elle étoit à l'agonie. Son âme étoit pleine de sérénité, et sa raison de douceur et de calme. Quand la messe fut finie, toutes les dames de Saint-Louis et les élèves se jetèrent à genoux devant son lit ; et, les yeux baignés de larmes, tous demandoient la bénédiction de leur bienfaitrice : elle s'y refusoit par modestie, mais elle obéit à son confesseur, qui le lui ordonna.

« Adieu, mon cher duc », dit-elle au duc de Noailles, en le remerciant de ses tendres soins, « adieu; dans quelques heures je sau-
» rai bien des choses ». Elle souffrit peu, s'assoupit doucement, et son agonie ne fut qu'un doux sommeil. Son visage, après sa mort, dit mademoiselle d'Aumale, étoit plus beau, plus respectable que jamais. Elle mourut le 17 avril

1719, âgée de quatre-vingt-trois ans et quelques mois.

On ne peut ni peindre ni exprimer la désolation et la douleur qui se répandirent dans cette maison, qui ne renfermoit pas un être dont elle ne fût la bienfaitrice, quand cette femme admirable et intéressante eut rendu le dernier soupir. Religieuses, pensionnaires, femmes de service, toutes étoient dans le désordre de la douleur, et l'exprimoient par des sanglots et des gémissemens. A leur affreux désespoir on pouvoit penser qu'elles avoient cru leur bienfaitrice immortelle. Toutes parloient de sa bonté, de sa bienfaisance, et rappeloient les bienfaits particuliers qu'elles en avoient reçus. On ne voyoit partout que des larmes, on n'entendoit que des gémissemens, entremêlés des éloges les plus touchans. Dans cette chambre, où elle reposoit pour toujours, muette et immobile, madame de Noailles et madame de Caylus se livroient à la plus vive douleur. Elles ne devoient plus entendre cette voix qui leur avoit donné des leçons de vertu si aimables, qui leur avoit si souvent exprimé une tendresse si touchante. Madame de Glapion et mademoiselle d'Aumale ne pouvoient s'arracher de la vue de ce visage paisible, dont la mort avoit respecté les traits. Elles la regardoient; elles levoient, en pleurant, leurs mains au ciel, comme pour implorer leur bienfaitrice et leur amie dans le séjour céleste. La douleur étoit si générale dans toute cette maison, que tous les exercices y furent suspendus. On ne pouvoit que pleurer, et le duc de Noailles fut seul en état d'ordonner la pompe funèbre. Elle avoit demandé, par son testament, d'être enterrée dans le cimetière de la maison, comme une simple dame de Saint-Louis. Il se permit de ne pas suivre le vœu d'une excessive modestie; il fit creuser, au milieu de l'église de Saint-Cyr, un caveau où son corps embaumé et renfermé dans un cercueil de plomb, devoit être déposé. Il voulut adoucir les regrets de cette maison désolée, en laissant sous ses yeux tout ce qui restoit de sa fondatrice; et quand arriva le jour des funérailles, le deuil fut dans le temple, comme il étoit dans tous les cœurs. Plusieurs évêques, en habits pontificaux; les dames de Saint-Louis, portant le drap mortuaire; les deux cent cinquante élèves de Saint-Cyr, tenant toutes à la main un cierge allumé, formèrent autour de son corps le cortége le plus honorable comme le plus touchant, par les larmes qui couloient en abondance de tous les yeux. Mais quand vint le moment où cette tombe, qui renfermoit les restes de leur bien-aimée fondatrice, alloit s'engloutir et disparoître à jamais de leurs yeux, elles crurent la perdre une seconde fois, et leur douleur ne connut plus de bornes. Ses éclats déchirans étouffèrent les chants funèbres, et le temple ne retentit plus que de cris, de sanglots et de profonds gémissemens.

La nature, en réunissant dans la personne de madame de Maintenon la beauté, les grâces, l'esprit le plus distingué, l'âme la plus noble et le caractère le plus rare, sembloit l'avoir appelée à jouer le plus grand rôle sur le théâtre du monde; et l'on pourroit dire qu'elle a reçu le prix de dons si précieux, tournés tout entiers à l'avantage des vertus, si la grandeur avoit eu de quoi satisfaire une âme telle que la sienne : mais si les récompenses d'une telle vie n'appartiennent qu'au ciel, la vertu applaudit à une destinée qui a montré dans tout son éclat un si beau modèle. Les sentimens que Louis XIV conçut pour elle, jeune encore, couvert de gloire, et qu'il lui conserva toujours, forment une partie bien intéressante de l'éloge de ce monarque: ces sentimens prouvent qu'il y avoit dans cette grande âme un goût naturel de beauté morale, une grande sagacité pour la découvrir, et un attrait invincible pour s'y attacher; car l'ascendant de la vertu ne se fait sentir, ce me semble, qu'à ceux qui sont faits aussi pour elle.

En suivant madame de Maintenon dans le cours de sa longue vie, et dans les situations si différentes que cette vie nous offre, nous la voyons toujours supérieure soit à l'adversité, soit à la grandeur; elle fit si peu de fautes dans les circonstances les plus dangereuses, et commit si peu d'erreurs, environnée de tant de préjugés, qu'elle se présente à nous comme une des créatures les plus parfaites qui se soient montrées sur la terre. La fixité de ses principes, la fermeté de son caractère, qui l'attachent sans écarts à la route qu'elle s'est tracée, s'unissent en elle à l'âme la meilleure, la plus noble, la plus compatissante, la plus généreuse et la plus aimante. L'horreur du vice, l'indignation qu'il lui inspire, ne passent jamais jusqu'aux personnes; elle semble n'exiger de vertus que d'elle-même, et dans tous ses rapports avec ses semblables, on ne sent que la bonté la plus éclairée et la plus parfaite; on ne voit en elle que les qualités aimables de tous les âges. Mais que dirai-je qui puisse l'honorer et la faire chérir autant que les adieux de Louis XIV mourant, environné d'enfans qu'il chérissoit, et qui jettent des cris de douleur? C'est surtout madame de Maintenon qui l'occupe : il ne s'attendrit qu'avec elle, il lui dit qu'il ne regrette qu'elle. Elle meurt à quatre-vingt-trois ans, à cet âge où la plupart des humains ne sont presque plus rien aux yeux des autres, et nous ne voyons autour d'elle que la plus profonde désolation; nous n'entendons que les cris de la douleur la plus vive, et les éloges les plus touchans. Souvent, en lisant la vie des grands hommes de l'antiquité, de ceux qui ont été les sauveurs ou les bienfaiteurs de leur patrie, pénétrée de l'injustice des hommes ou du sort qui les poursuit, j'ai cherché sur la terre des consolations à leurs malheurs, et je n'y en ai point trouvé d'autres que celles que madame de Maintenon a obtenues elle-même; celles d'être chérie par les gens de bien, pendant sa vie, et de laisser après sa mort les plus tendres, les plus honorables regrets.

F I N.

NOTES.

Note Iere, *page 12, dernière ligne.*

Quand on dressa le contrat, Scarron dit qu'il reconnoissoit à sa femme quatre louis de rente, ce qui étoit la moitié de la pension que sa mère avoit obtenue en dédommagement des biens de son mari. Scarron dit encore qu'il lui reconnoissoit deux grands yeux fort mutins, un très-beau corsage et une paire de belles mains. Le notaire lui ayant demandé quel douaire il assignoit à la future? L'immortalité, répondit-il : le nom des femmes des rois périt avec elles ; celui de la femme de Scarron vivra éternellement.

Note II, *page 26, ligne 21. La maréchale d'Albret étoit une femme de mérite sans esprit.*

« La maréchale d'Albret, dit madame de Caylus,
» étoit accusée, malgré sa dévotion et son mérite,
» d'aimer un peu trop le vin ; ce qui paroissoit d'au-
» tant plus extraordinaire, en ce temps-là, que les
» femmes n'en buvoient presque jamais. Je me souviens,
» à propos du goût de la maréchale pour le vin,
» d'avoir ouï raconter que, se regardant un jour au
» miroir, et se trouvant le nez rouge, elle se dit à elle-
» même : *Mais, où ai-je donc pris ce nez-là ?* et que
» Matha, qui étoit derrière elle, répondit entre haut
» et bas : *Au buffet.*

» Ce même Matha, dit madame de Caylus, étoit un
» garçon d'esprit infiniment naturel, et par-là de la meil-

» leure compagnie du monde. Ce fut encore lui qui,
» voyant la maréchale d'Albret s'abstenir de toute nour-
» riture, dans la douleur qu'elle éprouvoit de la mort de
» son frère, lui dit : Madame, avez-vous résolu de ne
» manger de votre vie ? S'il en est ainsi, vous avez
» raison ; mais si vous avez à manger un jour, croyez-
» moi, il vaut autant que vous mangiez tout à l'heure.
» Ce discours la persuada, et elle se fit apporter un
» gigot de mouton. C'est ce même Matha à qui on
» demandoit, un jour d'un hiver fort rigoureux, com-
» ment il pouvoit faire pour être si légèrement vêtu ?
» Il répondit : *Je gèle* ».

A l'égard de madame de Richelieu, madame de Caylus dit : « Elle n'aima madame de Maintenon que
» dans l'infortune. Sans biens, sans jeunesse, sans
» beauté, elle avoit épousé, par son savoir-faire, l'hé-
» ritier du cardinal de Richelieu, revêtu des plus grandes
» dignités, parfaitement bien fait, et qui auroit pu
» être son fils.

» En adressant des louanges à M. le duc de Ri-
» chelieu sur sa figure, dit encore madame de Caylus,
» on pouvoit tout obtenir de lui. Il s'engouoit et se
» dégoûtoit de ses amis très-facilement. Il faisoit faire
» les portraits de tous ; et on pouvoit juger, m'a dit
» madame de Maintenon, de la place qu'on occupoit
» dans son cœur, par celle qu'on occupoit dans sa
» chambre. On étoit d'abord placé au chevet de son
» lit ; ceux-ci cédoient leur place à d'autres, recu-
» loient jusqu'à la porte, gagnoient l'antichambre,
» puis le grenier, enfin il n'en étoit plus question ».

NOTES.

NOTE III, *page 25, ligne 18. Je ne serois pas étonnée qu'elle eût fait usage du talent singulier qu'elle possédoit pour les ouvrages d'aiguille.*

Le duc de Saint-Simon, qui commence toujours par dégrader les personnes dont il parle, même Louis XIV, à qui il n'accorde d'abord nul esprit, quoiqu'il nous prouve ensuite par les détails qu'il donne de la vie de ce prince, qu'il étoit un grand souverain; Saint-Simon dit que, dans ce temps, madame Scarron étoit à la charité de la paroisse. Il faudroit en convenir, si cela étoit; car la pauvreté n'a jamais dégradé la vertu, et elle en fait souvent une de ses plus belles décorations : mais mesdames de Richelieu, d'Albret, de Monchevreuil, n'auroient pas souffert, sans doute, qu'une femme qu'elles traitoient avec les plus grands égards, et qu'elles auroient voulu avoir toujours auprès d'elles, fût à la charité de sa paroisse. D'ailleurs madame Scarron avoit des talens de toute espèce, qui la rendoient propre à différentes places, ou qui l'auroient mise en état de vivre du travail de ses mains.

NOTE IV, *page 214, ligne 20. La fille de madame de la Vallière avoit la taille et l'air du roi son père.*

« La fille de madame de la Vallière, dit madame
» de Caylus, donna aux filles naturelles du roi l'exem-
» ple d'épouser des princes du sang. Madame de Mon-
» tespan, persuadée que ce mariage étoit un degré
» pour l'élévation de ses enfans, y contribua de tous
» ses soins. Le grand Condé considéra aussi cette alliance

» comme un avantage pour sa maison, et n'oublia
» rien pour en montrer sa joie. Il sollicita depuis, avec
» plus d'empressement encore, le mariage de made-
» moiselle de Nantes, fille du roi et de madame de
» Montespan, pour M. le duc de Bourbon, son petit-
» fils. Le roi, je puis l'assurer, n'auroit jamais pensé
» à élever si haut ses enfans légitimés, sans l'empres-
» sement que la maison de Condé témoigna pour s'unir
» à lui par ces sortes de mariages.

» Madame de Maintenon, dit encore madame de
» Caylus, a peut-être poussé trop loin son amitié
» pour eux; mais elle a pensé, avec toute la France,
» que le roi les a trop élevés dans les derniers temps.
» Mais il n'étoit plus possible alors d'arrêter ses bien-
» faits; la vieillesse et les malheurs domestiques du
» roi, l'avoient rendu plus foible, et madame la
» duchesse du Maine plus entreprenante ».

Madame de Maintenon avoit conçu les plus douces
espérances pour le bonheur de son élève chéri, qu'elle
appeloit *la tendresse de son cœur*, en le voyant marié
avec mademoiselle de Condé. « Pour celle-là, dit-elle,
» j'espère qu'elle ne m'échappera pas ». Elle quitta
cependant la cour peu de temps après son mariage,
pour aller tenir la sienne à Sceaux, où elle ruina,
dit madame de Caylus, le duc du Maine son mari.

NOTE V, *page* 215, *ligne* 13. *Un jour le roi apprit
que, dans un soupé à Paris, la duchesse, sa fille,
l'avoit chansonné lui et toute sa cour.*

« Pour avoir un détail de cette partie de plaisir, dit
» La Beaumelle, on jeta les yeux sur Corbinelli, l'ami

» de madame de Sévigné, qui avoit été de ce souper.
» Comme il étoit retenu dans ce moment au lit par la
» goutte, M. d'Argenson, lieutenant de police, se rendit
» chez lui pour l'interroger. Ce magistrat lui demanda
» où il avoit soupé tel jour? — Il me semble que je ne
» m'en souviens pas, dit en bâillant Corbinelli. — S'il ne
» connoît pas tel et tel prince? — Je l'ai oublié, ré-
» pond-il. — S'il n'a pas soupé avec eux tel jour? —
» Je ne m'en souviens pas du tout, répond-il toujours.
» — Mais, Monsieur, lui dit le magistrat surpris, il me
» semble qu'un homme comme vous doit se souvenir de
» ces choses-là. — Oui, Monsieur, répond Corbinelli,
» mais devant un homme comme vous, je ne suis pas
» un homme comme moi ».

NOTE VI, *page* 218, *ligne* 11. *Madame d'Heudicourt,
son amie de tous les temps.*

C'est cette demoiselle de Pons qui fut enlevée de la cour, parce que ses grâces avoient paru toucher le roi, et sous prétexte d'une maladie subite du maréchal d'Albret. « Elle
» étoit bonne à entendre, dit madame de Caylus, sur cette
» circonstance de sa vie, surtout quand elle en parloit
» au roi, scène dont j'ai été quelquefois témoin. Elle ne lui
» cachoit point combien sa douleur fut grande quand
» elle trouva à Paris le maréchal d'Albret en bonne
» santé ».

Voici des vers de madame d'Heudicourt à madame de Maintenon déjà vieille, pour le jour de sa fête :

Que puis-je vous offrir au jour de votre fête,
    Que des vœux, des remercîmens ?
Vous qui des malheureux recevez la requête

Avec de tendres mouvemens ;
Vous qui les consolez dans leurs cruels tourmens ;
Vous qu'à faire le bien on trouve toujours prête,
Et qui par vos bontés et par vos agrémens,
Des gens que vous aimez rendez les jours charmans !
Puissiez-vous, en repos pendant vingt ou trente ans,
Conserver votre cœur et votre bonne tête,
Et ne changer pour moi jamais de sentimens !

NOTE VII, *page* 237, *ligne* 18. *Le maître d'école jette mes enfans dans une profonde théologie, il me paroît cependant qu'ils n'en savent pas davantage.*

« Quand j'ai voulu savoir d'eux qui a fait le *Pater*,
» ils n'en savent rien ; qui a fait le *Credo*, encore moins.
» S'ils adorent la vierge ? — Oui. S'ils adorent les
» saints ? — Oui-dà. Si on pèche de manquer la messe
» un jour ouvrier ? — Oui certes. Les curés n'en savent
» pas davantage ; ils ne songent qu'à parer leurs églises.
» Ceux qui sont plus éclairés songent à bien prêcher, et
» leurs brebis ignorent tout ».

Cette ignorance des enfans de la campagne sur la religion, et même l'ignorance de leurs pères, peut être attestée par tous ceux qui y vivent, et prouve que les enfans ressemblent presque tous à ce Charles, fils naturel de M. d'Aubigné, dont madame de Maintenon dit qu'*il ne sait pas croire du tout ;* et que peut-être il faudroit attendre que leur raison fût plus avancée pour mettre dans leurs têtes les dogmes religieux, qui renferment la métaphysique la plus déliée, et ne leur parler dans la première enfance que de Dieu seul, comme d'un témoin qu'ils ne peuvent tromper, et qui sera leur juge ou leur père. Je citerai pour nouvelle preuve de l'ignorance des gens de la campagne sur la religion, ce que madame de Sévigné écrit à sa fille, sur le catéchisme que l'abbé de La Mousse faisoit aux petits enfans, à sa terre des *Rochers* :

« Pour La Mousse, il fait des catéchismes les fêtes et
» dimanches. L'autre jour il interrogeoit les petits en-
» fans, et après plusieurs questions, ils confondirent le
» tout ensemble, de sorte que venant à leur demander
» qui étoit la Vierge? ils répondirent tous, l'un après
» l'autre, que c'étoit le créateur du ciel et de la terre.
» Il ne fut point ébranlé par les petits enfans; mais
» voyant que des hommes, des femmes, et même des
» vieillards, disoient la même chose, il en fut persuadé,
» et se rendit à l'opinion commune : enfin il ne savoit
» plus où il en étoit; et si je ne fusse arrivée là-dessus,
» il ne s'en fût jamais tiré ».

NOTE VIII, *page 247, dernière ligne. On demande-roit volontiers à quoi sert donc un jubilé, puisque, si l'on veut réparer ses fautes, on n'a pas besoin d'un jubilé?*

Monsieur, frère du roi, ayant reçu la même éducation religieuse, bornoit aussi tous ses devoirs à jeûner et à communier à quelques époques de l'année. « Le père
» de la Bourdonnois, son confesseur, dit La Beaumelle,
» l'avoit menacé plus d'une fois de le quitter, s'il ne
» changeoit de vie. Dans le temps de ce jubilé, madame
» de Maintenon le voyant fort triste un jour à Marly,
» lui demanda s'il avoit du chagrin? — Oui, dit le
» prince en soupirant. — Mais encore? dit-elle. — Ce
» diable de jubilé, dit le prince, me fait faire de diables de
» réflexions. — Il faut les cultiver, répondit madame de

» Maintenon. — J'ai fait tant de mal que je ne sais ma
» foi pas comment expier tout cela. — Dieu est juste,
» dit madame de Maintenon, mais est bon surtout. —
» Parbleu, reprend le prince, si je n'étois pas marié,
» je me retirerois dans un cloître. Ce n'est point là,
» Monsieur, répond madame de Maintenon, ce que
» Dieu exige de vous : votre état est d'édifier le monde,
» et non de vous retirer dans un cloître ».

NOTE IX, *page 262, ligne 22. L'histoire nous montre par une foule d'exemples, qu'il n'est point de joug qui ne rapetisse toutes les facultés humaines.*

On peut citer, entr'autres exemples, Alexandre Sévère, qui auroit été le plus parfait des princes, s'il n'eût pas continué, parvenu à l'âge d'homme, de fléchir sous le joug de l'impérieuse Mammée; et Saint Louis ne cesse-t-il pas aussi de nous paroître le premier homme de son siècle, quand on le voit fléchir aussi sous le joug de son confesseur et de la jalouse Blanche, à qui il sacrifie long-temps le bonheur de son aimable et tendre épouse ? Mais il y a une différence, c'est que madame de Maintenon remplissoit, d'après ses principes, un double devoir, en se soumettant en matière de religion à la décision du pape comme aux sentimens du roi son époux.

NOTE X, *page 264, ligne 3. Elle avoit beaucoup d'esprit, plus d'imagination encore.*

On croit trouver, en lisant un morceau de madame Guyon sur la conduite générale de la Providence envers les hommes, les mêmes idées que Pope a exprimées depuis en si beaux vers; et la raison l'emporte tellement dans ce morceau sur l'imagination qui la domine habituellement, qu'on regrette qu'elle ne l'ait pas prise plus souvent pour guide : c'est, je crois, ce défaut d'équilibre habituel dans ses facultés, qui l'a privée de la place distinguée où l'appeloient son esprit et son éloquence. Voici ce morceau :

« La conduite que Dieu tient à l'égard de l'homme, » est une conduite universelle; car quoiqu'il y ait l'ordre » particulier qui regarde chacun de nous, il est réellement » tellement dépendant de l'ordre général, que pour peu » qu'il s'en éloignât, il jetteroit tout dans la confusion. Les » désordres du monde, les malheurs de l'homme, les » renversemens des empires, sont une suite de cet ordre » général; et ce qui nous paroît désordre, à cause de » notre manière de concevoir les choses est un ordre » admirable selon la divine sagesse; de sorte que le » désordre particulier est ce qui conserve l'ordre général; » l'ordre général est que c'est Dieu seul qui établit, que » c'est Dieu qui détruit ce qu'il a établi, et qu'il perpétue » toutes choses par cette destruction ».

Tome 3, des Justifications de madame Guyon, page 269.

NOTE XI, *page 276, ligne 9. Plusieurs partis entrèrent dans la querelle, qui s'échauffa toujours davantage.*

« Ces querelles religieuses, dit un philosophe, étoient » un effet des progrès de l'esprit humain, mais une » preuve qu'on n'avoit pas fait encore assez de progrès.

» Dans ce temps même, on sollicitoit à Rome la
» canonisation de Marie d'Agréda, qui avoit eu plus de
» visions et de révélations que tous les mystiques
» ensemble, et on poursuivoit en Sorbonne cette même
» d'Agréda qu'on vouloit canoniser en Espagne.

» Rome avoit déjà condamné aussi dans ce temps,
» à la sollicitation de la France, les erreurs de Molinos,
» prêtre espagnol, erreurs qui n'étoient que celles de
» Marie d'Agréda et des quiétistes.

» Ce qu'on auroit dû remarquer, c'est que le quiétisme
» est dans don Quichotte. Ce chevalier errant dit « qu'on
» doit servir sa dulcinée sans autre récompense que celle
» d'être son chevalier ».

NOTE XII, *page 295, ligne 18. Peut-on entendre Saint-Simon accuser madame de Maintenon d'avoir perdu Fénélon ?*

« Madame de Maintenon, dit St.-Simon, à qui
» Fénélon étoit *odieux, parce qu'elle l'avoit perdu* ».
Se peut-il qu'on se permette de flétrir ainsi l'âme la plus pure en lui prêtant un sentiment, aussi injuste pour celui qui l'inspire que pour celle qui l'éprouve ! Nous avons vu, au contraire, que c'est une amitié si honorable pour elle, qui a été au moment de la perdre elle-même.

NOTE XIII, *page 308, dernière ligne. Et si le prince que nous pleurons a eu des défauts, ce n'est pas pour avoir été trop flatté.*

St.-Simon rend aussi madame de Maintenon jalouse de l'ascendant si juste que Fénélon conservoit sur le duc de Bourgogne. Mais d'où savoit-elle que Fénélon eût conservé cet ascendant? elle qui n'a connu la correspondance du prince avec son ancien précepteur, qu'au moment de la mort du duc de Bourgogne, et dont l'un et l'autre n'osoient peut-être jamais se prononcer le nom. Comment concevoir que madame de Maintenon eût l'injustice de prétendre occuper dans le cœur du duc de Bourgogne, une place semblable à celle qu'il donnoit à son divin précepteur?

Saint-Simon trouve une langue aussi bizarre que nouvelle pour nous exprimer la joie du duc de Beauvilliers et de Fénélon, quand leur élève, le duc de Bourgogne, devient, par la mort de son père, l'héritier présomptif de la couronne. Jamais ambitieux ne s'est mieux trahi, et n'a plus donné d'autorité à cette admirable maxime chinoise, que j'ai déjà eu l'occasion de citer : *L'âme n'a point de secret que la conduite ne révèle.*

Voici le passage de Saint-Simon :

« A travers la vertu la plus pure, Beauvilliers goûtoit
» *un élargissement* de cœur et d'esprit imprévu; *une*
» *aise* pour des desseins utiles qui se remplissoient comme
» d'eux-mêmes ; *une sorte de dictature* enfin *d'autant*
» *plus savoureuse*, qu'elle étoit plus pleine, et qui par-
» là se répandoit sur tous les siens.

» Mais celui de tous, à qui cet évènement fut plus
» sensible, fut Fénélon. *Quel approche d'un triomphe*
» *sûr et complet! quel puissant rayon de lumière vint*
» *à percer tout à coup une demeure de ténèbres!*
» *Confiné depuis douze ans dans son diocèse, ce prélat*
» *y vieillissoit sous le poids inutile de ses espérances,*
» *et voyoit les années s'écouler dans une égalité qui*
» *ne pouvoit que le désespérer.* Odieux au roi, il n'avoit

2.   D d

» de ressource que dans l'inaltérable amitié de son
» pupille ». Est-ce donc là, grand Dieu! un interprète
fidèle de l'ame d'un Fénélon? est-ce donc là un historien
exact de son séjour dans son archevêché, où nous nous
plaisons à le contempler soit au sein de son palais, soit
dans la cabane du pauvre, et dans ces hôpitaux, où sa
seule présence apporte du soulagement à tous les maux;
où nous goûtons avec lui l'amour de tout ce qui l'environne; où nous jouissons de la vénération qu'il inspire
aux ennemis même de la France? Ah! ce n'est point à
un courtisan qu'il appartient de pénétrer dans l'âme de
Fénélon : ces joies célestes, ces douceurs si pures que l'humanité consacre, sont impénétrables à un ambitieux.
Heureusement M. de Beausset nous a montré, depuis,
Fénélon trouvant, dans sa prétendue disgrâce, sa plus
belle gloire; il nous l'a montré dans ce pur éclat, dans
ce doux triomphe, dans ce bonheur attendrissant que
peut seule donner la vertu.

NOTE XIV, *page* 334, *ligne* 5. *La Beaumelle dit que le duc d'Orléans l'appeloit la femme sans tache.*

C'eût été un beau triomphe pour madame de Maintenon, si elle eût pu triompher de quelque chose, que
de voir ce prince professer pour elle une estime si
distinguée, tandis que *Madame* entassoit sur cette femme
intéressante, les injures les plus grossières et les calomnies
les plus absurdes: je croirois salir ma plume en les répétant ici. Mais existe-t-il un esprit raisonnable et un
cœur juste, qui puisse ne pas sentir le langage de la haine,
plutôt que celui de la vérité, dans une personne qui
écrit que le roi lui dit un jour: « *Vous n'aimez point*

NOTES.

» *la Maintenon* »! Je ne sais pas si cet article *la* a jamais été placé par ce prince, si éminemment poli, devant le nom d'aucune femme; mais on est bien sûr que jamais il n'a pu le placer devant le nom de la sienne, dont il disoit *qu'elle avoit toutes les perfections*. L'orgueil de la naissance, le dépit de voir tous les jours une femme moins noble qu'elle dans une place plus élevée, a pu jeter dans une démence aussi choquante une femme qui, lorsque cet orgueil n'est pas compromis, ne se montre ni privée d'esprit, ni même de quelque bonté. C'est encore cet orgueil de la naissance qui lui fit accabler un jout d'outrages et de grossières injures une jeune personne attachée à la duchesse de Bourgogne, qui se disoit de sa maison et le croyoit sans doute, et qui mourut de douleur quatre jours après avoir essuyé les outrages de *Madame*; et celle-ci raconte cette mort d'une jeune innocente, dont elle est l'unique cause, avec toute la joie d'un triomphe. Louis XIV ne se montre-t-il pas trop modéré, quand, à cette occasion, il se contente de dire à cette femme, si cruelle par orgueil: *Madame, il ne faut pas se jouer avec votre maison; il y va de la vie.*

Madame de Maintenon, soit qu'elle ignorât sa haine, soit qu'elle la dédaignât, ne parle de cette mère du régent, dans ses lettres, que pour dire une seule fois que « *Madame* est affligée de voir passer l'électorat de » Bavière hors de sa famille ». Il est évident, par les mémoires mêmes de *Madame*, que Louis XIV ne l'aimoit pas, et qu'il désiroit qu'elle quittât la cour après la mort de *Monsieur*; mais elle lui répondit, nous dit-elle, qu'elle faisoit partie de la famille royale. Le roi vouloit pourtant la faire sortir de cette cour, un jour qu'elle avoit fait une sorte d'insulte à madame de Bourgogne ; et ce fut à madame de Maintenon seule, qui appaisa Louis XIV, qu'elle eut l'obligation de continuer d'y vivre. *Madame* ne put ignorer ce service dont on ne lui parloit même pas, et dit dans cette occasion à madame de Maintenon : « Vous savez que » jusqu'ici je ne vous ai point aimée, et vous me croirez » quand je vous dirai qu'aujourd'hui je vous aime » autant que je vous estime ». Ce qui ne l'empêche pas cependant de continuer de la poursuivre de son orgueil insensé et de sa haine jusqu'au-delà du tombeau.

NOTE XV. *Adieux de Louis XIV mourant à madame de Maintenon.*

On ne peut concevoir qu'un homme d'esprit et de sens, comme Duclos, un historiographe de France, ait pu répéter, d'après le sot apothicaire du roi, que madame de Maintenon, au moment où le roi lui dit « qu'il n'avoit d'autre regret que celui » de la quitter, mais qu'ils se reverroient bientôt dans » l'éternité », avoit dit tout haut : Voyez le beau rendez-vous qu'il me donne ! Hélas ! se peut-il qu'il existe des âmes capables de profaner la solennité de pareils momens, de profaner ces idées imposantes de mort et d'éternité, par un mensonge aussi évident qu'il est vil et odieux !

NOTE XVI, *page dernière. Ses funérailles.*

Le duc de Noailles fit couvrir la tombe de madame

de Maintenon d'une pierre sur laquelle on grava une épitaphe, composée par l'abbé de Vertot. La voici :

ÉPITAPHE.

CI-GIT

Madame Françoise D'AUBIGNÉ,
Marquise de Maintenon,
Femme illustre, femme vraiment chrétienne,
Cette femme forte que le sage chercha
Vainement dans son siècle,
Et qu'il nous eût proposée pour modèle,
S'il eût vécu dans le nôtre.
Sa naissance fut très-noble.
On loua de bonne heure son esprit,
Et plus encore sa vertu.
La sagesse, la douceur, la modestie,
Formèrent son caractère qui ne se démentit jamais.
Toujours égale dans les différentes situations de sa vie;
Mêmes principes, mêmes règles, mêmes vertus :
Fidèle dans les exercices de piété,
Tranquille au milieu des agitations de la cour,
Simple dans la grandeur,
Pauvre dans le centre des richesses,
Humble dans le comble des honneurs;
Révérée de Louis le Grand,
Environnée de sa gloire,
Autorisée par sa plus intime confiance,
Dépositaire de ses grâces.,
Qui n'a jamais fait usage de son pouvoir
Que par sa bonté.
Une autre Esther dans la faveur,

NOTES.

Une seconde Judith dans l'oraison.
La mère des pauvres,
L'asile toujours sûr des malheureux.
Une vie si illustre a été terminée
Par une mort sainte
Et précieuse devant Dieu.
Son corps est resté dans cette sainte maison,
Dont elle a procuré l'établissement;
Et elle a laissé à l'univers
L'exemple de ses vertus.
Décédée le 15 avril 1719;
Née le 28 novembre 1635.

Une personne ignorée a fait les vers suivans, qui ne peuvent convenir qu'à madame de Maintenon.

L'estime de mon roi m'en acquit la tendresse,
Je l'aimai trente ans sans foiblesse,
Il m'aima trente ans sans remords;
Je ne fus reine, ni maîtresse,
Devinez mon nom et mon sort.

Les dames de Saint-Louis, comme les élèves de Saint-Cyr, sentirent long-temps la perte d'une bienfaitrice qui vivoit auprès d'elles, qui étoit l'âme de leurs devoirs comme de leurs innocens délassemens; et l'on voit quelque temps après la mort de madame de Maintenon, une lettre des directeurs de Saint-Cyr, signée LOBERGE et BRISACIER, adressée aux dames de Saint-Louis, et écrite à dessein de les consoler. « Vous possédez, » leur disent-ils, tout ce qu'elle a laissé de précieux; » son corps est près de vous, et vous avez le souvenir » de ses bienfaits et de ses vertus ».

FIN DES NOTES.

ERRATA.

Page 2, *ligne* 11, point d'alinéa.
Page 49, *ligne* 13, il y avoit, dit-elle, *lisez :* c'étoit, dit-elle.
Page 58, *ligne* 17, on tue les enfans sous, *lisez :* on tue ces enfans.
Page 60, *ligne* 21, dans la première conversation, *lisez :* dans cette première conversation.
Page 62, *ligne* 19, trop d'influence, *lisez :* trop peu d'influence.
Page 76, *ligne* 3, très-joli plus tard, *lisez :* très-joli, dit-elle plus tard.
Page 80, *ligne* 1, dans ses, *lisez :* par ses.
Page 81, *ligne* 1, leurs enfans, *lisez :* leur enfance.
Page 82, *ligne* 15, dernières confidences, *lisez :* demi-confidences.
Page 96, *ligne* 17, dut ajouter, *lisez :* parut ajouter.
Page 106, *ligne* 22, imposa, *lisez :* en imposa.
Page 140, *ligne* 17, pour sentir, *lisez :* pour en sentir.
Idem, *ligne* 26, dans la, *lisez :* dans toute la.
Page 156, *ligne* 15, punît point les, *lisez :* ne punît les.
Page 164, *ligne* 10, nuage, *lisez :* image.
Page 170, *note au bas*, elle avoit un air de reine, *lisez :* elle avoit un air de peine.
Page 171, *ligne* 8, qu'elle anéantit, *lisez :* qu'elle-même anéantit.
Page 173, *ligne* 6, peint par Mignard, *lisez :* peint aussi par Mignard.

Page 174, *ligne* 11, dans l'âge avancé, *lisez* : jusque dans l'âge le plus avancé.

Page 216, *ligne* 20, dans cette, *lisez* : dans une.

Page 297, *ligne* 13, et qu'elle, *lisez* : c'est qu'elle.

Page 299, *ligne* 5, ainsi pourroit-on douter, *lisez* : aussi pourroit-on douter.

Page 333, *ligne* 16, engageoit les enfans, *lisez* : engageoit ses enfans.

Page 389, *ligne* 9, aux affections des âmes aimantes, *lisez* : aux âmes aimantes.

Page 418, *ligne* 12, ces douceurs, *lisez* : ces douleurs.

Idem, *ligne* 15, la plus, *lisez* : sa plus.

Page 419, *ligne* 12, jout, *lisez* : jour.

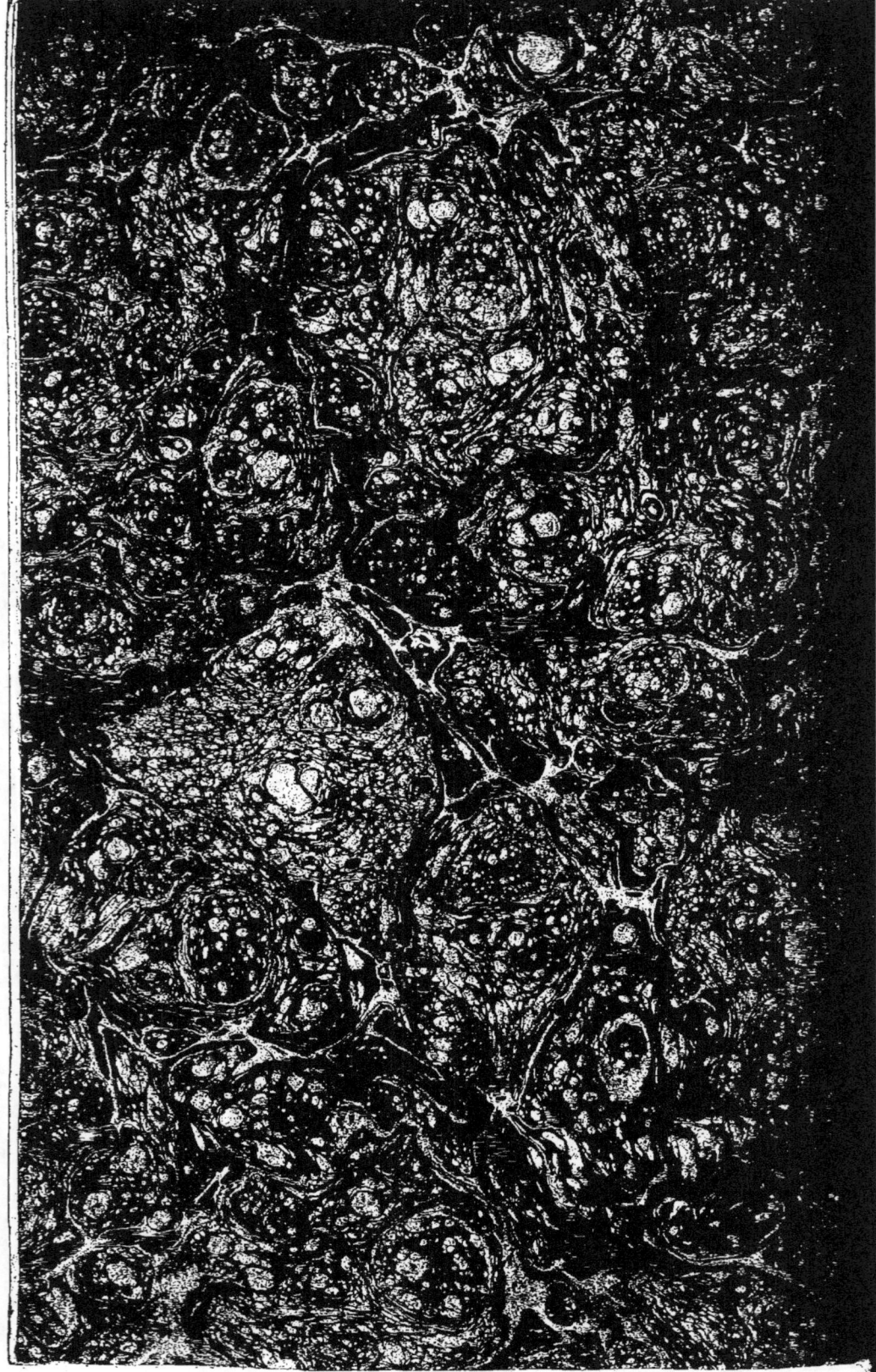

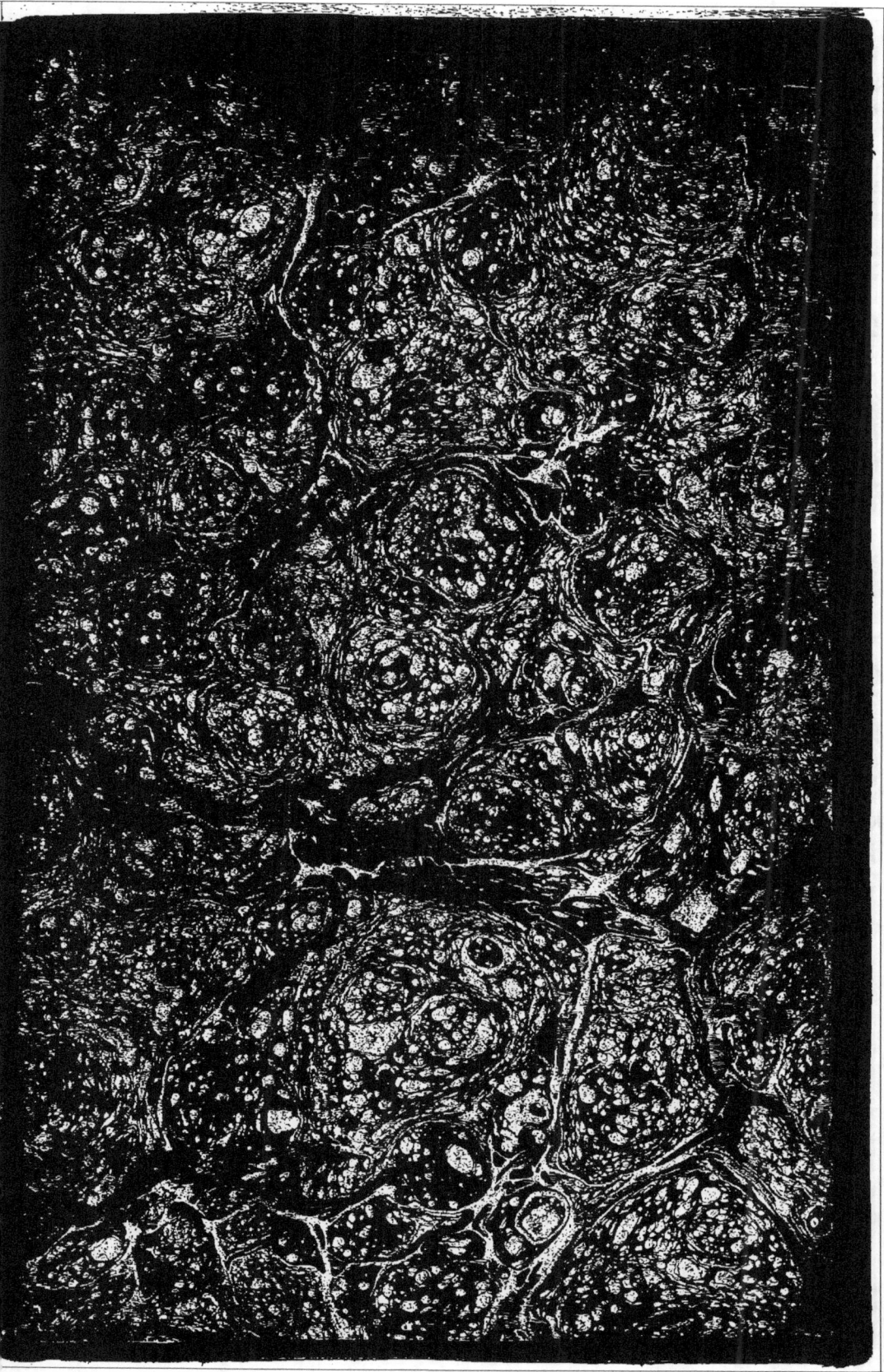

www.ingramcontent.com/pod-product-compliance
Lightning Source LLC
Chambersburg PA
CBHW060221230426
43664CB00011B/1506